帮助孩子们成功

——如何教好、练好乒乓球

王吉生 著

人民体育出版社

自 序

王吉生

  我从事乒乓球教练员工作近50年了，虽说不知有没有这方面的吉尼斯纪录可破，但是回想起来，19岁时我从运动队下来，走上了教练员的岗位，最先从事的是小孩子们的启蒙训练工作，后来又担任了运动学校的主教练，训练那些希望成为优秀运动员的少年儿童；也曾经被派去担任专业队的主教练，并带着他们参加全国比赛；还曾三次被派遣到国外担任外国国家队的主教练；多次参加了大型运动会和国际比赛，甚至还作为教练员带着第一批中国运动员参加国际伤残人运动会。这些经历使我有幸成为了中国第一批高级乒乓球教练员。上世纪90年代初，因为感受到世界乒乓球技术迅速向旋转与速度融合的时代特点，深感球拍创新对中国乒乓球技术进步支持的迫切性，于是我开始投入对新型乒乓球底板的开发，后来还创立了自己的品牌"世奥得"，成为教练员中成功研发器材的第一批人。此后，因机缘巧合，经学生介绍，我一脚落到了北京市的一所中学，成为了全国走进中学校园的第一个专职乒乓球教练员。自从带上了中学生运动员，这一教就又是20年。这样算来可以说是一生都交给了乒乓球运动。

  之所以写书，是因为有话要说。在从事乒乓球教练员工作近50年期间，干得最多的一件事就是"说话"，但是颇长的一段时间，都在重复别人曾经说过的话。因为曾经教过我的教练员们都是些有成就的人，而我又不是一个能够"胜于蓝"的运动员，想说得与他们不同却又无从说起。可是身处不断比赛的环境，面对无时不在的胜负纠结，形势逼人强，"突破"自己思维的桎梏成了躲不开的无奈。想"突破"，除了不断学习外，似乎也是别无他法。开始我把读书、上课当作是学习，那种感觉像是初乘海轮，环顾四周都是海天一色，竟也不知方向；继而把实践、总结当作是学习，那种感觉像是初学钓鱼，偶有所得，却也是知其然而不知其所以然；后来又把聊天、交谈甚至娱乐、休闲也当作是学习，于是开始有了些天高任鸟飞、海阔凭鱼跃的感觉；最后一发不可收拾，竟也习惯将随时随地看到、听到和遇到的相关的与不相关的事都当作了学习，整日里为获"他山之石"而乐此不疲。不知不觉地没有了茫然与困惑，大概是蝉之皮蜕。渐渐地在无中生出了有，于是有了决断、有了坚持、有了自信、有了自己。有了决断与自信是从训练、比赛的结果中验证出来的；而有了坚持与自信则是从与同行交流中比较出来的。

  我一直认为，想做一名优秀教练员，特别是做国球的优秀教练员不容易。中国的水平太高，有成就的教练员太多。一个在基层的教练员要做到优秀，除了要勤于实践、善于总结外，还必须坚持终身学习，特别是要坚持在学习中追求突破。对这种对突破的追求，除了自己身体力行外，唯更愿意帮助那些追逐梦想的人，用我的感悟支持他们抓住人生出彩的机会。至此我会时常产生这样的自问——如果倒退十几年就有这样的认识和感悟，那将会是怎样的人生？人生能干的时间阶段并不太长，当你风华正茂时，经常不知所以；当你略知天命时，却已是伏枥老骥。虽说这些人生的纠结是上帝的公平，但是人们更希望能够得到上帝的恩宠和眷顾，那么唯有努力用愚公的精神感动上帝了。

写这本书，我不想人云亦云，谁愿意吃别人嚼过的馍？但是国球是巨人，我只能借着别人留下的着力点，爬到巨人的肩上，尽量登高远望，将自己感到的风雨，看到的故事，见到的精彩说给大家听；并将自以为是的分析、认识与见解拿来与大家共享，毕竟帮助那些喜欢乒乓球运动的孩子们不断获得成功是我们做教练员的天职。

本书在内容顺序的安排上力求有点儿新意，主要是希望操作性更强。所以首先从比赛获胜的临场指挥艺术说起，因为比赛是竞技体育的杠杆。进入了比赛角色的孩子，不由自主地都想求胜，求胜就是突破自我的动力，所以帮助孩子成功就要从撬动他们内心动力起步。

比赛求胜，就要充分展示自己的风采——竞技状态。接下来的部分就是对比赛阶段练出良好竞技状态的内在成因进行分析，介绍如何通过对周期性系统训练的操作与调整，使孩子们在比赛阶段表现出良好的竞技状态。

然而良好的竞技状态需要扎实的技术实力来支持，本书试图从对经典理论的再认识入手，帮助教练员从十个方面寻找帮助孩子们训练提高的切入点；接着依据"木桶"原理，介绍如何在技、战术提高的同时帮助孩子们打造体能、智能、心理等综合竞技实力。

后面的部分则延伸到对培育尖子人才必备条件的阐述，包括对尖子人才特点的分析、人才孵化器的建设和人才训练的组织管理等。

最后部分，推荐一些有效的训练方法，介绍与技术相关的器材知识，并添加了一些技术动作图解，对主要技术动作的用力行为进行分析。虽然这些都是知识性的介绍，但是也想帮助人们厘清一些似是而非的"说法"和"认识"误区。

此外，本书中设计了若干案例用以说明问题。为了叙述方便且便于读者阅读，书中案例采用了分篇编号的方式，即每一篇中的案例都从"案例一"编起至"案例×"。特此说明。

有人这样形容说，能帮助孩子们在比赛中获胜的教练员是"带队教练员"；能帮助孩子们训练获得提高的教练员是"主管教练员"；能创造出新的训练模式、打造出良好训练环境，进而能不断帮助一批批孩子走向成功的教练员才是名符其实的"导师教练员"。

这本书就是献给那些曾经的"导师教练员"和那些立志帮助孩子们走向成功的未来的"导师教练员"。

目 录

第一篇 帮助孩子们打赢比赛——临场指挥的艺术

第一章 拼出针对性 …………………………………………………… (2)
第二章 亮出自己的"刀锋" ………………………………………… (5)
第三章 寻找对手的"软肋" ………………………………………… (6)
第四章 激励孩子们的斗志 …………………………………………… (9)
第五章 择机"叫停" ………………………………………………… (14)
第六章 关键时刻的思维 ……………………………………………… (18)
第七章 临场教练员的修炼 …………………………………………… (24)
第八章 排兵布阵 ……………………………………………………… (27)
第九章 教练员在团体赛前的准备工作 ……………………………… (31)

第二篇 帮助孩子们练出赛前的良好状态——周期性安排的训练

第一章 竞技状态的木桶效应 ………………………………………… (36)
第二章 周期训练的原则 ……………………………………………… (37)

第三篇 帮助孩子们打造技术实力——提高技术的切入点

第一章 从再认识入手——开拓技术 ………………………………… (42)
第二章 从步法移动入手——保证技术 ……………………………… (57)
第三章 从握拍用力入手——优化技术 ……………………………… (69)
第四章 从第一板球入手——提升技术 ……………………………… (76)
第五章 从结构协调入手——平衡技术 ……………………………… (78)
第六章 从关联衔接入手——协调技术 ……………………………… (79)
第七章 从球拍打法入手——重建技术 ……………………………… (81)
第八章 从调整风格入手——表现技术 ……………………………… (82)
第九章 从设计模式入手——创新技术 ……………………………… (88)
第十章 从五个环节入手——诊断技术 ……………………………… (89)
第十一章 技术训练方法介绍 ………………………………………… (98)

第四篇　帮助孩子们提高战术意识——追求效果的训练

第一章　先战术，后技术——根据战术需要练技术 ………………… (102)
第二章　关注效果——练球为了赢球！ …………………………………… (103)
第三章　注重变化能力——将自己打造得更犀利 ……………………… (104)
第四章　针对性训练——有准备的战术 ………………………………… (105)
第五章　战术的训练 ……………………………………………………… (106)

第五篇　帮助孩子们积累体能——基础的训练

第一章　乒乓球运动身体训练的意义和特点 …………………………… (112)
第二章　敏感期和训练侧重 ……………………………………………… (113)
第三章　超量恢复与过度疲劳 …………………………………………… (113)
第四章　注重专项身体素质训练 ………………………………………… (114)
第五章　适度紧张和抓紧休息 …………………………………………… (115)
第六章　防伤病与练毅力 ………………………………………………… (116)
第七章　常用的身体训练方法介绍 ……………………………………… (117)

第六篇　帮助孩子们开发心智——培养孩子智慧的训练

第一章　对信仰的认知是大智慧 ………………………………………… (124)
第二章　悟性是认知的原始智慧 ………………………………………… (125)
第三章　对整合的认知是借力的智慧 …………………………………… (127)
第四章　攻心的认知是制胜的智慧 ……………………………………… (128)

第七篇　帮助孩子们铸就坚强的心理——融入所有训练之中的训练

第一章　补"短中长"提升安全感 ……………………………………… (132)
第二章　扬"长中短"，强化自信心 …………………………………… (133)
第三章　专注的聚焦和转移 ……………………………………………… (134)
第四章　坚定的意志力 …………………………………………………… (136)
第五章　打造"四心"提高士气状态 …………………………………… (138)

第八篇　帮助孩子们成为尖子人才——育才三章

第一章　追随"尖子"的轨迹 ·· (146)
第二章　筑建"尖子"孵化器 ·· (153)
第三章　系统的训练管理 ·· (161)

第九篇　帮助孩子们认识技术动作——主要技术动作的用力行为

第一章　抓住用力的重点 ·· (168)
第二章　技术动作用力要点介绍 ·· (170)

第十篇　帮助孩子们练好发球——唯一完全掌握主动权的技术

第一章　遵守规则规定 ·· (184)
第二章　发球训练的技术要求 ·· (185)
第三章　发球配套 ·· (194)
第四章　名将发球技术介绍 ·· (195)

第十一篇　帮助孩子们练好双打——配合与默契的训练

第一章　双打的特点和配对 ·· (202)
第二章　双打的技术 ·· (203)
第三章　双打的战术 ·· (204)
第四章　双打的训练 ·· (206)

第十二篇　帮助孩子们选择制胜武器——"专业"就是个性化

第一章　器材助力成功 ·· (208)
第二章　底板是支撑技术进步的球拍之"骨" ·························· (210)
第三章　胶皮海绵是支撑技术进步的球拍之"肌" ···················· (213)
第四章　帮助不同的孩子选择个性化球拍 ······························ (218)

第十三篇　为孩子们搭建比赛平台——充分发挥竞赛的杠杆作用

后记——帮助我成长的教练员 ·· (227)

第一篇 帮助孩子们打赢比赛
——临场指挥的艺术

对于教练员来说，一切训练都是为了帮助运动员在比赛中获得成功，因此，教练员应该非常重视自己在比赛中的作用。临场的指挥艺术不仅是优秀教练员提高自身素质的必修功课，而且是帮助孩子们抓住机会更上一层楼的助力，也许他们一生的成败、转折就在此一举。所以教练员的责任重大，特别是重大比赛的临场教练员，更是不能掉以轻心。依据多年来的经验，下面的感悟和案例或许可以成为帮助更多的孩子抓住机会，获取他们进一步成功的应知。

第一章　拼出针对性

一次我在先农坛的比赛场外见到了我一个学生小张，那时他已经是北京队的运动员了，当时他正准备上场比赛。我关心地问他："你打算怎么打？"他随口回答说："拼呗！"我接着追问他："怎么拼？"结果他被我问住了，一时回答不上来。我想一些经验不足的运动员可能不知道怎么拼，但是临场教练员却应该有针对性地指导他们，针对不同的对手采用不同的拼法。

一、针对弱手拼回合

"回合"就是实力！既然实力比对手强，就应该稳扎稳打，回合越多，对方的弱点越容易暴露。

案例1：思路不同，结果不同

2010年的全国乒乓球俱乐部甲C第一站比赛，我带的六十六中男队最终夺得团体第1名，其中我队的小贺是场场得分的头号主力队员，但是在对浙江队的比赛中，他却输给了一个几乎场场丢分的削球手小李。在总结这场比赛输球的原因时，用他的话说是"轻敌了"。固然这里有轻敌与准备不足的因素，但是既然自己的水平明显高于对手，当时的状态很好并信心十足；且已发现了对手非常顽强，比分又咬得很紧，难道仅仅用"轻敌"这样简单的两个字就能说清楚？显然必须挖掘比"轻敌"更深层次的原因，或者是找到由于"轻敌"引发的一系列误判和误导。回顾起比赛的过程，小贺总是想一个"爆冲"将对方来球杀死，这样一来无形中失误就增加了，甚至有的球被对手接回来后，自己反而没有心理准备。当比赛进入了一两个回合定胜负的局面时，不仅小贺技术全面、功底深厚的优点发挥不出来，而且对手技术的薄弱环节也不易暴露。这场比赛不能说小贺打得不认真，也不能说他没有尽力拼，但是拼的方向不对，结果进入了死胡同。

同样还是这个对手，小贺在2011年的第11届中学生运动会单打中又遇到了他。因为汲取了上次的教训，小贺采取了稳扎稳打的战术，在多次回合的较量中，终于抓住了对方攻守衔接不好的弱点，最后小贺以3:0轻取了对手。可见同样是"拼"，前后两场球的思路不同、结果也就不同。总之，遇到比自己总体实力弱的对手时要有耐心，回合越多，胜算越大。正如世界冠军张怡宁那样，即使在不利的比赛局势下，她甚至会暗示自己说：打不死对手，还扛不死对手。因为张怡宁的总体实力比她面对的所有对手都高，只要回合多，机会总是属于张怡宁的。

二、针对强手拼胆量

挑战强大对手，必须有战胜对手的胆量。既然常规实力不足，就要有胆量采取非常规的"创意"办法，出其不意才能制胜。

案例2："胆小没得将军做！"

在第11届中学生运动会上，北京男队在小组赛中意外地输给了海南队，出线的局势顿时变得严峻起来。从小组的局势分析，北京、广东、天津三队都是各输一场，其中对天津队最有利，他们已经是坐二望一，提前获得了出线权。因此，最后一场北京对广东的比赛，成了争夺出线权的生死之战，谁赢谁出线。广东队的主力队员小周是个技术全面、经验丰富、实力雄厚的选手，在以往和小周的交手中，北京队的3名运动员从未有过胜绩，最多只是赢过他一局。没有获胜的经验可以借鉴，又是面临生死的背水一战，北京队唯有放手一搏，我们需要的是胆量，不仅内心中要有"胆"战胜对手，而且比赛中还要有"胆"采用新战术。北京第一个出场的小李对阵小周，一开局，对手就摆出一副稳扎稳打拼实力的样子，这明显就是对方以往战胜我们的打法。比赛开始小李并没有像往常那样猛打猛冲，而是采取了多方试探的打法。这期间一个偶然的轻击进攻球，让对手回球下网，这是因为对手习惯站位离台，擅长借力对攻球，对这样的轻击球反而有点力不从心。作为场外指导，我一直在寻找突破的方法，这个球给了我启示，我决定大胆采用轻、重结合的变化战术，随即要求小李注意判断，当对手离台时，尽量轻击来球，不使对手借上力，待对手上前时就快速进攻长球。由于我们采取了"敢于轻击在先、重打在后"的战术，结果造成了对手步法混乱，出手犹豫，失误增加，漏洞频出。最后对手以两个相同的1∶3分别败给了我队的小李和小贺。在这场比赛中，由于作为头号主力的小周连丢2分，导致广东队以1∶3败给北京队，失去了出线机会，北京队则以四战三胜一负的成绩夺得小组第一。事后在下面观战的原国家队教练马指导对我说："你们只有这样打才有赢的机会，没想到你敢让队员这样打，更没想到队员在场上真能这样打出来！"他之所以这样说，是因为在以往的比赛中，我们从来就没有这样打过，在下面的训练中，也从来没有练过这样的战术。这一战例应了一句俗话——"胆小没得将军做！"面对强手，拼的就是一个胆量，有胆量才能有创意。这场球下来，北京队的士气大振，接着连续战胜了河北队、山东队，在决赛中又以3∶1击败了实力雄厚的上海队，最终夺得了男子团体冠军，创造了北京市中学生乒乓球队参加全国中学生运动会有史以来的最好成绩。

案例3：输了够本，赢就赚了！

那是我16岁时经历的一场比赛，当时我还是个初中三年级的学生。在一次天津市举行的优秀运动员邀请赛上，我遇上了一个天津乒乓球队的专业运动员小李。小李曾经是我的小学同学，早在五年级时就获得过天津小学生比赛的前四名。到了初中的时候，他已经是天津市乒乓球队的正式运动员了。可是那时候我还没有开始练习乒乓球，直到初中二年级我才有机会进入业余体校训练。即使我当时的技术进步很快，但是和小李比还是很"业余"。比赛前我在走廊里遇上了我的教练，我告诉了他我的情况，并问他："应该怎么打？"可能是因为我的教练也要参加比赛，他无暇与我细说，但是他告诉我：既然你的对手是专业队的运动员，那么你还有什么可想的？拼呗！最后他扔下一句掷地有声的话："打输了够本，打赢了就赚了！"听了他的这番指导，激发了我义无反顾的斗志。比赛开始了，小李总是抢先上手攻我，他用的是反胶球拍，搓球、拉球都很转，可是我当时使用的是一支没有海绵的单胶皮球拍。前三局我1∶2落后，当时我想必须大胆进攻争取主动，可是他的搓球很转，不易进攻，怎么办？于是我决定拉弧圈球！可想而知我用这种没海绵的单胶皮球拍拉出的弧圈球让他多么难受。结果，我连胜两局，反败为胜。也许有人会说：这是因为对手小李领先后思想麻痹大意了。这样的推论或许有一定的道理，但是如果当时我胆量不够，不敢大胆采用"新技术"——单胶皮球拍拉"弧圈"，就不可能扰乱对方的心智，继续中规中矩地打下去，也就无法抓住因他"麻痹大意"而送给我的转机。

三、针对水平相近的对手拼变化

双方水平接近，可能互有胜负，教练员如何帮助运动员多胜而少输，就是要在拼变化上下功夫。

案例4：打得赢就打，打不赢就变！

在2007年的全国中学生乒乓球锦标赛上，北京六十六中学的小李在单打中遇上了湖南师大附中的一名选手，双方都是近台快攻选手，比赛打起来回合不少，但是小李却占不了上风；比分虽然还能咬住，但是总是对手领先。显然这么打下去也算是打出了自己的水平，可结果却是没有便宜可占。比赛已经打到第4局，小李1∶2落后一局，场上比分又以5∶7落后，这时我果断地叫了暂停，我对小李说："不能这么打了，立刻改变战术！发下旋球，逼住对方反手搓，看准了再起板。"小李立刻改变了战术，用搓球逼住对方的反手，没有机会绝不贸然进攻。由快速对攻突然变成对搓，再加上对手的反手快攻被搓球控制住了，使他极不适应，打得心烦意乱，越打越乱，竟被小李连扳两局反败为胜。接着小李又用这种前后截然不同的变化战术战胜了天津二中的另一名对手，最终获得全国中学生乒乓球锦标赛女子单打第3名。虽然这两场球下来之后对手并不服气，甚至不屑这样的战术，但是对小李来说"打得赢就打，打不赢就变"才是聪明的做法。根据国家体育总局等级运动员的评定标准，小李在这次比赛后被评为一级运动员。可以想见如果不及时变化，她就不可能成功地抓住这次机会。

作者在进行现场指导

第二章　亮出自己的"刀锋"

赛场上教练员必须帮助运动员建立强大的自信心，信心就如骑兵的战刀，实战时，不仅要抽出战刀，而且要亮出自己的刀锋，将刀锋对准敌人。运动员在比赛场上的信心就来自自己的得分手段，这就是他们的"刀锋"！

案例5：找出自己唯一的特长

2011年5月，北京六十六中学乒乓球队参加了在湖北黄石举办的全国乒乓球俱乐部甲C比赛。因为我是从成都出发没有随队同行，直到比赛开始的当天晚上才赶到赛场。见到我们的队员时，她们前面的比赛已经输了一场。我关切地问女队的小李打得怎么样？她郁闷地回答说打得不行。我又说："你赛前不是练得挺好吗，她嘟囔着回答说："练的东西总打不出来，有时打出来也不管用。"看着她一副没有信心的样子，我想她一定是找不到自己的得分手段了。于是我就问她："比赛取胜靠什么？是主要靠自己得分还是靠对手失误？"她说："当然主要是靠自己得分。""你靠什么得分？"我接着问，"发球抢攻、正手弧圈、反手进攻……"她罗列了好几项。听到她的回答我故作惊讶地问道："你有这么多得分手段为什么还会输球？"这一问让她语塞了。我见她开始思考了，于是就帮助她分析说："在与对手水平接近的比赛中，你不可能有这么多手段都比对手强。就算是你两只手都会打球，你也不能选择两只手持球拍上场比赛。你的左手强，必然会选择左手握拍上场，因为这是你唯一的强项。用这种思维分析，你只能有一项最强的手段才能称之为特长，因为既然是特别的长处，你就只能有一项。"我接着补充说："特长就好比是你的'刀锋'，既然你面对对手，就不仅要找到你的武器——刀，而且还要拔刀相向，也就是将刀锋对准敌人，决不能授之以柄。"听了我的分析，她似乎有所触动说："反手进攻应该是我的长处。"这次她说对了。小李是个左手持拍选手，她的进攻力量大，特别是反手进攻出手快，斜线角度大，能给对手造成巨大威胁。经过这次分析她开始将自己的注意力聚焦在反手的进攻上了，比赛中我要求她：尽量多用反手进攻，稍有机会就大胆上手，而且先打斜线；如果遇上不适合反手进攻的球，尽量不要后退，要在台上压低弧线控制回球，等待有反手机会再大胆进攻。思路的调整使她逐渐找到了自己的得分手段，比赛越打越顺，信心越来越足，即使面对强手也不怯场，这正是亮出"刀锋"，有恃无恐！她在黄石的比赛成绩也从开始的输得多，到后来居然赢多输少。在两个月后的全国中学生运动会和全国中学生乒乓球锦标赛上，她作为北京女队和北京六十六中学代表队的主力选手，先后夺得了混合双打冠军和女子单打冠军。

都说"存在决定意识""艺高人胆大"，但是有些运动员还是当局者迷，特别是不太成熟的孩子们，他们经常会在紧张、兴奋的环境下找不到北。心理学有一句话："人们看到的东西，都是他们想看的。"教练员在比赛中就是要引导孩子们看到他们应该看到的东西——他们用以克敌制胜的"刀锋"。

第三章 寻找对手的"软肋"

正如拼斗中的剑客必须寻找对手的穴位或"软肋"一样，教练员在临场指挥时必须帮助运动员找出对手的弱点，如果不能及时发现对手的弱点，指挥就会陷入盲目性。千方百计找"弱点"，可以说是教练员临场指导成功与否的关键。我说"千方百计"，就是要确信，即使是再强大的对手，也必定有他的"软肋"，作为教练员必须有能力先于运动员发现它。

案例6：卖个破绽诱敌暴露弱点

一次在六十六中学举行的交流比赛中，与我们中学生对阵的一个对手老黄虽然年长，却是全国有名的长胶运动员，常年活跃在全民健身的比赛中，战绩斐然且鲜有对手。他不仅擅用长胶回球怪异，而且使用反胶进攻技术也十分娴熟，战术经验十分老到。相反我们这里都是一些十分稚嫩的中学生，此前他们从未遇到过这种怪异的长胶打法。比赛一开始，前两个运动员小李和小申很快都败下阵来。面对如此年长的对手和在他们看来如此"邪门"的打法，他们虽然心里不服，但也无可奈何。第三场是我的学生小贺上场，作为临场教练的我，当然不希望在对手连胜两场之后，自己还是无所作为。可是对于不会应对长胶打法的学生来说，对手的弱点到底在哪里？虽然说我早已看出，老黄作为年长的选手，本质的弱点就是攻击力量不足。可是他娴熟的长胶变化，不仅会造成我们队员回球失控或直接失误，而且稍有机会又被他用反胶一板打死，这让我们的队员始终处于疲于应付的被动局面。如何让老黄攻击力不足的弱点暴露出来？我想只有从他的正右方突破才行，一定要引诱他用反胶进攻我们才有机会。于是我要求小贺在对手使用长胶击球时，尽量向他的右方送弧线较长的回球，即使是稍给对手一些机会也没关系，就算卖个"破绽"给他，目的是引诱他用反胶进攻。果然面对这样的右方长球，老黄按捺不住了，他开始倒换拍面用反胶进攻了，这时小贺就退后防御，甚至放高球，对手毕竟不是年轻选手，三板斧过后就显得力不从心。在他攻击乏力时，小贺立刻上前反拉弧圈球，对攻、对拉的局面一经形成，老黄的弱点就暴露无遗了，特别是在他扣杀无果又被反拉回来时，他的长胶也就用不出来了。因为在他大动作扣杀后，面对这些又快、又高、又顶的反拉弧圈回球，根本就来不及倒拍换用长胶，况且长胶也很难对付这样的高弧线上旋球。结果小贺用这种后发制人的战术抓住了对手的弱点，最终以3：1战胜了号称"怪胶皇"的老黄。

案例7：挖出隐藏在特点后面的弱点

2011年的夏天，日本青森的一个中学生乒乓球队来北京交流。青森是日本著名的乒乓球训练基地，据他们的老师介绍，这些孩子每天都要从下午3点一直练到晚上8点，甚至每周连续训练7天。为了重视起见，我们在第一次和他们交手时派出了初高中联队。比赛进行十几场居然互有胜负，对手的实力果然不容小觑。青森的这批中学生比赛起来不仅拼劲十足，而且打法很有特点。特别是正反手挑打台内球都十分准确，同时还能十分流畅地衔接后面的连续进攻，所以在和他们的比赛中，总是被他们抢先上手进攻。恰恰相反，我们的学生更喜欢通过短球控制再找机会进攻，对手的打法正好克制了我们的攻势。在第一场比赛结束后的总结会上，大家都反映找不到对方的弱点，打得非常吃力。从教练员的角度观察，对手在比赛中的确没有暴露出什么明显漏洞，但是没有暴露不等于没有。事实是因为总被他们抢先上手，比赛一直跟着对手的节奏走，自然找不到对手的弱点。下午的比赛再次开始，我告诉学生们：对手的特点是擅长从台内球挑打发起进攻，弱点恰恰也是台内球挑打。因为他们对自己的台内挑打过于自信，已经形成一种习惯，这就是弱点。况且他们的台内挑打进攻虽然准确，但是突然性不强，只要我们坚决不退，等着抢攻他们的台内挑打球，我们就有机会。找到了对手的弱点，下午的比赛果然发生了很大的变化，局势一边倒，我们最终以大比分领先的优势战胜了对手。而对手却越打越乱，再也没有上午的气势。这次比赛的前后变化说明了一个问题，那就是对手的弱点一定存在，只不过有时候弱点隐藏在特点的背后，临场的教练员要千方百计地寻找并要善于发现它。

案例8：有"规律"也是弱点

那是在加尔各答举办的南亚运动会上，我当时任巴基斯坦国家队的教练员。在男子单打决赛中，巴基斯坦的阿里夫汗遇上了印度的全国冠军康姆莱施。据了解，对手是一个常年在欧洲训练比赛的运动员，他的技术全面，步法灵活，中台相持能力很强，特别是正手的弧圈球斜线进攻不仅速度快，而且命中率极高。在之前的团体决赛中印度队以 5：4 险胜巴基斯坦队，其中就是这个康姆莱施独得 3 分。他的状况极好，又有主场的优势，在这样的情况下如何找到并抓住他的弱点？比赛开始后，我发现他对自己的正手斜线弧圈球进攻非常自信，在连续拉弧圈球的对攻中，只要扑到正手位就是一板斜线爆冲，动作十分流畅，但是直线球却拉得不怎么样。于是我利用阿里夫汗左手持拍的特点，指导他主动变对手正手位大角度，然后等着他的斜线拉球，借力快速回直线，借用对手的速度反袭其反手。对手的正手进攻虽然貌似强大，但是有规律的斜线爆冲却成为一条死线，既然有规律可循就是他的致命弱点，抓住了对手的弱点，被我们回击到他反手的直线球速度又快弧线又低，迫使他只能被动应付，以致方寸大乱。由于需要保护反手产生的心理纠结，他正手进攻的失误开始增加，到后来连擅长的正手弧圈球也不再流畅。结果我的队员阿里夫汗以 3：2 在印度的主场击败了印度的冠军，为巴基斯坦代表团夺得了南亚运动会开赛以来的第一枚金牌。感人的是比赛结束后，我们在加尔各答的街上观光时，一位陌生的华人拉住了我问道：你是巴基斯坦队的中国教练员吗？当得到我肯定地答复后，他十分热情地告诉我：因为在电视上看到中国教练员指挥巴基斯坦运动员打败印度的头号选手夺了冠军，使他们这些漂泊海外的华人感到十分自豪，为此他十分感谢我。听了他这一席感人的话，不由得让我也感到心中一阵温暖，虽然率领的是外国运动队，但是因为我们的努力，能给海外同胞带来自豪的愉悦也是我们中国教练员的成就啊！

案例9：抓住弱点多赢两分

那是在重庆举行的全国中学生乒乓球锦标赛的最后一天，高中组男子单打决赛是最后的压轴戏。决赛中的一个人是北京六十六中的小李，另一个是鞍钢高级中学的小于。早在前几天的团体赛中他俩就有过交锋，那场比赛小李是以 3：2 险胜小于，但是在我看来比赛本不应该打得这么艰苦。因为小李并没有牢牢抓住对手中路正手位的弱点，在一旁观战的我曾经粗略地做过一个统计，其实小李平均每局球能真正抓住对手"软肋"的得分只有两三个。可能是有的老师在那次赛后听到了我的议论，决赛前小李突然到看台上找到了我，问我应该怎么打？我直截了当地告诉他说："对手的弱点在中路正手近身的位置，之前的比赛之所以打得艰苦，是因为你真正打到对手弱点的球每局只有两三个，如果你能在这场决赛中抓住对手的弱点，每局争取比之前多打两个，比赛的优势一定会全面倒向你。"小李接受了我的建议，在比赛中死死抓住对手的弱点不放，最后果然以 3：0 轻松获胜。

事后想来，这只是一场比赛，胜负结果并不多么重要，但却是教练员帮助孩子们成长的好机会。让他们学会即使在被动不利的情况下，也能千方百计找出对手的"弱点"，变被动为主动；即使在别人都认为不可能时，也要鼓足勇气通过自己的努力，变不可能为可能。更重要的是，掌握了这样积极的思想方法，积累了这样人生成功的经历，必定是他们人生的宝贵财富，一定会使他们终身受益。

第四章 激励孩子们的斗志

激励是带队比赛临场指挥时教练员经常要用的有效方法。在关键比赛场次排兵布阵用人时，在孩子们拼搏士气受挫时，特别是在管理使用一些较有经验或有一定成绩的强势运动员时，采用"热激励""冷激励"或"强激励"的措施激发他们的斗志是非常重要的。

一、"热激励"与"冷激励"相辅相成

在负责临时组队参加大赛的教练员中，时常有人会面对一些与自己不太熟识、缺乏默契的所谓强势运动员，这些运动员通常都有参加过较多比赛的经历背景、较强的专业自信及突出的个性。他们一般来队时间短，并且一到来就成了队伍中的主力或领军人物。管理好他们的心态，激励他们的斗志，使他们的心理活动与技术状态实现良性互动，从而发挥出他们自己的最佳，是取得好成绩的关键。其中"热激励"与"冷激励"相辅相成的运用应该是有效的方法。

所谓"热激励"是选择一个责任心较强、技术状态较好的运动员，在全队面前公开给他更多的正面激励。如：鼓励、表扬、肯定他的努力，支持他的建议，刻意强化他的正面形象。这样做的目的是为了树立他的自尊心，提高他的责任心，使他能迅速成为队内正能量的领军人物，起到凝聚人心和鼓舞士气的作用。

所谓"冷激励"是对那些由于种种原因，致使技术或心理还没有进入状态的主要运动员，为了在起用他们时，使他们能迅速调整心态，确保竞技状态趋好，适时给予"冷激励"。例如：少表扬或不表扬，甚至抓住一个明显错误不放（错误可以是态度上或技术上的）或故意在大家面前表现出对他状态的"担心"等。这样做的目的，一方面让他意识到自己尚未准备好，激励他加把劲；另一方面让他感受到压力，担心自己不被信任，从而产生不甘心被边缘化的抗争心理动力。

为了发挥"冷激励"与"热激励"相辅相成的作用，这时教练员需要尽早在队内选择相应的对象，针对性地同时使用上述相辅相成的方法来激励他们，让他们从心理感受上互相参照，从而使受到"热激励"的人更加努力，更具责任心；而使受到"冷激励"的人产生诸如不服气、不甘落后、希望得到认同等积极、上进的心理压力。以此调动其做更大的努力，迅速调整状态，主动应对挑战，激发比赛斗志，确保取得成功。

案例10：为什么总不表扬我？

2002年在准备和参加南京举办的全国中运会期间，我是负责北京代表团乒乓球女队组队、集训和参赛的主教练，这次比赛北京代表团的目标是力争团体前3名。组队集训时有两名新入选的主力运动员，其中一名技术条件较好，但是个性较强、行为散漫、容易情绪化的小满；另一名技术很有特点，且自觉性和责任心都较强的小钟。由于时间短、任务重，我们必须迅速将这两名主要运动员调整到最佳状态，并且和她们建立默契配合的关系。特别是作为二号主力位置的小满，在团体赛中，经常会第一场就遇到对方最强的对手。这样的位置不仅需要她具有一颗坚毅的心去面对困难，而且还需要她具有强烈的"挑战"欲望去战胜强手，只有达到这样的状态才能派上用场。但是观察她当前的状态显然是达不到上述要求的，为此我决定尝试采取冷热不同的激励方法。集训开始了，一方面我故意在不同的场合公开肯定小钟的训练态度，对她的技术特点表示充分的"信任"，甚至让她参与自己训练计划的制订，用"热激励"的方法强化她的自尊心，树立她的荣誉感；另一方面，我故意盯住小满，抓住她在一次训练中因为打不好而发脾气的违纪行为不放，公开威胁她说：如果不改变，就不配代表北京的中学生，将被逐出北京代表队！借机充分表达了我极其严厉的态度。当然为了避免冲突激化，我同时请领队老师在下面配合我做她的工作，一个唱"白脸"、一个唱"红脸"，目的是用"冷激励"的办法强化她的上进心和责任心。到了赛区，小满对自己的要求已然有了很大提高，甚至在身体不适的情形下很好地完成了不少场次的比赛，但是我们依然硬着心肠继续对她采取"冷激励"——没有肯定和表扬，给她的只是频繁地叮嘱，不断地提醒，告诉应该注意的问题，以此暗示我们的"担心"；与此同时在每场赛后的总结时，我故意把更多的肯定与表扬公开给了小钟，这种"故意"造成了她俩之间"冷"与"热"反差极大的不同心理感受。此举强烈地激发了小满的争胜之心，发挥了前所少见的拼劲与良好的技术状态，取得了突出的战绩，确保了北京女队最终登上了团体第3名的领奖台，圆满地完成了北京市中学生体育代表团的任务。面对与之前判若两人的小满，她的队友小王在赛后感慨地评价说："从来没有见过她这么认真地拼比赛。"在回程的火车上，小满略带埋怨地对我说："难道我的表现还不够好吗？为什么您总表扬她（小钟）而不表扬我？"此刻，我立即对她表示了歉意，并认真地肯定了她的成绩与表现。当然，在真心赞美她的同时，我心中的另一个感觉则是："这就是我需要的冷激励效果。"事后有人问我，你这样的做法难道不怕队员不配合？我的回答是，在这样的重大赛事上，首先应该相信每个入选者的上进心，其次在实施"冷激励"时，当然也要注意说话的分寸，留有回旋的余地，最好请一个能唱"白脸"的人在下面配合做细致的工作，力争保证最好效果。

案例11："激励"帮她成为最佳运动员

2008年我们负责组队代表中国参加在俄罗斯SAKHA市举办的亚洲少年运动会，面对出发前几天才被选来的小李和小刘，我必须迅速地熟识他们。通过接触发现，男队员小李是一个非常阳光的男孩，他不仅能意识到参加这次比赛责任重大，而且对自己能打好这次比赛信心十足；而小刘却有些不同，她有点女孩的矜持，不太容易接近，还发现她时常会打电话向她原来的教练员请教技术问题，可见她对自己的状态信心不足。虽然我曾尝试帮助她，但是她对我的指导和建议将信将疑，信任不够可是教练员与队员在比赛中默契的大忌。比赛任务要求我必须尽快地建立教练员的凝聚力，必须在几天之内和他们磨合好，于是我决定再次采用热与冷的激励措施，对于技术状态较好、自律能力较强的男队员小李采取了"热激励"的办法，而对于状态不尽如人意的女队员小刘采取了"冷激励"的方法。在小李不断受到"热"肯定的同时，被适度冷落的小刘，其内心压力（或者是动力）在迅速增加。面对比赛任务在即和小李"热"的影响，小刘与我的关系也从开始的不信任、将信将疑，到决赛前能理性地接受我对她技术改进的建议和现场指导，终于在短暂的赛期最后，改善了她的反手进攻技术，最后战胜了所有对手，为中国代表团夺得珍贵的女单与女双两枚金牌，并被评为这届运动会乒乓球比赛的"最佳女运动员"。

回顾比赛，从她的开始阶段因状态不好、信心不足感到压力巨大，到后来被激发出争强好胜之心，并表现得敢于担当，这期间她已经发生了很大变化。特别是女双决赛，与小刘配双打的搭档小房是赛前临时安排的，双方不仅互不熟悉，而且两人的技术水平也有一定的差距。决赛的对手是一对韩国的强手，比赛前两局1：1战平后进入了关键的第三局，我们从落后到追平，当比分直打到13：12我们暂时领先了1分时我立即叫了暂停，这是我终于等到的机会，由于估计对手此刻会产生再输一分就会输掉这局的心理压力，而这种压力可能会驱使她们不由自主地求稳，我打算让小房发个上旋球，但是为了让小刘有心理准备，我还是用激将的口吻问她："你敢让小房发个上旋球吗？"小刘听了当即不屑地说："无所谓！"听了她的回答，我已经感受到了她的信心，知道我们要成功了。果然，我们14：12拿下了关键的第三局，最后又再下一城，以3：1夺得了我们队的第一枚金牌。

据悉，在受到"冷激励"的过程中，小刘曾多次对我的助理教练员抱怨她受到的压力，并表白说自己是责任心很强的人，说自己已经准备了几套战术等等。当这些话传到我的耳中时，我知道"冷激励"开始产生效果了，教练员需要的凝聚力开始建立了，她也逐渐地进入了角色。顺便说一句，同时受到"热激励"的小李在整个比赛期间一直都表现得很出色，高度的责任感、昂扬的斗志和较好的水平发挥，在全队起到了榜样的作用，虽然因为他在比赛中不慎肩部受伤，没能夺得金牌，但是最后他也取得了男单第四、男双第二和混双第三的较好成绩，他的表现始终受到全队的好评。

案例12：请将不如激将

那是一次北京市的中学生乒乓球比赛，是全市中学生一年一度的重要比赛。虽然我们学校的高中女队是一支强队，但是要想夺冠也绝非易事，因为二中就是我们的强劲对手，她们队中的小王曾经参加过北京乒乓球队的集训，是一个两面都能拉弧圈球的实力型选手，在本次比赛中罕有对手。我们队中唯一可以与她有一拼的主力队员小魏已经是高三年级了,由于近期训练较少,球技有些生疏,对自己也有些信心不足。对于如何调动她的斗志,我们教练员确实费了一番功夫。首先我们一方面对外宣称为了锻炼后备力量,总是派一个主力队员带着几个年龄小的孩子出场;另一方面前几场球一直让这个以往的主力队员小魏在坐冷板凳,不给她派任务。在做了这样的安排之后,我让我的助理教练员认真观察小魏的心理变化,一旦发现她表现出郁闷的样子就可以考虑起用她。开始时我们发现小魏还表现得比较大度,一直在为上场的队友鼓掌加油,可是看着我们总是派另一名主力队友上场,却没她的份儿,过去一直作为主力的她,怎么能甘心接受这种被边缘化的地位呢。随着比赛即将进入最后的决赛阶段,一直没有上场的小魏开始有了明显的郁闷的表情。此时我有意识地坐到她的旁边,故意装作不经意的样子谈起一直没有输球的那个对手小王。我装作感叹的样子说:"看来这次比赛没有人能战胜她(小王)了。"听到这样的话,小魏撇了一下嘴说:"哼!她过去就没赢过我。"我故作无奈地说:"可是你高三这一年没怎么训练呀!"小魏果断地回答说:"那我也能赢她!"其实我等的就是她的这句话,因为我知道她的近台快攻打法有办法克制对手比她速度慢的弧圈球,特别是她正手使用正胶球拍的进攻会使对手感到很别扭,唯一怕的是她缺少信心。现在看着她那憋足了气的样子,我宣布决赛派她上场,而且第一场就对小王。果然一直没有上场的她突然出现在决赛场上让对手感到十分诧异,而我们的小魏首战决赛处于一鼓士气正盛的状态,结果3:1取胜,终止了对手小王的连胜势头,为自己的团体拿下了最重的一分,帮助我队最终以3:1的总比分再次夺得北京市中学生女子团体的冠军。不久小魏作为乒乓球的特长生,被北京邮电大学选中,并且顺利经过高考升入了大学。

二、"强激励"重振斗志

在连续的比赛中,教练员经常会面临一些意外的失利情况,这些心理尚未稳定、成熟的孩子们也经常会因为受这些挫折的影响,变得情绪消极、信心动摇,甚至士气下滑。如何在极短的时间里迅速扭转这种被动的局面,"强激励"是唯一应该采取的有效方法。

案例13:"强激励"重新振起团队的斗志

在第12届全国中学生运动会上,北京中学生乒乓球男队上场的两名选手因擅自更换新胶皮海绵导致临场球拍检测没有过关,并且由于当时没有备用球拍,他们三个人只能共用一只球拍比赛。这一突发事故使北京队在八进四的关键比赛中以2:3败给了河北队,虽然在复赛中战胜了对手,但是最后只获得了本届团体赛的第5名。这一事件重创了孩子们的上进心,并影响了整个队伍继续参加单项比赛的士气,事实上在接下来的混合双打比赛中,我们只获得了一个第7名。有的孩子在下面议论说:昨天争第5名,今天争第7名,明天还不知怎么样!还有的孩子在为当天的比赛失利找原因,抱怨平时训练的对手不足,许多技术没练到,如此等等。面对下滑的士气,必须在极短的时间内采取有效的措施加以扭转。这时我记起了年轻时参加国庆体育大军检阅训练的一段经历。那时候负责训练我们的是一位姓孙的营长，他是一个不苟言笑的军人，也是眼睛里绝不揉沙子的教官。在训练中没有一个错误动作可以逃过他的眼睛。事实上，他总能随时随地从几百人的行进队伍里挑出那个"犯错误"的人，并要求他报名出列接受批评。似乎在他的眼里我们总是做得不够好，在整个训练阶段和排练中几乎没有听到他一句肯定和表扬的话，而总是在细数我们的不足，但是他的指责和批评又是那么及时、准确，毫不含糊。在他看来，我们还有潜力，完全可以做得更好。他的这些态度和做法极大地激发了我们争强好胜的斗志，为此我们横下了一条心非要做好给他看看不可。结果经过了这样严苛的锤炼，我们终于被锻造成为一支威武雄壮的体育大军。在国庆节那天，我们穿着洁白的运动装，迈着整齐的步伐，高喊着洪亮的口号，正步通过天安门广场，接受党和国家领导人以及各族人民代表的检阅，并迎来了潮水般的掌声。这时我们心中充满了巨大的自豪和成就感，至今想起来还让人心潮澎湃。反观现在，我们带领的孩子也正在代表北京的中学生面临这样的检阅，可下滑的士气将毁了我们所有之前的努力。我们必须迅速扭转这样的情况，否则将功亏一篑。分析当下的情景，我们决定采用"强激励"的方法，让大家猛醒。于是我们在比赛结束的当晚即召开了教练员和运动员的全体会议，我作为总教练在全体会上带头自我批评，并告诉大家，现在对我们来说已经到了最危急的时刻，危及我们的绝不是技术问题，而是态度问题！然后我列出了当天两场比赛所有不能令人满意的地方，小到走路的精神状态，说话的语气、内容，大到比赛场上的胆量、气势、发挥，总之对所有负能量的现象都做了毫不留情的点名或不点名的批评。并警告说，今天这样的表现绝对不配代表北京的中学生！如果因为这样导致队伍的失败，我作为总教练第一个引咎辞职，而大家也必将承担自己的责任。而且特别强调说这绝不是危言耸听，我们必须立即改变，否则将遗憾终生！使用这样近乎鸡蛋里挑骨头式的严苛语言终于使孩子们的思想产生了震动，实现了"强激励"的效果，队伍的精神面貌发生了明显的变化。在第二天的男子双打比赛中，我们的两组孩子小李、小苗和小江、小曹同时战胜了各自的强劲对手打进了前四名。当整个比赛结束时，北京中学生乒乓球队获得了团体总分第三的好成绩，实现了赛前预定的争取进入前三名的大目标。

说实在的，在这么短的赛期内要求本来自信不足的主力运动员迅速增长自信，让经受挫折以致士气下跌的队伍止跌回升，或者让这些本来陌生的强势运动员完全信任我这个临时教练员，并形成默契几乎都是不可能完成的任务。唯有采取非常手段激发他们的"内心"，一旦他们的"内心"动力被启动了，自然可以达到事半功倍的效果。虽然"热激励""冷激励"和"强激励"等激励的方式截然不同，但是基于相信孩子们的上进心，根据实际情况分别使用这些方法，都会产生异曲同工之妙。当然，在局外人看来，这种激励有点像"斗心眼"的游戏（权且称为游戏），教练员似乎故意要给参与其中的孩子制造点压力和"郁闷"，但是正如长跑运动员一样，当他胜利到达终点时，途中的一切痛苦都已变成了成就。对一个肩负责任的教练员来说，做这样的心理"游戏"又何乐而不为呢，更何况教练员的目的本来就是为了帮助他们成功。

第五章 择机"叫停"

在比赛中，教练员不仅可以利用一局结束时交换场地的暂短时间进行场外指导，而且还可以利用规则允许，在一场比赛的进行中叫一次暂停，以便对自己的选手面授机宜。如何选择机会"叫停"，如何充分发挥"叫停"的作用，这些都考验着临场教练员的功力。

一、"叫停"刹住对手的顺势

虽说在比赛出现不利局面时，教练员需要找到具体的战术解决方案，才好要求"暂停"，但是对于11分的比赛来说，一局比赛获胜的机会稍纵即逝。如果比赛进入了关键局，只要发现局势不利，为了刹住对方的顺势，即使没有成熟的战术解决方案，也必须及时叫停。短暂的暂停就像刹车一样，能刹住对方连连得分的势头，动摇对方再战时的决心。同时为自己的运动员争取到短暂的时间，调整思路，重整旗鼓以利再战。

案例14：利用暂停衰减对手的气势

在2011年的全国中学生运动会乒乓球比赛男子单打四进二的半决赛中，比赛进入了第4局，北京队的小贺在1：2落后。第4局又开局不利各胜1分之后，小贺竟连输4分，眼看大势不好，小贺果断自己"叫停"。当时我对这几分球的战术尚无明确判断，只是觉得小贺打得有点乱，无谓失误较多。他自己叫的"暂停"其实并没有在我的计划之中，但是这时候的"暂停"的确必要。他的确需要短暂的暂停重新整理思路，更需要利用"暂停"刹住对方的顺势。事实证明这次暂停十分有效，虽然没有做出什么战术改变，但是重新开始后，小贺的思路十分清晰。打得也十分坚决，连连得分。对手反而开始动摇，无谓失误增加，在我们的"暂停"之后只得了1分，被小贺以11：6翻盘。

二、"叫停"摆脱对手的纠缠

有时比赛打得十分胶着，双方互相咬住，比分交替上升，很难拉开距离。这时候教练员需要制定一个具体可行的战术方案，利用"暂停"来帮助自己的运动员摆脱对手的纠缠。这样的方案最好是一个只包括一两个球的战术操作方案，切忌空洞和繁多，时机最好选择在换发球时。

案例15：利用暂停打破僵局

在一次北京的传统项目学校乒乓球比赛的单打决赛中，我校的小刘与对手打得难分难解。在第三局打到8：8的关键时刻，轮到小刘发球，利用这个机会我叫了"暂停"，并布置了一个十分具体的战术方案，帮助他摆脱纠缠。我告诉他利用自己的发球大胆侧身抢攻斜线。如果得分，第二个发球后一定要抢攻直线。战术方案十分具体，而且一举成功。关键的两分领先一下子打破了僵局，后面的比赛十分顺利，小刘以3：1战胜了对手，获得了北京市传统项目学校乒乓球男子单打冠军。

案例16：利用暂停摆脱对手

在全国学生运动会的团体比赛中，小苗第一个出场迎战对方的主力队员。比赛打得并不顺利，一上来就被对手连赢两局。在0：2落后的情况下，小苗并不气馁，经过一番努力终于追回了一局。比赛进入了关键的第4局，虽然双方比分交替上升，但是多数是对手在领先，小苗在追赶。我一直等待机会希望能利用"暂停"帮助小苗摆脱这种比分的纠缠。机会终于来了，小苗利用自己的发球抢攻连得两分，将比分追成5：5平。按理说，小苗刚刚连得两分，此时教练员本不应该"叫停"，但是我依然果断地向裁判提出了"暂停"，因为我想为小苗下面的接发球布置一套具体的战术，帮助他摆脱比分的纠缠。我对来到挡板旁的小苗说："下面对手再向你中间发半出台球时，你先用拧拉的办法回接到对方反手位，如果这一分成功，下一个接发球一定要改为向对方的反手位搓球劈长。"战术布置得非常具体，操作方法也非常明确，小苗坚决地执行了，果然十分奏效，再次连得两分，不仅将比分反超，而且士气大增，进而拿下了关键的第4局。接下来小苗趁势再下一城，又拿下了最后的第5局，实现了大逆转。应该说这次的"暂停"是小苗实现反败为胜的转折点，由于"叫停"时机掌握得好，战术布置针对性强，方法具体可行，加上小苗执行坚决，打乱了对手的思路，终于扭转了被动的局面。

三、"叫停"算计对手的心理

通常一局比赛会有这样的规律：开局双方相互试探，比状态；中局相互搏杀，比胆略；局尾相互斗心理，比算计。教练员可以利用局尾阶段叫"暂停"，帮助运动员与对手斗算计。

案例17：对手的心理被"算计"了

在2011年全国中运会上，北京女队的第一场比赛是与天津女队对阵，这也是一场争夺小组出线权的关键比赛。北京队第一个上场的小李如能夺得首场胜利，对鼓舞全队士气十分重要。小李的对手是一个直拍正胶快攻选手，喜欢利用摆短球争取进攻机会。比赛打到第4局，双方杀得难分难解，打到局尾时小李10∶9领先，并掌握着发球权。这时我感到机会来了，立即要求"暂停"。因为记得在前面的比赛中，对手曾经有过接下旋发球下网的现象，加上对手又有接发球摆短球的习惯，我分析此刻对手的心理会产生变化——下意识地保守——想摆得更短，于是我要求小李向对方中间正手发加转的下旋短球，准备抢攻。结果对手的心理变化被我算计到了，恢复比赛后，对手果然接发球保守——摆短下网，小李发球直接得分，可谓"兵不血刃"轻松拿下最后一分，北京队旗开得胜，最后全队一鼓作气以3∶0战胜对手。

四、被动"叫停"主动应变

比赛中相比较自己"叫停"的主动来说，在顺风顺水时被对方"叫停"时的被动是不言而喻的。既然对方"叫停"求变，我方该如何应变？

（一）以不变应万变

如果已经抓住了对方的致命弱点，那么绝不能因为对方的暂停而动摇自己的决心，此刻一动不如一静，坚持你打你的，我打我的，以不变应万变是最好的选择。

案例18：以我为主坚持到底

在第11届中学生运动会女子单打十六进八的关键比赛中，北京队的小齐遇上了一名广东运动员。小齐是削球手，特点是削球旋转强，但是对方判断旋转的能力非常强，只要小齐的削球加转，对手就变搓球，小齐的削球不转时，对手就拉低冲的弧圈球或伺机扣杀，而且控球能力很好，小齐几乎没有什么机会反攻。在小齐先输一局的情况下，我们发现了对手的弱点——左方进攻能力弱。在局间的暂停时，我要求她改变战术：坚决逼住对手的左方，和她比耐心。上场后的小齐坚决地贯彻了我的战术，局势立刻有了改观，小齐连胜两局。第4局开局后对手又以4∶6落后，这时对方叫了暂停，希望借此扭转形势。虽然我知道对方会有所改变，但是我坚信，对手无法摆脱她致命的左方弱点，于是我告诉小齐："一定要坚持不变！"比赛再次开始，对手加强了反手搓球落点的变化，并用不同的搓球手法，忽快忽慢、忽长忽短、忽左忽右、忽劈忽撇，千方百计想引诱小齐变她右方，但是小齐始终不为所动，盯死对手的反手，场上的局面变成了"手"与"脚"的竞赛。对方不断变化，小齐则随之不停地移动，将球牢牢地控制回对手的左方，始终不给对方合适的正手扣杀机会。有趣的是，由于裁判员对这样的局面毫无准备，比赛开始时没有带表计时，只能眼睁睁地看着双方磨下去。比赛中，为争夺一分球往往要来回搓几十个回合，最多的一次，小齐竟和对手连续搓了83个回合才拿下1分。也就是获得这关键的1分之后，对手挺不住了，烦躁让她的进攻变得盲目与勉强，连续出现的失误使比分逐渐拉开，这又进一步导致对手信心的崩溃，小齐坚持到了最后，以3∶1战胜了对手，进入了前8名。与其说这是一场消耗体力的马拉松式比赛，倒不如说更是一场艰苦的心智拔河比赛。

（二）以变应变，我变在先

在与水平接近的对手博弈领先时，突然被对手"叫停"是不可避免的事。这时要应对可能发生的变化，准确地预测到对手即将采用的战术，对临场教练员来说是非常困难的事。都说"敌变我变，我变在先"是战术变化的最高境界，但是这需要建立在知己知彼的基础上。虽然在复杂多变的情况下，要求临场教练员做到这一点谈何容易，但是既然坐到临场教练员的这个位置上，就必须积极面对。要做好这一点，除了事先尽可能多地掌握对手情况外，换位思考与判断趋势可能是临场教练员需要掌握的基本功。下面是一个负面的案例，但是事后我从遗憾中总结出了问题的所在，可资借鉴。

案例19：应变迟滞导致失利

在中学生运动会的男单半决赛中，我队的小贺和对手打得难解难分。比赛进入第5局，我们领先以5∶1交换场地，这时候对手叫了"暂停"。由于对这个被"叫停"没有准备，仓促之间我们只是简单地判断对手可能会加强进攻，于是我要求小贺加强控制。事实证明这一判断有误，对手并没有简单地加强进攻，而是通过耐心"控制"减少了无谓失误，采取了看准机会再攻的策略。由于我们的判断有误，再加上我已经用完了"叫停"，无法及时调整策略，结果非常遗憾地输掉了这场球。

分析这次判断失误的原因：首先是对被叫"暂停"没有准备，因此没有及时地换位思考而提前做出判断。所谓换位思考就是需要站在对手的角度分析失利的原因，假设你是对手的临场教练员，你会要求运动员做出什么样的改变？假设我们事先做了换位思考，就会发现对手落后的原因是因为"他自己失误较多"，依据这样的思考就不会做出对手"加强进攻"的误判。其次是在分析可能发生的变化时，没有首先从"判断趋势"入手。要求准确预测对手具体战术变化的确非常困难，但是如果对接下来的比赛可能发生的趋势变化是凶还是稳、是进还是退、是快还是慢进行大体的判断会相对容易。设想当时我们如果在换位思考的基础上能做出对手趋稳的正确预判，我们的应对方案应该是鼓励小贺乘对手趋稳的机会，大胆利用长球创造进攻机会，其结果将会截然不同。当然，即使真的无法做出准确的预判，至少应该想到对手既然是主动叫停，一定会有针对性的战术调整变化方案，那么我们只要强调与之前的战法有所改变，让对手的针对性落空，同样也不会轻易丢掉主动权。

当然这只是许多次失利中的一次，面对事后的反复思考，有人劝我不必这样纠结一场球的遗憾，所谓"沉舟侧畔千帆过，病树前头万木春"，应该更多地向前看，让过去的事情尽快地过去。虽然我知道这是安慰的话，但是作为考验临场教练员指挥能力的这一负面案例来说，由于出现这样的误判，没能帮助我的孩子抓住这次成功的机会，还是让我长久不能释怀。不过这样的反思和总结并不白费，在下面的案例中，我们终于获得了成功。

案例 20：变化在前

在第 12 届全国中学生运动会上，北京队的小苗与浙江队左手持拍的小叶打得难解难分。小苗在 1∶2 落后一局的情况下追成平局，并在决胜局中以 7∶5 暂时领先，这时轮到对手发球，对方教练员主动要求暂停。我考虑到小苗一直用台内拧拉结合搓球劈长的接发球方法有效破解了对手的发球抢攻，此时对方教练员"叫停"必然是指导小叶采取新的应对办法，于是果断地对小苗说："对方'叫停'一定是想要针对你的接发球方法来变化他的抢攻战术，既然如此，我们就先变，变在他前面！"我让小苗将接发球劈长改为搓球摆短，等过了这轮接发球再将战术变回来。双方回到场上之后，对手小叶果然对小苗主动改变接发球的方法毫无准备，于是接连又丢了 2 分。由于我们在被动"叫停"的时候主动采取了率先的变化，致使对手"暂停"布置的战术失去了针对性，对手小叶的信心自然受挫，最终还是以 8∶11 落败。小苗也因为在被动"叫停"的关键时刻主动应变，牢牢地把握住了自己的领先局面，为北京队拔得头筹，在气势上打响了第一炮，最终北京队以 3∶0 的比分战胜了实力强劲的浙江队。

第六章　关键时刻的思维

人们经常记住的会是那些惊心动魄的比赛，无论是力挽狂澜，还是翻盘、大逆转，所有运动员在比赛关键时刻的表现，事后都能让人津津乐道，可以说这就是竞技体育比赛的魅力所在。然而，如何在关键时刻把握住那些稍纵即逝的机会，这不仅需要经过比赛顺境和逆境的反复磨炼，更需要临场教练员帮助孩子们掌握正确的思想方法。思维决定行动，行动决定后果。

一　"专注！不为后果所累"的思维

引导孩子们专注过程，并养成义无反顾不被后果所累的思维习惯，是临场教练员的重要任务。记得我年轻时参加过一次从什刹海到后海的横渡游泳活动，此前在游泳池里，我从来没有一口气坚持游完过 50 米的距离，可是此次游泳活动的距离长达 800 米。本来我想如果游累了，就在中途扒救护船休息一阵再游，可是下水之后，没有见到一个人去扒船休息，好强的我当然也不好意思去扒船了。为了坚持游完全程，我只有将注意力全部放在游泳的划水动作过程中。动作向前伸时注意放松休息，动作向后划水时注意用力前行，以此保持有张有弛的节奏。也不知游了多久，800 米的距离居然给我游下来了。从 50 米到 800 米这样巨大的自我超越，在帮助我建立人生大自信的同时，也收获了我人生的重要经验——只有"专注"过程才能实现自我超越。后来我将这种追求"专注"的思维运用到临场教练员的指导中，许多运动员也因此受益。

案例 21：专注战术

我的一个队员小李，她曾经在全国中学生锦标赛上获得过女子单打第 3 名的好成绩，可是她在北京市的比赛中总是输给一个叫小贾的对手。她们俩都是左手握拍的攻击型打法，可是小贾能发一手非常好的大角度急长球，在接发球这一环节总是能给小李很大的心理压力。因为平时练习的对手多是右手握拍的运动员，小李在与同是左手握拍的小贾相遇时，总是觉得球路有点别扭，加上被对方发出的两大角急球一冲，不由得自乱阵脚。据统计，在北京市大大小小的比赛中，她先后输给对手已有 6 次之多。正可谓冤家路窄，在她参加高中阶段最后一次全市比赛时，她与小贾又被分在一个小组，而且根据赛制，只有取得小组第 1 名才能出线，真是生死只在一线之间。为此，赛前我特别给她安排了接发球的练习，并做了明确的战术布置。应该说她在接发球技术上已经过关了，战术制定也正确，剩下的就是要在比赛中克服她曾经连败的心理障碍了。但是，由于小组赛采取 11 分的 3 局 2 胜制，每一分都是关键，更何况她特别想赢回这一次，克服心理障碍仍然是一个有待解决的课题。果然，比赛一开始她依旧打得缩手缩脚，结果第一局轻易就落败了，第二局又以 1∶7 落后，眼看大势要去，四周助威的啦啦队也开始离去了，这时我要了个"暂停"。当她回到场边时，我没和她讲战术，只是直接问了她一句"你还记得你输给她几次了？"，她愣了一下回答说："有好几次了，我也记不起来了。"接着我告诉她说："既然输了这么多次，再输一次又有什么关系？还是专心打好我们准备的战术吧！"听了这句话，回到场上后的她居然判若两人，先是以 11∶9 实现大逆转，然后又以 11∶6 拿下决胜局，实现了她的首次翻盘。后面的比赛她越战越勇，居然在半决赛中的决胜局里打出了个高潮，赢了对手一个 11∶0；紧接着在决赛中又直落三局夺得了她在中学期间的最后一个单打冠军，画了一个圆满的句号。后来因为她的乒乓球特长和良好的学习成绩，被传媒大学录取。

事后我们谈起了那场比赛的感想，她说："当时我想，反正输了这么多次，现在又落后这么多，想赢也没有用了，还是专心想战术吧！越是不想结果，反而得到了更好结果。"

案例 22：患得患失错良机

这是一个负面的案例。在第 11 届中运会上，北京女队与湖南女队打得难分难解，在第 5 场的决胜局中，北京队的小刘后来居上以 10∶9 领先，而且还掌握着发球权，形势十分有利。这时对方突然叫了个"暂停"，利用这个机会，我想对小刘布置一套发球抢攻的战术，但是她根本没听进去，却反问我说："如果被她追回来怎么办？"听了她的问话，让我心中一震，意识到关键时刻她有"想法"了，这样下去必将被后果所累。可是在这么短暂的时间里，我用正面的方式无法将她从这种消极思维中拉出来，结果上场后被对方连追 3 分输了下来，成为本次赛事的一大遗憾。事后我想，当运动员进入患得患失计较后果的思维状态时，临场教练需要采取什么样的行动才能奏效呢？既然采取正面的劝说无效，也许应该采用负面的"恶治"的方式才能帮助他们跳出消极思维的漩涡。

案例23：欲擒故纵

记得多年前我带队参加过一次全国少年比赛，小杨是一名平时技术不错的队员，可是在这次比赛开始时，因为他太过计较胜负结果，显得十分失常。我们用尽了正面激励的方法仍不解决问题，于是决定尝试给他来个"恶治"。为了打消他对比赛后果的过多思虑，我挤兑他说："其实你的水平并不怎么样，能来参加比赛就不错了，还想什么成绩啊？我们本来就对你没有什么期望，后面的比赛你自己打吧！"后面的几场比赛我们真的不再给他做临场指导了，只是在远处不易被他察觉的地方观察他，结果他开始专注于自己的比赛过程了，比赛反而越打越好。虽然小组大循环是勉强出线，但是最后决赛阶段他竟然夺得了单打第 3 名。我还记得，那次比赛是王励勤获第一。

其实，心理学有一句"不要被后果所累"的话，说的正是这个道理。胜败、输赢都是后果，想多了就会缩手缩脚、患得患失、注意力不集中、精神分散，有水平也发挥不出来。因此，比赛的关键时刻临场教练员应该有办法帮助运动员专注过程，而不要被后果拖累。正如中国明清时期的思想家、史学家黄宗羲所言：大丈夫行事只论是非，不论利害。

二、"坚持！一切皆有可能"的思维

"一切皆有可能"是一句知名的广告语，你相信吗？反正我相信！但是我还要加上一句"坚持！"，只有执着地"坚持"，才能发生"一切皆有可能"的奇迹。我甚至认为，这是作为临场教练员必需的思维模式。我少年时代就曾经有过这样的经历，记得那是一次报名参加全国少年比赛的选拔赛，我的对手小麻是一个左手直拍选手，他的小侧身低球突击打得十分准，我在先输一局的情况下，第二局又以 8：17 落后，我的临场教练员以为这场比赛没有希望了，因此离我而去。没了教练员指导，只有靠自己了。我想，只有打出大角度球才有机会，大比分落后的我也没有必要再在意比分了，只是坚持自己决定的战术。正好这时也赶上对手有点松懈，误认为大局已定，比分竟给我扳回来了。记得当我 2：1 反败为胜的时候，我的那位教练员竟然惊讶地问我："你怎么还没输呀？"我心里说：在关键时刻你没坚持，但是我坚持了。然而历史经常是如此地相似，下面也是一个在关键时刻"坚持"取得成功的案例。

案例24：坚持实现逆转

小王是北京六十六中的一名学生，她曾经连续三年夺得北京市女子高中组单打冠军，是一个有实力的运动员。在她最后一次争夺冠军的决赛时，遇上了刚升入高一的小朱。小朱曾经是连续两年的初中组单打冠军，两强相遇鹿死谁手？在场的所有运动员都围过来看这场比赛。已经高三的小王虽说已经连续获得了两届冠军，但是面临高考升学的她，依然希望夺得三连冠，为她在中学期间的比赛成绩画上一个完美的句号。不利的是，由于高三年级学业较重，小王的赛前训练很不系统，球技有些生疏。相比之下对手小朱在初中阶段一直罕逢对手，信心十足，如今刚刚升入高中，训练充分，士气正盛。比赛开始的两局双方打成了1：1，到了决胜局，小朱越战越勇，开局后一路领先至17：8（那时候是21分制），当时大家都认为比赛即将结束了，但是我作为小王的临场教练员，深知这时候任何战术性的场外指导都没有用了，要想创造奇迹只有靠她自己的坚持了。我决定和她一起坚持，于是我依然坚定地坐在她后面，用我的坚持为她的坚持加油。事实上小王并未放弃，而是越打越专注，乘对手稍有放松，一分一分地往回追，最后竟然以22：20实现大逆转，反败为胜的她在这个过程中连续拿下了14分，而对手只得了3分。对小王而言，这不仅是她夺得了高中阶段的三连冠，而且也是她一生中最值得铭记的比赛。

事后小王告诉我，即使是8：17落后，她也根本没想比分，只是觉得还有希望，乘对手松懈了几个球就追了上来，而且越打越有信心，最终反败为胜。我回应她说："如果之前你不相信'一切皆有可能'这句话，现在由于你的坚持，你做到了。"一场球的胜负只是暂时的，但是这一役的深刻意义在于，让人们真实地相信了在关键时刻"坚持！一切皆有可能"这句话。我相信她的人生信念也将会因为这次"坚持"的结果变得大不一样。

反观对手，由于在关键时刻心态发生了变化，从大比分领先时放弃了应该的坚持，从松懈开始，到比分被对手追赶时的心存侥幸，急于求成，再到比分被追平后的保守求稳，被动等待，祈盼对手失误送分。这期间种种心态的恶性变化，其根源始于一开始的领先时放弃了应该的坚持。松懈就像阀门一样，一旦打开就像泼出去的水一样，一发不可收拾，最终坐失良机。

三、"长自己的志气，灭对手的威风"的思维

自信是积极的正向思维，长自己的志气，在关键时刻临场教练员更需要帮助运动员强化这种思维，长自己志气，灭对手威风。

案例25：放大对手的短处

在中运会的团体比赛上，北京女队的小李对上湖南队的头号主力小谭，对手不仅技术全面（两面弧圈），而且身体素质极好，她能像男子选手一样，用拧的方法接发球，进攻时跑动起来满场飞。面对这样的对手小李感到信心不足，比赛一开始就被对方压着打，结果连败两局。为了提振她的信心，在第三局5：5时，我要了个"暂停"，当小李来到挡板附近时，我忽悠她说："我终于找到了对手的短处——她防守不行！

只要你抢先上手,不必力量很大,注意落点就行,这时对方离台移动时就会借不上力,你的机会就来了。"我看见小李的眼睛瞪了起来,我知道她相信了我的话。这时候轮到小李发球,她告诉我:"对手总是用拧的方法接发球,让我感到很别扭。""我对她说:她拧接你的发球,你就拧回给她,以其人之道还治其人之身,看她怎么应付?听了这番话,小李果然信心大增,"暂停"后继续比赛竟然连得5分,并且用她似是而非的"拧"破解了对手的"拧"接发球,继而又连扳三局,反败为胜。

案例26:认识对手弱点,提振必胜信心

我们学校的小李在全国中学生锦标赛的女单决赛时遇到了一个河北的削球选手,她的教练走过来告诉我说小李又信心不足了:若打对方正手,怕对手搞旋转变化;若打对方反手,又怕长胶变化。我走过去,见她果然显得有些紧张,我知道这是她第一次进入单打决赛,于是就直截了当地问她:"你特别想拿这个冠军吗?"她点了点头说:"是的。"于是我接着说:"其实对手也很想拿这个冠军,她以前也没拿过。"言外之意,在面对心理的压力上对手和你是一样的,不必长了对手的志气,灭了自己的威风。接下来我帮助她分析了自己正、反手都能进攻的优点和对手作为一个削球手正手进攻不强,搓球回球不仅较慢而且没有旋转变化的弱点。分析的结果使她信心大增,比赛从头到尾都形成了小李紧盯着对方正手弱点打的局面。最终,小李以3:1完胜对手,夺得了全国中学生乒乓球锦标赛女子单打冠军。

由此可见,在比赛的关键时刻,要想抓住制胜的机会,必须充满信心,而信心只能来自对自己"长处"的充分认识和对对手"短处"的深入挖掘。临场教练员要引导孩子们建立积极的正向思维方式,让他们能够通过对自己长处的感知,从骨子里建立强大的自信——"长自己的志气";同时通过挖掘对手短处的方法,使自信落到实处,才能真正灭对手的威风。

四 "攻心为上"的思维

兵法说"攻心为上",在比赛的关键时刻,临场教练员必须建立"攻心为上"的思维,帮助孩子们建立深刻思维的能力,透过现象看本质,不被表面的虚、实所迷惑。

案例27:避实就虚

在全国中学生锦标赛的混双决赛中,作为上届冠军和同年中运会金牌得主的北京选手贺/李组合再一次进入了决赛,对手是上海的一对选手。比赛开始打得很不顺利,一上来竟连丢两局。难道是不久前中运会上的竞技状态已经过去,还是战术上出了问题?我走过去仔细观察了他们的比赛,发现他们总是变对方的两大角,其结果是变去反手,被对方控制住,不能轻易抢先进攻;变去正手,又易被对方抢先上手进攻,陷入被动挨打的局面。于是我建议他们改变为控制中路短球找机会的战术,结果果然奏

效，对方失误增加，机会频出。最终贺/李组合连扳三局反败为胜，再次夺得全国中学生乒乓球锦标赛的混双冠军。

下来大家有些疑惑不解，对方是一左一右的搭配，按理说回球中间岂不是很容易被对手上手进攻吗？殊不知，正是因为对方是这种搭配，左手握拍的人站位偏右，内心中总想扑过去补自己的左方空位，而右手握拍的人则相反，心中一直惦记着自己的右方。虽然从表面看上去似乎存在着左右大角度空当，实际上在对手的内心中两角并不"空虚"。中路短球虽然离他们很近，但是他们一旦换位移动，需要"补空"的潜意识，就会推动他们急欲快速移动，这时遇中路短球，极易跑过头；但如若不动，又怕漏空。纠结的心理成了他们的软肋，所以就出现了犹豫、无谓失误的现象，与之前的表现截然不同。这就是"攻心"的作用，我们透过表面的虚实现象，分析对手内心的冲动，达到了避实就虚战胜对手的目的。

案例28：针对对手的"注意力"

在全国中学生锦标赛上北京六十六中的小李进入了男单决赛，对手是一个喜欢正手进攻的右手横拍选手，他总是站在球台的左角，随时准备正手进攻。前三局小李用调动对手右方正手，然后回击对方反手的战术成功地以2:1领先。比赛进入了第4局，这时对手已经适应了小李的打法，逐渐将比分超出，如果输掉关键的这局，总比分将成2:2平局，后果很难估计。此时从场上的表面看，对手虽然仍旧站位左角，但是注意力显然已经放在右方了。于是我通过临场教练员暗示小李改为进攻中路，关键时刻对手果然频频跑过头，小李终于以3:1拿下了这场比赛，获得了含金量最高的男子单打冠军。

案例29：抓住对手的心理"空当"

在全国甲C俱乐部的比赛中，北京六十六中学代表队遇上了黄石国家乒乓球集训基地队。此前在8个队循环赛的小组里，两队的成绩同处在小组第二的位置。最终哪个队能获得小组第二的出线权，并抢到第二阶段淘汰赛抽签的好位置将视这场比赛的结果。据我观察，黄石基地的孩子们战斗意志非常顽强，前面有好几场都是在落后情况下以3:2反败为胜，但是从另一方面也可以看出他们的弱点——进入状态慢。于是我们决定一定要利用好这一机会，力争在前三盘结束战斗。我们做好了充分的准备，孩子们一上场就表现出了高昂的拼搏精神，果然比赛的前两盘我们以2:0领先。关键的第三盘，我们上场的小王遇到了一个反手接发球技术非常好的对手小曾，小曾几乎能用"反手拧"接发球的办法回接大半个球台的发球，而且弧线很低、落点也很长。面对这种情况，小王无法发挥他那套从中路找机会突破的发球抢攻战术。关键时刻场上局面逐渐不利于我们，作为临场指导的我不相信对手接发球没有弱点，但是对方的弱点在哪里？于是我让小王尝试将球发到对手很正常的反手位，结果一个奇怪的现象出现了，小曾竟然出现了连续的失误。自此比赛局面发生了转折，最终小王艰苦地拿下了这盘比赛，我们队也以3：0完胜了对手，在包括8个队在内的小组里如愿以偿地争得了第2名的出线权。回顾这场比赛，我相信对手小曾一定具备接好反手正常位的来球的技术，但是面对我们紧逼中路的战术，他将心思全都放在中间，这时正常的反手位反而不在他的准备之中，形成了表面现象背后的心理空虚，加上他对变化的形势判断滞后，被我们抓住了他"心理"的空当，实现了避实就虚。

作为临场教练员，要学会在比赛的关键时刻"跳出来"思考，就是要当一个旁观者，"当局者迷，旁观者清"。用清醒的头脑更容易透过现象看到本质，抓本质就是抓对手的心理活动，达到攻心的目的。更重要的是通过这样的实践，帮助孩子们建立深刻思维的习惯，这是帮助他们今后不断走向成功的必备品质。

第七章 临场教练员的修炼

乒乓球教练员要具有高水平的临场指挥艺术，比赛时要能根据不同情况、不同时间、不同对象，采取不拘一格的灵活方法，帮助自己的孩子们获取最终成功。然而要做到这一点，首先要求教练员必须始终保持对客观判断的清醒头脑，因此"清心寡欲"是临场教练员修炼追求的境界。

一、清除"怜悯心"的修炼

都说"慈不掌兵"，临场教练员必须以自己的钢铁意志影响场上孩子们，"两强相遇勇者胜"是拼搏取胜的要诀。

案例30：收起"同情心"

在一次北京市传统项目学校乒乓球比赛中，我队小刘是一个戴眼镜的运动员，激烈的运动让汗水不时地打湿他的眼镜，致使他不时停下来擦拭，最后竟然发展到需要一球一擦的程度。由于这样的做法已经严重地分散了他对比赛的注意力，为此我在交换场地的暂停时严厉地批评了他。面对这样的批评，他不服气地反问我，不让擦眼镜我看不清球怎么打？其实我很体谅他的困难，但是如果姑息他的做法，无疑会为他输球提供一个所谓"正当理由"。于是我非常严肃地对他说这么快的来球谁能看得清楚？打球根本不是靠看的，是靠感觉！他见我说得这么坚决，也就相信了。上场后开始专注去"感觉"比赛，不再关注自己的眼镜了，结果比赛反而打得更好。

还是这个小刘，在单打决赛中又发生了一件事，由于滴落在地板上的汗水没有及时擦净，他在一个扑救正手进攻时突然滑倒，摔得很重，我们几个人围上前去将他扶了起来，面对着众人的问候、同情和安慰，他表现出十分痛苦和委屈的样子。这时比赛正进入关键时刻，我见他虽然没有什么严重伤害，但是在大家的安慰与怜悯下，却显得愈加虚弱。于是我就冷冷地问他还能打吗？打不了就弃权吧！本来他摔了一跤，正沉浸在受伤害的委屈之中，一听说我要他弃权，注意力马上转了过来，因为这是他的男子单打决赛，"我不弃权，我能打！"他急急忙忙地回答我。我见他急成这个样子心中暗喜，于是说："能打就上场，别那么娇气！"上场后，他似乎忘掉了刚刚摔的那一跤，一如既往地拼搏，最后终于夺得了男子单打冠军。虽然事后可能会有人质疑我的冷漠，但是"知我者谓我心忧，不知我者谓我何求？"因为这正是我进入临场教练员角色的心理修炼。如果当时我也加入对他安慰、同情甚至怜悯的行列，无疑会进一步削弱他的斗志，甚至错过帮助他通过这样的拼搏取得成功，并在心理的炼狱中浴火重生的机会。当然，比赛结束后我还是没有忘记关心他的伤势，但是那时胜利的喜悦已经让他忘记了伤痛。

二、清除"得失心"的修炼

临场教练员当然希望自己的运动员获胜，但是不清除"得失心"就会陷入"当局者迷"的状态，从而失去清醒的判断力。我不反对临场教练员与队员一起在场外为自己的运动员欢呼、鼓掌、加油。但是临场教练员不能忘记自己作为指挥员的任务，即使是一个简单的鼓励，也应该视为是对自己运动员执行战术的明确暗示，绝不能将自己变成普通的啦啦队员，更不能将获胜的希望寄托在场外的气势上。

案例 31：无欲则刚

在一次全国中学生乒乓球锦标赛上，我们队的小申和对手的比赛进行得十分激烈，此时在场外观战的教练员与运动员都在为小申的每一次得分欢呼雀跃，鼓掌加油。这场球我虽然不是临场指导，但是我却静静地坐在那里和一个运动员分析场上的战况：什么球是我们的机会，什么球是对手的机会，什么球是应该的得分，什么球是偶然的运气；而且不时地要他和我一起猜测对手的心理，预判可能的变化。由于在这样热烈的氛围内，只有我一个人不因为一个球的得分而喜悦，或为一个球的失分而叹息，这副气定神闲的样子引起了旁边一个运动员的注意。他惊讶地问我："您这么冷静是怎么修炼出来的？"他用了"修炼"这个词，让我很触动。其实我坚持这样修炼的目的就是要清除"得失心"，追求所谓"无欲则刚"的境界。因为我在过去做教练员的生涯中，因为被得与失的心态所拖累，曾经有太多的机会没有抓住。所以我已经养成了习惯，无论是临场指导还是单纯观战，都将其看成自我修炼的机会，并相信坚持修炼下去的厚积薄发。

三、清除"虚荣心"的修炼

每个教练员都有自己的自尊心，特别是在孩子们的面前，但是有时会碰到自己训练的孩子们在比赛中缺乏对自己的信任，甚至不愿意让自己做他的临场教练员的尴尬局面，这种局面的确很伤教练员的自尊心，但是这正是清除我们"虚荣心"的修炼机会。

案例32：直面"真实"

一次学生小李对我讲：在比赛中，他的教练员越说，他就越不会打。我听了后虽然安慰他说如果听了教练员的话就不会打了，那就按照自己的决心去打吧！但是我想他的教练听了这句话一定很伤心，因为我年轻时曾经遇到过这样尴尬的场面。

那是一场重要的比赛，对手十分强大，甚至强大到比赛中她可以随时停下来教你如何接好她发球的程度。当然，那是一个片面强调所谓"友谊第一，比赛第二"的年代，虽然在当时的形势下比赛场上出现这种情况倒也司空见惯，但是作为真正的竞技比赛，自己打不过对手，还被对手在当场"教导"了一番，碰上谁都会觉得不是滋味。这一次我的队员小闫恰恰碰上了这样一个强大的对手。根据我的分析，小闫与她有一拼，我也想好好做一次临场指导，打一场真正的比赛。上场前我对小闫做了充分的赛前动员，并布置了详细的战术。比赛即将开始了，我甚至产生了跃跃欲试的感觉。可是在上场之前，小闫犹豫了一阵后对我说："教练，你能不能让我一个人自己打？"这话明摆着是告诉我"你别添乱！"这岂不是太伤我的自尊心了！但是理智告诉我，她说的是心里话，这是运动员对我临场指导水平的真实感受，我不能为了自己的面子——虚荣心，影响了她的比赛发挥。记得当时我虽然心有不甘，但还是答应了她的请求。这场比赛小闫打得非常好，虽然只以两分之差惜败给对手，但是却没有给对手在比赛场上停下来"教导"她的机会，可以说这场比赛是在这次所有的比赛中唯一的一场真正的竞技比赛。这的确是一场成功的比赛，但是坐在观众席上的我心里却五味杂陈，从此下决心一定要修炼好临场指挥艺术这门功课。可以说这是我从教的一个转折点，感谢小闫使我明白了一个道理：会训练，不等于会指挥比赛。运动员的反应就是教练员修炼的镜子，教练员不能因为自己的虚荣心而文过饰非。

四、清除"逃避心"的修炼

大赛的艰苦，不仅是运动员的感受，同样也是教练员的感受。特别是11分制比赛的偶然性，需要临场教练员从一开局就要绷紧所有的弦，并在开局不久迅速作出自己的判断，在中局之后立即组织暂停指导时将要表达的语言。对于临场教练员来说，这种紧迫感始终如影随形。有人比喻：临场教练员的头脑需要像雷达一样，不仅随时捕捉场上选手们的一举一动，而且还要从一个表情、一个声息中获取"知己、知彼"的情报；临场教练员的头脑还需要像计算机一样，不仅要存储、记忆自己的选手们在过去比赛中的种种信息，还要从现场比赛的繁杂信息中为他们搜索、提取和制定有效的方案。长时间的紧张和疲劳会让临场教练员不由自主地产生松懈和逃避的念头，但是正如运动员在长跑途中一样，一旦停了下来，再想重新启动，会感到分外困难与痛苦。所以临场教练员要坚持清除"逃避心"的修炼，不断提高自己的连续指挥的能力，因为这是不可回避的责任。只有这样才能避免出现功亏一篑的遗憾，才能与自己的孩子们一起坚持做到"笑到最后才是笑得最好！"

案例33："逃避心"尝苦果

在长沙的中运会上，北京女队对湖北的第4场比赛进入到决胜局，我队的小查以8∶2领先。如果我们拿下这一局就将以3∶1取胜，这样就有可能进入团体赛的前4名。比赛的对手是一名削球选手，由于比赛已经进行了很长时间，这时临场教练员由于疲劳，不由自主地产生了"逃避心"——希望快点结束比赛。结果由于教练员精神不集中，影响了场上正在比赛的小查，比分被追了回来，最终以2∶3败北。也正是因为输了这场关键球，北京女队无缘四强，北京乒乓球队的团体总分也因此降到第四，"逃避心"让我们备尝苦果。

其实竞技的魅力就在于赛场的风云变幻，一切皆有可能，一切皆未可知。因此，临场教练员对指挥艺术的修炼是永无止境的。应该坚信，没有人天生就具备高超的指挥艺术，也没有人能说自己已经达到了指挥艺术的顶峰。只有对自己的运动员怀有强烈的责任感，将帮助孩子们取得成功当成自己的天职，并懂得不断总结、不断学习，坚持不断修炼的教练员，才能成为高水平的临场指挥员。

第八章 排兵布阵

团体赛的临场指挥中还有一个重要课题——排兵布阵，这是一项对教练员运筹能力的挑战性工作。排兵布阵包括调兵遣将、故布疑阵和捉对厮杀三个方面。

一、调兵遣将

一般重大比赛的团体赛允许5名选手报名参赛，教练员如何调兵遣将，对于争取更好的比赛结果至关重要。一般来说按照技术水平的排序，从自己的选手中选出技术状态最好的一、二号人选，确定他们的报名参赛是件不必质疑的事，但是对三、四、五号选手的报名选择，则更应从排兵策略出发考虑，在技术状态、水平相差不多（有时甚至稍差）的情况下，教练员应该尽量选用不同打法的选手入围组队参赛，这样排兵组成了多样的团体赛人选阵容，不仅能增加对手判断与应对的难度，而且还可以扩大教练员针对对手变化布阵的回旋余地。

案例 34：中国乒乓球队的经验

中国男队在报名参加世乒赛的团体赛时曾经多次选派一名削球手入围参赛，此举大大增加了对手准备工作的难度。上世纪 60 年代，中国男队的团体参赛人选中有直拍长胶削球手张燮林。70~80 年代，中国男队的团体参赛人选中先后有梁戈亮、黄亮、陆元盛、陈新华等削球选手。到了 90 年代初期，瑞典男队在瓦尔德内尔和佩尔森的领衔下强势崛起，他们以速度、旋转融为一体的先进进攻技术领先国际乒坛的潮流，几次打败中国队登上了世界乒坛的顶峰。那时候中国男队因创新不足面临着巨大的困难，经过几年的准备与努力，在 1995 年第 43 届世乒赛的男子团体决赛上，中国队派出了 5 位特点不同的选手参赛，而 5 个人竟然包括了 4 种不同的打法。其中左手持拍的王涛，反手生胶打法独树一帜；另两个是右手持横拍的反胶选手马文革和年轻新秀孔令辉，他们具有完全可以与欧洲一流选手媲美的弧圈球进攻技术；第四个是直拍正胶近台快攻选手刘国梁；第五个是攻势极强的削球手丁松。可以想见要摸透这样复杂阵容的中国队有多困难！进入决赛的瑞典人至少需要做三四种不同的备战方案。反观瑞典队将要派出的 3 名选手都是右手横拍，而且都使用完全一样的两面反胶球拍，又都是同样的弧圈进攻型打法，为此，中国队的备战方案就简单多了。事实上，中国队在决赛中派出了王涛、马文革和丁松 3 名打法各自不同的选手出场，最终重新夺回了男子团体冠军，至此，中国男队再次回到了世界乒坛的顶峰。

案例 35：夺冠的 3 名选手 3 种打法

2013 年北京六十六中学男队在全国中学生乒乓球锦标赛上打进了决赛，此前我们还从未夺得过男子团体冠军。决赛中，被派出场的 3 名选手打法各异，按顺序一号小李是擅长近台快速弧圈球进攻的直拍两面反胶打法；二号小苗是擅长中台弧圈球强攻的横拍两面反胶打法；三号小曹使用的是一面长胶、另一面反胶的混搭直拍，他是一个进攻型打法多变的选手。而我们面对的三个对手则是清一色的横拍反胶选手。单纯从排兵对阵上看，双方谁更难对付、谁面对的情况更复杂已经是不言而喻了，果然六十六中学以 3:1 战胜了对手，夺得了代表中学生最高水平的男子团体冠军。

二、故布疑阵

决定出场人选是教练员比赛前的重要工作，如果事先能够对即将上场的对手有所准备，就能为赢得比赛争取到更多的筹码。所以比赛的双方都会千方百计地了解对手的情况，估计对手可能上场的人选，力求打有准备之战。如果教练员能够在赛前故布疑阵，使对手产生错觉并做出错误的准备，这样就可以形成巨大的心理优势，使比赛的获胜的天平更多地向自己方面倾斜。

案例 36：中国女队出奇制胜

在第 28 届世乒赛上，中国女队在团体赛的决赛中终于战胜了日本队，打了个漂亮的翻身仗，第一次为中国捧回了考比伦杯。回顾这次比赛的全过程，中国女队在主教练容国团的带领下，过关斩将，故布疑阵，演出了一场堪称经典的排兵布阵大戏。当时从未夺冠的中国女队在前进的路上面临着两大拦路虎，一个是采用欧洲传统削球打法的罗马尼亚队，另一个是采用弧圈球进攻打法的日本队。两面作战是兵家大忌，如何集中兵力成为排兵布阵的关键。在比赛开始阶段，中国女队先是派出做了充分准备的李赫男、梁丽珍出场，她们都是直拍快攻选手，为了破解欧洲削球打法专门练就了直拍正胶小弧圈。果然她二人不负众望顺利过关，将中国女队带进了决赛。决赛关头，包括日本队在内的所有外国人都毫无疑问地认为，中国女队继续派出这两个直拍快攻选手上场是顺理成章的事，但是当中、日双方对名单时人们发现，中国女队竟然派出两个横拍削球手林慧卿、郑敏芝上场决赛。其实这两名削球手为了准备这场比赛已经足足练了一年多，在本次比赛中，她俩除了预赛时上了一场热身外，几乎再未露面，时逢决赛突然上场在她俩来说自然是有备而来。然而在不知底细的日本队看来，在决赛时突然换将简直是不可思议的事。中国女队的奇兵把毫无准备的日本队教练员惊呆了，惊魂未定的日本女队也就以 0：3 败下阵来。

案例 37：小魏突然出现在决赛

那年参加北京市中学生乒乓球锦标赛的六十六中女队正处在新老交替青黄不接的困难时期。原来三名主力运动员中的小秦已经升入大学；另一名主力小魏时值高三，为了准备高考无法保证系统训练，加上近期身体不好，虽然赛前恢复了几天训练，但是体能明显下降，无法从头到尾坚持比赛；队里只剩下第三名主力是打削球的小蒋来挑大梁了。可是我们的对手北京二中势头正旺，她们队的小王曾在北京乒乓球队试训，横拍两面弧圈打法，进攻积极，打法主动，在此次比赛中几乎没有对手，特别是她拉的弧圈球是我们小蒋削球的克星。如果让对手小王在决赛中独拿两分的话，我们要想最终获胜是十分困难的。分析起来，在我们队内能有机会打败对手小王的只有小魏了，可是她体力不行，连续打多场比赛肯定坚持不下来。再者说，当时这种状况下的她对自己也是信心不足。如何布阵，着实让我们教练员下了一番功夫。对外，我们先是故布疑阵，只派小蒋领着两名新手出战预赛，并四处宣传，今年我们是以老带新，锻炼新人，同时还有意无意地散布"小魏高考在即，缺少训练，身体不佳"等等的示弱消息，行骄兵之策；对内我们采取了"强激励"（见第一章第四篇的案例 13)，对小魏施激将之法。经过了预赛，双方都顺利地进入了决赛。当我们和北京二中决赛前对名单时，对手突然发现，那个在之前一场未上的小魏竟然在第一场就对上了她们的一号主力小王。思想上毫无准备的小王遇到了"一鼓"气势正盛的小魏，无论如何她都拼不起来，于是 3：0 败下阵来。最终我们以 3：1 的总分再次夺得北京市中学生乒乓球锦标赛的女子团体冠军。

三、捉对厮杀

所谓"捉对厮杀"就是"抓人"。在团体赛的前三盘比赛中，通过对对手的分析，变换自己队员出场的排阵顺序，争取让自己的队员率先抓住相对好打的对手，在前三盘中争得领先局面，营造先声夺人的氛围。两军对垒用人固然重要，而排阵布局的学问更大。教练员在重大比赛的关键场次之前必须花精力研究、考察、分析、推测对手的布阵和用人。如能以强击弱自然是上上之策，退一步若能以强击强，拼个"勇者胜"也不失是个有利的选项。兵无常势，水无常形。有时用个"田忌赛马"，先是以弱击强，让强大对手"大材小用"，虽然牺牲一盘比赛，但是换来后面两盘的有利局面也是智慧的表现。

案例38：让老瓦无用武之地

在天津举行的第43届世乒赛上，进入了男子团体决赛的中国队能否借助天时、地利、人和的有利条件将已经失去三届的斯韦思林杯夺回来，这对以蔡振华为首的中国教练团队是一次严峻的考验。面对瑞典的瓦尔德内尔、佩尔森这些老对手，中国队在排阵上巧做安排，最终不辱使命。先是将马文革安排在决赛的主力位置上已经出乎了对方的估计，因为马文革刚刚在上一场的半决赛中连续输给了两名韩国选手；继而在第三场派削球手丁松居中也令对方诧异，因为现今世界上的男子削球打法已经非常边缘化了，瑞典人也甚少在这方面下功夫准备。另外，赛前还营造了刘国梁可能出场的氛围，因为刘国梁是中国当时能够战胜老瓦的为数不多的年轻选手之一。这样一来就造成了瑞典人的误判，瓦尔德内尔为了躲刘国梁被放在第二主力的位置上，虽然上场先拿1分，但是由于瑞典队的其他队员在后面的比赛中连丢三盘，致使事实上的头号主力选手老瓦失去了再次出场的机会，1:3的结果使他只能望"场"兴叹了。

案例39：排阵的争论

在长春举办的全国中学生乒乓球锦标赛上，北京六十六中男队在半决赛时遇到了东道主。对手除了占据天时、地利、人和外，其阵容也有很大优势。因为他们的3名主力选手中有一名削球手，而我们的3名选手都是清一色的右手横拍反胶打法。如何排阵，在我们中间产生了争议，一种意见是出于充分估计了困难的局面，建议效仿"田忌赛马"的典故，将我们的二号主力排在第三场，而将我们的三号排在二号的位置上。这样的设计虽然可能牺牲三号的一盘球，但是寄希望于前三盘能够形成2:1领先的优势，即使将比赛拖到第5场，东道主的优势有可能会变成包袱，到那时鹿死谁手也未可知。另一种意见是出于对自己孩子们的自信，说是因为前几场球打得不错，按照正常顺序排阵也有信心取胜。其实据后来了解，是因为三号选手不愿意被

"牺牲"，所以坚持只想打第三场。由于教练组没能静下心来细致分析双方态势，又没能深入了解孩子们的心理状态，做好工作，于是盲目自信的意见占了上风。正常排阵的结果是0∶3一边倒地输给了对方。因为世界上没有"如果"，所以也无法假设另一种安排的结果，但是实际结果至少告诉了我们一个现象——0∶3的结果和赛前分析获胜可能性之间的巨大反差，至少说明了这种排阵不是最好的选项。

现在团体赛的方式在规则上虽无大的变化，但是其他相关规则如大球、11分制、无机胶水、非赛璐珞球的推广试行等等变化，无不影响孩子们的状态，同时也必然深刻地影响着他们的心理，进而使报名、出人、排阵上的操作空间增大，变得更加复杂和重要。在棋逢对手、旗鼓相当或敌强我弱、我强敌弱的不同情况下，如何根据球路用人、排阵，是以硬碰硬，还是避重就轻？是万变不离其宗，还是头、二号选手出场顺序的倒排？甚至以三号打主，冲头，压阵？种种形式的变化仍然是无穷无尽的。在整个比赛过程中，对一名教练员来说只有加强策略性的研究，学会多谋善断以达到智取的目的，才能驾驭整个赛程而获得预想的结果。

第九章　教练员在团体赛前的准备工作

赛前的安排和临场的指导是教练员的重要工作，赛时孩子们与教练员之间的默契配合对他们的临场发挥亦至关重要，处理好这些关系有助于孩子们抓住人生出彩的机会，因此赛前的一系列准备工作必须做细，甚至可以说，做细这些工作对比赛的结果能够产生重大影响。

一、出人的思路

以我为主，多种选择，巧妙出人，攻心为上。具体内容请参看上章"排兵布阵"。

二、团体赛布阵办法

团体赛排兵布阵对一场比赛的胜负十分重要，成功的排阵不仅能充分发挥本队的长处，先声夺人，而且能打乱对手的预测，压倒对方的气势，摧毁对方的信心。

团体赛的排兵布阵一般有以下几种方法。

（一）以我为主（正排法）：通常双方总体实力水平接近时采用此法。这种办法的主要特点是根据运动员的水平排阵，按照团体赛出场顺序，将自己的第一号主力运动员安排在前四场比赛的出场位置上，这也是比较稳妥的常用布阵办法。

主队（正排法）——客队（正排法）

A 第一号选手——X 第二号选手

B 第二号选手——Y 第一号选手

C 第三号选手——Z 第三号选手

A 第一号选手——Y 第一号选手

B 第二号选手——X 第二号选手

（二）针锋相对（反排法）：通常在从全局上分析本队的实力强过对方，或运动员个人技、战术特点恰好能克制对手时采用此法。这种办法的主要特点是以强对强，针锋相对，力争迅速压倒对手。当然，这种方法是建立在实事求是分析的客观基础上，否则是十分冒险的，因为比赛的实际情况如果超出预料，本队的一号主力运动员有可能失去第二次上场比赛的机会，那就会英雄无用武之地了。具体办法如下：

1. 针对客队的反排法

主队（反排法）——客队（正排法）

A 第二号选手——X 第二号选手

B 第一号选手——Y 第一号选手

C 第三号选手——Z 第三号选手

A 第二号选手——Y 第一号选手

B 第一号选手——X 第二号选手

2. 针对主队的反排法

主队（正排法）——客队（反排法）

A 第一号选手——X 第一号选手

B 第二号选手——Y 第二号选手

C 第三号选手——Z 第三号选手

A 第一号选手——Y 第二号选手

B 第二号选手——X 第一号选手

（三）中路突破（抓中间）：双方水平接近，如果本队第一号选手强过对方时可采用此法。这种排法的主要特点是本队第一号选手要确保拿2分，同时要拿下中间第三场。具体办法如下。

1. 主队抓中间的排法

主队（抓中间）——客队（正排法）

A 第一号选手——X 第二号选手

B 第三号选手——Y 第一号选手

C 第二号选手——Z 第三号选手

A 第一号选手——Y 第一号选手

B 第二号选手——X 第二号选手

2. 客队抓中间的排法

主队（正排法）——客队（抓中间）
A 第一号选手——X 第三号选手
B 第二号选手——Y 第一号选手
C 第三号选手——Z 第二号选手
A 第一号选手——Y 第一号选手
B 第二号选手——X 第三号选手

（四）反复推敲法：虽然上述排阵法都是有效的，但是因为对抗的双方都有机会变化自己的排阵，因此不能僵化地运用上述方法，俗话说，"运用之妙，存乎于心"。所谓"心"就是不仅要了解自己，而且要了解对方；不仅要了解对方的运动员，而且要了解对方的教练员排阵习惯。为了排好兵、布好阵，教练员还应该反复推敲，具体操作办法如下。

1. 首先按照本队设想的方案排阵。

2. 换位思考，即站在对方的立场上，针对本队的排阵顺序排出相对应的假设的对方方案。

3. 再根据假设的对方方案排出本队的理想方案。

4. 反复推敲，确定本队最终的排阵方案。

三、准备和动员

赛前的准备会非常重要，"优势而无准备，不是真正的优势，相反有准备的弱势者可以打败无准备的优势者"，这是伟大军事家的名言，教练员召开赛前准备会的重要性也在于此。

（一）了解对手、有的放矢。为了让即将上场的孩子们初步了解对手的特点，特别是弱点，教练员需要在赛前尽量做足了解对手的功课。有可能的话，教练员可以带领孩子们提前观摩对手的比赛，现场分析对手的习惯、特点，找出他们的弱点，制定战胜对手的战术方案。如果没有条件直接了解对手，也可以从和对手交过手的人那里了解一些情况，经过分析制定战术方案。

（二）认识自己、坚定信心。受客观条件的局限，要想完全了解对手是很难做到的，但是清醒地认识自己，特别是认识自己的特长，并依据这些特长建立克敌制胜的战术方案，也是准备会的重要内容。教练员可以结合孩子参加之前比赛的情况进行分析，帮助他们清醒地了解自己的特点和制胜手段，坚定他们的信心。

（三）提要求、给方法。在准备会上，教练员可以对孩子们提出更高的要求，要求他们表现出良好的战斗风格，发挥更好的技、战术水平，也可以根据经验和预测，提醒孩子们应该特别注意的某些事项。但是在提出所有要求的同时，必须注意随即给出具体的方法，例如，不能只是要求孩子们细心接好发球，而不提醒他们接发球的判断要领和接球的方法；不能只要求他们集中精神，抓紧比赛，不要放松，而不告诉他们在领先时应该如何观察对手，在什么情况下坚持或及时改变战术。

总之，开好准备会，尽量做到知己、知彼。孙子在《谋攻篇》中说："知彼知己，百战不殆；不知彼而知己，一胜一负；不知彼，不知己，每战必殆。"

四、准备合格的比赛球拍和备用球拍

孩子们将要在比赛中使用的球拍是否合格是一件非常重要的事，因为重大比赛都要执行严格的球拍检测程序，以求保证比赛的公平。自从实行"无机胶水"以来，为了提高海绵胶皮的弹性，很多孩子都学会了使用膨胀剂。可是如果膨胀剂使用过量，就会造成海绵胶皮超过国际乒联规定的4mm极限厚度。还有的孩子受到外界不良影响，为了使自己超过规定厚度的海绵胶皮在检测仪面前蒙混过关，他们会故意用砂纸将球拍底板的某个部位磨成凹槽，但是这种目测海绵胶皮表面不平整的球拍同样不合格。孩子们如果使用了检验不合格的球拍比赛将被取消成绩，对此教练员在赛前应予特别的关注。同时还要注意准备合格的备用球拍和合格的备用海绵胶皮，以防万一。

北京乒乓球教练团队在中运会上

第二篇 帮助孩子们练出赛前的良好状态
——周期性安排的训练

记得在悉尼奥运会上我国体育代表团开局不利，其中具有梦幻之队称号的中国跳水运动员，第一场竟输给了一个已经做了妈妈的美国选手。在代表团汇报会上，有位教练员解释说那个美国人发挥"超水平"，团长袁伟民问他："人家的发挥可以超水平，你们为什么不能超水平发挥？"在这样的鞭策下，跳水队的教练员和运动员顶住了沉重的压力，迅速调整状态，在后面的比赛中打了漂亮的翻身仗。其中老将熊倪率先发挥了自己的"超水平"，夺得了金牌，扭转了不利的颓势。紧接着小将频频立功，最终以高水平的表现顺利地完成了任务。纵观这一过程，我们可以看到同样的竞技实力，在短时间内竟然表现出了如此不同的竞技状态，这正是竞技体育的魅力所在。因此，教练员不仅要锲而不舍地帮助孩子们提高和储备自己的竞技实力，而且还要善于帮助他们整合、提升和把握自己的竞技状态，进而帮助他们适时地表现出良好的竞技状态，以求在重要的比赛阶段和关键的比赛场次中表现出最佳的状态，尽其所能抓住可能的机会，成功地登上人生的新台阶。

第一章　竞技状态的木桶效应

有人将竞技实力比作木桶，而将竞技状态比喻为桶里的水。都说木桶能盛水取决于四周的桶帮与桶底，为此有人将乒乓球的竞技实力分成"技术、战术、体能、智能、心理"五个部分，并将其比喻为组成木桶的几个部分，以此来维持桶内"竞技状态"的水平。这是"木桶理论"在乒乓球竞技上的新解，但是其中技术、战术、体能、智能、心理这五个部分绝不是简单的并列，它们之间既互相联系、互相依存，又互相制约、互相影响，既有共同的作用又有不同的功能。而且在我看来"桶帮"固然重要，但是它们都得紧紧地连接着"桶底"，如果桶底不结实，桶帮再高也是枉然，因为一旦桶底漏了，桶里的"水平"将一无所有。那么哪一部分竞技实力应该是桶底呢？记得前国际乒联主席荻村先生曾经说过："只有能提高运动员心理素质的教练，才可以称得上是一个好教练。"言下之意，其他的方面再强，没有心理素质的保证，到了比赛时技、战术发挥大打折扣，空有一身体能，也坚持不到最后，结果还不是竹篮打水一场空！"心理"就是维持竞技状态水平这个木桶的"桶底"，它支撑着"技术、战术、体能、智能"这四块桶帮。四面的桶帮越高，桶内可能达到的"竞技状态水平"就越高，这时心理这块"桶底"承受的压力就越大，因此它的作用决不能小觑。优秀的教练员在帮助训练者提高竞技实力时，必须善于在提高"桶帮"的同时，打造坚实的"桶底"，并且通过周期性的训练安排，确保桶帮与桶底之间的紧密连接，这样才能提升桶中竞技状态的"水位"，从而在重大比赛期间保证技术、战术、体能和智能得到整体的发挥，才能在比赛中表现出更高水平的竞技状态。

竞技状态的木桶原理

第二章　周期训练的原则

不容回避的是，帮助孩子们获得成功的过程最终还是需要更多的"比赛获胜"来诠释。因此，教练员在帮助孩子们打造竞技实力、提高竞技状态的过程中，不仅要打造出坚实的桶帮与桶底，而且还要由圆形的桶箍将桶帮与桶底扎紧，这样的水桶才能注满竞技状态的水。这个"桶箍"就是训练周期，也就是为保证在重大比赛期间表现出良好竞技状态，需要按照周期的规律，通过一系列的训练准备和比赛安排来实现。这一系列的安排和准备应该包括：专业能力的增长，个性技、战术打法、风格、特点的提取与打造，变化与应变等综合运用能力的增长，最后实现良好竞技状态的充分展现——获得更多比赛的胜利。

制定训练周期计划的要点如下：

一、比赛获胜是计划的目标导向

虽然我们强调运动员有他们各自不同的发展阶段，应该区分打基础和出成绩的不同任务侧重；虽然我们参加每次比赛也应制定不同的参赛目标，但是乒乓球训练周期计划制定与实施的目的，一定是围绕着运动员在重大比赛期间表现出良好竞技状态的需要，围绕着比赛获胜的需要，所有训练的一系列安排，必然都是围绕着上述获胜的需要所做的准备工作。之所以强调获胜才是目标，是因为根据不同的个体、不同的成长阶段和不同的比赛性质，虽然会制定不同的具体比赛目标，必然也会有许多不同的要求和希望，但是唯有在相对应的比赛中表现出良好竞技状态，争取更多的获胜是一个无法回避的恒久议题。

二、重大比赛时出"状态"是计划的核心

围绕着重大比赛日期出"状态"是乒乓球训练周期计划制定与实施的核心，无论是为运动人生成长大周期制定的长远计划，还是为三五个月之后的重要比赛制定的短期计划，需要出"状态"的比赛日期或阶段都是训练周期计划制定必须围绕的核心。记得国家队总教练刘国梁评论新科大满贯得主张继科时说："继科在世界大赛时总能做到随着比赛的进行越打越好，而不是像有些运动员那样，比赛一开始就发挥得很好，但是到后来反而后劲不足。所以继科能在重大比赛的关键时刻表现出极大的爆发力。"他之所以这样说，是因为良好竞技状态的形成，一定是个人内在技术、战术、体能、智能和心理等相关因素极大协调的结果，一定是各项能力在一个时段内同时展

现的最佳作用，也一定是使人体各方面处于同步高水平的高耗能状态，因此竞技状态的高潮不可能维持长久。有高潮就会有低潮，高潮过后就会是低潮的来临。教练员要做到的是通过对周期训练进度的调整与控制，帮助运动员将他们竞技状态的产生、发展，以至出现的高潮控制、重合在重大比赛日期的进程上。

三、个性分析与针对性是计划的基础

一些基层教练员经常会反映写计划是一个负担，甚至认为这是为了应付检查做的表面文章。应该相信他们的训练一定有其实施的计划，但是采用目前形式写出来的许多计划却无法反映诸多不同孩子的个性特征，也无法反映他们在训练过程中的变化情况，因此写计划成了所谓的负担。我想造成这样纠结的原因是因为计划中缺少必要的第一部分——个性分析，因此也无法根据这些初始的分析制定训练进度并收集反馈，从而进行监控和调整。这样的计划成为写给全体孩子们的表面文章，而实施起来却是要针对不同个人分别展开的纠结情况。所以，乒乓球训练周期计划制定与实施应该首先建立在针对每一个受训的孩子的个性化分析基础上，制定计划的教练员应该充分认识到：专业就是个性化，专业水平越高的受训者，一定是个性化更强的人。教练员必须在制定周期计划的一开始，首先围绕着比赛获胜的需要，对每个重点受训者在技术、战术、体能、智能和心理的初始状况进行深入的分析；然后将他们在比赛期需要产生的竞技状态设定为期望目标，这样才能为他们选择、制定、落实从初始状态到期望状态的一系列符合逻辑的训练方法和训练安排。这就是为实现良好竞技状态的周期训练路线图。由于这样制定的周期训练计划是建立在针对每一个受训者个性化深入分析的真实基础上，并根据周期训练需要实现的目标和训练提高的规律，在个性化的基础上找出共性的需要制定出来的针对性训练计划，因而才有可能达到将计划目标变成现实的目的。

四、及时检查与调控是计划的保证

俗话说计划赶不上变化！设想与现实总会有差距。因此，教练员为了应对不断发生的变化，就需要不断地调整自己的计划，甚至修改自己的训练目标，以便使周期中的训练计划在向目标靠拢的过程中，更具针对性和可行性。然而调整、控制和修改的依据是适时的检查和及时的反馈。教练员应该在周期训练的不同阶段安排检查，有侧重地检查重点受训运动员在技术、战术、体能、智能和心理等方面的训练增长状况。搜集信息，及时反馈，为训练计划的调整、控制或修改提供准确的依据。这些检查可以通过小型比赛来进行，也可以通过专项测试或专家会诊来实现。总之，无论是什么方式，都是为了取得准确的信息，明确现实状况和计划目标之间的距离，以及产生这种距离的原因。只有在这样的不断检查、反馈、分析、调整、修改和控制的过程中周期训练计划目标的实现才能够得以保证。

五、训练安排的"此消彼长"是计划的特点

所谓一系列训练安排的"此消彼长"是指在周期训练计划的不同阶段中设立不同的重点。

例如一：在技术训练的安排方面，周期计划的开始阶段，重点应该抓新技术的建设、技术质量的提高和弥补技术缺点的训练；随着任务目标的实现，任务重点将转移为变化与应变的能力提高和精炼特长技术的训练。

例如二：在战术训练的安排方面，周期计划的开始阶段，应从重点学习、掌握在简单或有规律对抗情况下，以学习掌握单方面运用简单战术为目的的训练开始；随着任务目标的实现，其训练重点逐步转移，最终实现在双方的对抗中高效运用战术能力的提高。

例如三：在体能训练的安排方面，周期计划初期阶段重点是积累体能，因此侧重于一般体能的提高，侧重于运动负荷总量的增加。随着计划的展开逐渐将侧重转向专项体能的提高，侧重于运动强度的逐步增加，而负荷总量相对下降。

例如四：在智能训练的安排方面，须从周期计划开始阶段，在训练中强调对技、战术的认识与掌握，倡导"大智若愚"的扎实训练态度。随着计划的推进，逐步转移至对技、战术的灵活运用上，建立为追求适时效果的以巧破千钧的"智取"思维。

例如五：对心理训练的安排方面，在周期计划的初始阶段，须将心理的注意力集中于培养自强不息、自我打造和顽强意志上；随着计划的深入，须将心理的注意力逐步转移至寻找对手破绽和打造坚强自信方面。

总之，训练安排的一系列"此消彼长"，反映出周期计划向前推进的重点转移，这些变化都反映了以实现良好竞技状态为目的的周期计划的实施特点。

下面列出"运动员个性分析示意表"和"乒乓球训练运动周期进度安排示意表"供大家参考。

运动员个性化分析示意表

姓名	性别	年龄	球龄	打法类型	风格特点	握拍及球拍	比赛成绩
状况分析内容							
技术	打法必备的主要技术状况		特长技术	特长中的不足	缺短技术	适宜的补缺办法	
战术	主要战术、打法设计		主要战术掌握	辅助战术掌握	战术意识水平	其他	
体能	一般素质情况：灵敏、速度、力量、耐力			专项身体素质特点，如力量、速度等			
智能	对乒乓球技、战术认知能力水平		思维品质特点，如深刻、灵活、独立、创新、稳定、系统等				
心理	神经类型		注意力	意志力	自信	其他	
教练综合评价								
备注	用文字形容和设定分值打分评估的方法填写，可以增设新项目，或另页填写						

主管教练员：（签名）
填表日期：

乒乓球训练运动周期进度安排示意表

姓名	周期任务	初始分析	比例	一阶段目标	日训练安排	一阶段反馈	二阶段目标	日训练安排	二阶段反馈	三阶段目标	日训练安排	三阶段反馈	四阶段目标	比赛安排	五阶段目标
小李	参加某比赛；预期实现比赛成绩；预期技术、战术、体能等方面成长目标	技术现状分析：打法类型 必备技术 特长技术 缺点技术	%	提高技术质量；学习新技术；改进技术	根据阶段目标落实每日的训练安排及要求	对照目标总结实现的情况	提高变化和应变能力 打造技术特长	根据阶段目标落实每日的训练安排及要求	对照目标总结实现的情况	根据周期任务进入比赛状态	根据阶段目标落实每日的训练安排及要求	对照目标总结实现的情况	进入比赛阶段 保持竞技状态，实现周期任务	根据竞赛日程安排，做好运动员准备，临场指导和小结	保持适当训练，恢复体力；总结周期完成任务情况；准备进入下一周期
		战术现状分析：打法风格特征 主要战术 辅助战术	%	学习新战术，将新技术向战术运用转移	同上	同上	提高主要战术运用的熟练和对抗并重	同上	同上	掌握针对性战术的运用能力	同上	同上	分析对手情况，做好战术准备，临场指挥配合		
		体能现状分析：一般身体素质水平 专项身体素质水平	%	储备体能：力量、速度、耐力等一般体能素质训练	同上	同上	储备体能：一般体能素质和专项训练并重	同上	同上	保持专项体能水平，防止过劳和运动创伤	同上	同上	保持体力，注意恢复		
		智能现状分析：对技、战术认识与理解	%	学习、掌握相关战术知识	同上	同上	学习、掌握相关战技术知识	同上	同上	学习掌握战术运用知识	同上	同上	学习、掌握比赛规律和思维		
		心理现状分析：	%	培养专注、顽强	同上	同上	注意力分配	同上	同上	自信、灵活、拼搏	同上	同上	激励自信		
		训练手段		单项、结合技术训练以多球、球单练为主……	结合技术训练以多球、单球训练结合……	个人特长技术、训练多球、单球训练为主……	个人特长技术，单个战术……	个人自主安排赛前、赛中练习
		运动负荷量安排		运动量（时数）：运动强度：	运动量（时数）：运动强度（时数）：	运动量（时数）：运动强度（时数）：	运动量（时数）：运动强度（时数）：	运动量（时数）：运动强度（时数）：

第三篇 帮助孩子们打造技术实力
——提高技术的切入点

提升竞技状态的第一块"桶帮"——技术实力是教练员在训练的第一时间需要考虑的问题。一名运动员如果没有掌握高质量的技术，那么他在比赛期间能够表现出的竞技状态水平必然会受到限制。因此，如果希望使孩子们在即将到来的比赛中能表现出更高水平的竞技状态，首先面临的问题就是如何提升技术这块桶帮。为此教练员必须认真研究、深入分析，找出制约他们技术提高的真正原因，以期抓住技术训练的重点加以解决。通常教练员可以从如下方面入手寻找提高他们技术实力的训练切入点：

从再认识入手——开拓技术

从步法移动入手——保证技术

从握拍用力入手——优化技术

从第一板球入手——提升技术

从结构协调入手——平衡技术

从关联衔接入手——协调技术

从球拍打法入手——重建技术

从调整风格入手——表现技术

从设计模式入手——创新技术

从五个环节入手——诊断技术

第一章 从再认识入手——开拓技术

　　击球质量也被称为制胜因素，经典的理论认为制胜因素包括速度、力量、旋转、落点和弧线五个基本要素。但是在实际中，人们往往重视速度制胜却忽视旋转，重视力量制胜却忽视落点，特别是弧线这一非常重要的制胜要素甚至被遗忘。其实所谓的"五要素"是人为划分的，它们的内在联系并不像表面排列那么简单。如果不能正确认识它们的作用和彼此的关系，以提高技术质量为目的的训练，必然会因为受到思想认识上的局限而遇到瓶颈，甚至走偏了方向。所以通过对经典理论的再认识，深刻了解速度、力量、旋转、落点、弧线之间的内在联系和制胜原理，对开拓提高技术质量的思路来说非常重要。

一、全面认识力量的制胜原理

　　从定义上讲，力量是"克服阻力的能力"。就力量而言，我们不仅要重视击球力量的大小，而且更要重视击球力量的巧妙运用。因为无论用什么方法回击对方的来球都离不开力量，或者说速度、旋转、落点、弧线都是击球时运用不同力量制造出的结果。所以在乒乓球制胜因素中对力量的正确认识，绝不应该简单地认为只是击球力量越大越好，相反掌握协调、合理的击球用力方法，追求巧妙、变化的击球用力效果，实现击球用力节省的目标，提高击球用力的效率，才是从力量的角度提高乒乓球击球技术质量的正确思路。

（一）协调用力——释放自己的潜能

　　乒乓球击球用力几乎都是全身配合的用力，所以追求击球动作用力的协调性是提高力量效率的关键。所谓用力协调，是指击球瞬间身体各个主要用力环节（腿、腰、手）在用力方向上的基本一致和在用力时间上的基本同步。因此，要提高击球用力的协调性，就必须克服在击球瞬间由于身体的几个主要环节在用力方向上的不一致，造成的动作较劲和僵硬等毛病；克服由于用力时间上的不同步，造成的动作松垮和脱节等毛病。

案例1：肩的毛病来源于脚

　　在一次训练课上，我遇到一位教练员正在帮助学生改进正手攻球动作。他的毛病是击球时总是不由自主地将肩膀向上耸起来。虽然教练员反复要求他放松肩膀，甚至提出压低肩头的矫枉过正要求，却一直收效不佳。于是我和他的教练员根据协调用力的要求，按照用力顺序，对他的动作进行了仔细观察和分析。终于发现他在击球瞬间，脚蹬地用力方向与手臂挥拍击球方向不一致。由于脚蹬地用力向上，致使肩头上耸。原来肩的毛病来源于脚。当我们改进了他脚的蹬地用力方向，使之与他的挥拍用力方向保持一致，耸肩的问题很快就解决了，整个击球动作的协调性也有了明显提高。

案例2：重心上蹿的毛病来源于腿蹬地方向

一次一位朋友请我到他家做客，他家有一个球台，我去的时候看见他的孩子正在练习拉削球。孩子学打球已经三年多了，可是他在拉对方削过来的下旋球时，身体重心总是不由自主地向上蹿动。帮他练习的教练员一再要求他压低身体重心，可是他总也做不好。经过观察我发现，他的毛病也是出在蹬地用力方向上，由于腿蹬地过于用力，致使身体重心在拉球时上下起伏，因此我建议他调整腿蹬地用力的方向——更多地向前用力，将腿蹬地的力量推动至髋关节向前转，并直接传导至球拍击球瞬间。经过这一调整，孩子很快就找到协调合理的用力感觉，拉球的稳定性明显提高。

上述案例告诉我们，脚虽然是在身体的最下方，似乎离手握的球拍很远，但不能就误认为既然是在"最下方"，脚和腿的用力传递一定是向上的，因此动作方向一定也是向上的。这种想当然的认识恰恰是造成多数击球动作不协调的主要原因，因为脚蹬地的用力目的是通过腿推动髋关节（腰部）迎前转动，并将这一力量与挥拍向前迎击的力量合而为一，形成协调一致的合力击球。因此，脚与腿的用力动作方向必须是能够推动髋关节迎前转动的向前用力。

（二）合理用力——提高用力的效率

所谓用力合理，是指击球用力符合力学的原理。著名物理学家阿基米德说过："给我一个支点，我可以撬起整个地球！"此说虽然夸张，但是可见支点在物理学的杠杆原理中的重要性。从生理解剖学来看，人体的关节都是速度杠杆结构，因此提高击球用力的合理性，就必须找到击球用力时的支点。健全人都是站立着移动击球，所以第一个支点就是地面，可以说击球力量首先是从腿蹬地面传递到躯干的，然后再从躯干传递到手臂、球拍的，因此也有人说下肢推动身体，躯干带动上肢。了解这一顺序过程，对改进击球用力的合理性十分重要。

案例3：重心落在右腿上

一次荷兰的几位年轻运动员到我们这里训练，其中一位侧身正手进攻总是发不出力，为此他很苦恼。经过我们观察，发现他的用力顺序不对：他总是先向后引拍，再牵动上身侧转，最后拖动右腿侧移击球，此时的击球已经失去了腿部用力的支点。于是我们要求他改变用力顺序，先移动后引拍。情况虽然有所好转，但是仍然不尽如人意，因为他还没能体会到"第一个支点"——蹬地的力量。于是我进一步要求他在侧身时首先保持右腿弯曲，将身体重心完全落在右腿上，为了加深他的用力体验，我还特别要求他在击球瞬间将左脚抬起来稍离地面，这样做了之后，他终于找到了第一个击球支点，体会到击球的合理用力了——力量通过他的右腿蹬地传递到躯干，推动髋关节转动——带动手臂将力量传到击球的挥拍上。当他掌握了这一用力技术后高兴地跳了起来，奔跑着将这一体会告诉他的同伴。连在场的我也感受到他因为找到支点，学会合理用力，致使全身潜能终于得以释放的愉悦。

案例4：引拍不引肘

合理用力不仅要表现在力量的传递顺序上，而且还要符合人类的生理特点。因为无论是正确的还是错误的技术动作，都是肌肉的用力行为。因此，合理的击球用力还必须符合肌肉牵张（拉伸）用力的特性。

前世界冠军李振恃是一位正手进攻非常犀利的直拍快攻选手，有一次他到什刹海体校辅导小队员。当我们问到他正手攻球的体会时，他特别要求大家注意他的引拍动作，强调向后引拍时，不要同时后引肘部。经过分析，这恰恰是他正手进攻犀利的关键。因为从生理学上来解释，这是非常符合关节肌肉合理用力原理的。由于人体生理结构的特点，相邻的两个关节如果同时收缩就会产生收缩力不足的生理现象（主动不足），相反，同时伸张，也会产生伸张力不足的生理现象（被动不足）。李振恃的正手攻球强调引拍不引肘，恰好避免了肘关节与相邻的肩关节因同时伸张会出现伸张无力的现象，随之由于肌肉收缩用力时又会产生收缩无力的现象。因此他强调引拍不引肘的动作，发挥出了前臂肌肉群极高的用力效率。

案例5：利用转腰的力量，而不是蹬地

小路是一个训练十分努力的孩子，他左手持拍，反手进攻技术十分优秀，但是正手进攻动作一直不协调，主要表现为动作僵硬，用力不流畅，下肢的力量无法传递到击球瞬间。为了寻求改进，他的教练员和他花费大量精力去解决蹬地、转腰问题，可是一直没有明显效果。在一次集训中，我仔细地观察了他的击球动作，并将他的击球用力与优秀运动员的技术动作图片做了对照。我发现他在击球瞬间总是使用左腿蹬地——希望将腿的力量蹬到球上，这样做的结果反而使自己的动作扭曲、僵硬。其实合理的击球用力应该是蹬地移动步伐，转腰带动肢体用力。于是我拿了一盆多球给他正手发一个个的下旋球，首先要求他根据来球方向以右腿为轴心支点转腰（髋关节）带动球拍后引，随即将身体重心完全转移至持拍一侧的左腿上，当来球落台时，以左腿为轴心支点充分转腰（髋关节）迎前用力挥拍击球。我对他强调说："利用转腰的力量击球，而不是蹬地！"为了更直白地表述，我还告诉他说"转腰其实就是转屁股！"他尝试着做了几次，很快就体会到了正确的用力感觉，并连续打出了几个十分协调的击球动作来。两年没有解决的问题一下子就解决了。事后，在我与这位教练员

交流时发现，原来孩子们一直误认为蹬地用力是手臂挥拍击球的"支点"，由于认识上的误差致使他们一直无法解决这样一个看似简单的击球转腰用力问题，今天终于找到了解决这个问题的钥匙，大家总算舒了一口气，这位教练员感慨地说："看来，首先还是要解决认识问题啊！"是的，正确的认识可以帮助我们少走弯路，尽快地掌握击球合理用力的技术，提高击球效率。

如图三-1所示，从运动员击球瞬间左脚抬起动作中可以感受到右腿蹬地并转腰击球的用力。

图三-1

案例6：腕关节引拍，肘关节伸直

小赵是一个好学上进的孩子，她左手持直拍反胶，发球好，进攻有力量，只是在进攻台内球时，手腕用力的技巧总是掌握不好。在举行的全国中学生乒乓球锦标赛上，她和小郭准备报名参加双打比赛，为此她们非常重视。一天下午，集训队为了调整运动量安排休息，但是她俩仍然来练双打的发球接发球。小郭发球，小赵接，还是老问题，小赵用挑打的方法接短球时总也接不好，不仅击球瞬间发力不集中，而且经常失误。这时我正在练习馆，发现她的问题是击球时错用了收前臂的动作，因此本应使用手腕动作的发力集中不起来。于是我告诉她，击球前将手臂深入台内时，持拍的手腕应该做充分的向后引拍（外展）动作，使手腕与来球保持足够的动作用力空间，同时肘关节伸直，击球瞬间完全使用手腕、手指的力量迅速内旋前臂，而不是收前臂；与此同时，为了借助点身体重心前冲的力量，击球瞬间肩关节也不要乱动。几次尝试后小赵很快就掌握了挑打台内球的发力技术——不仅用力集中，而且还能真实地感受到驾驭球的乐趣。当我要离开的时候，小赵高兴地连声道谢。看到孩子们在这么短的时间里就有如此明显的进步，我也是由衷地替她们高兴。为什么腕关节内收发力时，肘关节不应同时做内收的动作？这也是源于人体生理力学结构的特点——相邻的两个关节同时内收就会发生主动不足（内收无力）的现象。这是生理规律，学习掌握击球动作用力时必须了解这一规律。

图三-2 所示为中国选手马龙的"暴挑"台内球动作

图三-2

（三）巧妙用力——借力打力

如果说协调用力强调的是击球瞬间身体的主要用力环节——腿、腰、手的合力击球，那么巧妙用力则强调的是借力打力，是一种将自己的击球用力合并对手来球的能量，产生双重能量打击对手的巧妙用力。要做到这一点，首先要求击球人能将全身的用力集中到一点，用以迎击从对面飞来的带有前进能量的来球，才能达到借力打力的目的。优秀的运动员大都掌握了这种用力方法。

案例7：合力攻球

世界冠军波尔在击球瞬间，将全身用力从髋部外侧集中为一点，通过转腰动作传递到球拍上迎击来球。其中有两个要点必须注意：一是在击球前，在上臂的上端肩关节处，上臂与躯干的距离尽量保持稳定——不要伸臂或抡臂击球，以避免击球的身体合力在力量传递过程中的不必要损耗；另一个是在击球瞬间，身体的击球用力，必须集中于一点从髋关节外侧通过转腰动作传递到球拍上（不能从背部或肩部传递到球拍上），不然则将无法形成上肢与下肢的合力。这样击球用力的巧妙之处在于节省与高效，将自己的用力集中于一点，与来球的反弹力结合，随时可以根据战术需要，在不丢失用力控制的前提下，或借用对方的力量打击对方，实现四两拨千斤的妙用；或增加自己的用力，借力打力，用成倍的攻击力打击对手，达到事半功倍的效果。当然，机会来临之际，亦可凝聚全身力量于一击，一锤定音。

图三-3所示为德国选手波尔的正手拉球用力方法。

击球前，上臂与躯体之间的距离须保持稳定

将全身用力集中为一点，从髋关节外侧传到球拍，向前转髋迎击来球

击球瞬间，身体重心落在持拍一侧腿上，向前用力蹬地

图三-3

案例8：巧用合力摆短球

小苗接发球摆短时总是"冒高"，经常被对手一板打死，为了解决这个问题他花了很多时间专门练习，但是一直没解决好。为此，在集训期间我专门诊断了他的摆短技术，发现他摆短搓球时只是一味想以用力大小来控制球，没有巧借对方来球跳起时的上升力做合力击球。于是我对他提出了合力击球的要求，但是他依然找不到用力控球的点。经过仔细观察我终于发现了问题的症结：他击球出手时球拍总是在击球的后方，由于球拍击球前的位置没有和来球跳起时的上升力方向相对，所以无法与来球的升力形成合力，结果不仅难以控制摆短球的弧线，而且经常把回球的落点推得较长，被对手轻易地抢先上手进攻。于是我要求他出手击球时注意调整球拍和来球的位置，将插入台内的球拍伸到来球跳起的前上方，在球跳起的瞬间，迎着来球的上升方向迅

速切下去。经过几次练习，他很快地掌握了巧用合力摆短球的用力技巧，他的接发球控制水平也有了明显提高。

图三-4 所示为中国选手丁宁的摆短球。

图三-4

（四）变化用力——追求用力的效果

击球用力有针对性地变化，对保证击球的命中率和战术的变化有很大的帮助。一般情况下，要重视中等力量击球的运用，因为它是有控制地用力，是击球用力的基础。在训练与比赛过程中，变化用力分为下列几种：进攻中的加力，如大力冲杀、低球突击、加力推弹和扣杀等；相持或攻防转换中的借力中发力，如对攻、对拉、快撕等；防御或控制中的减力，如搓短、减力挡，削球中的"引球用力""隐力加转"或假用力送不转球等。

著名教练员岑淮光将变化用力的运用归纳为五种方法：

1. 以"重"制"轻"先发制人。这是一种争取主动的变化用力。例如在对攻、对推或拉弧圈球中抢先加力或主动侧身攻重压对方反手，迫使对方以轻挡或退后回击；又如拉前冲弧圈，突击对付削球，使对方忙于补救，搞不出旋转变化而陷入被动。

2. 以"轻"制"重"后发先至。这是一种技巧性较高的变化用力。例如在防御对方抢先加力进攻时，运用轻推或快挡回击对方空当，伺机反击；又如在应对对方上前快推、重压时，主动退后半步，以中、轻等力量的弧圈球"挂"住对方（"挂"的意思是持两面反胶球拍的弧圈打法者，站位中、近台，制造一定的旋转、弧线较低、落点较长的拉球，是两面弧圈打法对付推挡加力对手的常用方法）斜、直线落点，伺机冲杀力争主动。

3. 以"轻"制"轻"。这是一种精确的控制变化用力。例如连续使用快搓"摆短"（从快速搓球技术发展成一种"短打"技术，它在接发球或对搓中，使回球落点非常近网）以遏制对方抢拉或抢冲弧圈球。

4. 以"重"制"重"。这是一种难度较大的变化用力。例如与对手加力对拉弧圈球；在对手加力进攻时用正手打回头球（近台加力对攻）；用加力弧圈球拉冲加转削球；在对手突击、扣杀球或弧圈冲杀时主动削球加转等。

5. "轻、重"变化。这是一种制造更好机会的变化用力。例如拉真假弧圈球从对手削球中制造机会的运用；快攻轻重力量拉球、拉中突击或突击后突然转为轻拉变化，从对手削球中制造机会的运用；运用加力推和减力挡变化结合（或推挤侧旋球等）迫使拉弧圈球的对手被动，进而露出破绽，然后用正手快带和盖弧圈球扣杀；拉弧圈球加力、加转、快速冲杀和"轻挂"变换结合，从对手的推挡中找机会；快搓摆短时突然加转劈长，制造进攻机会；削球手搞转与不转的反复变化等。

以上五种情况都体现了力量的变化技术在战术中的作用。变化轻、重力量时应注意不要因"过重"发死力而失去重心，影响连续进攻；也不要因"轻托""轻碰"不敢用力控制球，以致击球失控、失误。五者之间既有区别更有相互联系，变化用力的运用不仅体现在某一场、某一局比赛中，而且在每分的争夺过程中用力轻重的交替运用也是常有的，因此应当引起足够的重视。

（五）调节用力——抓住击球用力的本质

技术训练从本质上来说是要提高受训者的运动感觉，包括空间感觉、时间感觉和用力差别感觉。其中用力差别感觉在乒乓球击球过程中的表现就是我们通常说的手感。虽然我们应该这样定义手感，但是在实际训练中，如何练手感似乎是一个只能意会不好言传的事情。一方面这是因为用力差别的概念不清，缺少清晰的定义，自然无法提出具体的训练要求；另一方面是因为对击球瞬间肌肉用力行为的差别只能靠主观体验，无法从客观角度做直接细致、清晰的观察。即使是在我们经常看到的那些展示击球技术的连续动作图片中，也多数都没有反映击球瞬间的那幅动作图（即使有，图像也是模糊不清的）。那么如何更加清晰地定义用力差别的手感呢？我的体会是，击球瞬间的调节用力就是持拍手指的差别用力，是手指用力透过球拍在击球瞬间对回球的方向、落点、旋转、弧线等的用力差别调节。通常击球瞬间驾驭回球的调节用力包括：手指透过球拍向前的顶拨力和旋转球拍角度的旋擦力，以及由此形成的混合用力，因此可以这样定义：手指在这两个不同用力之间的差别调节就是所谓手感。

前国家队著名教练员马金豹将这种用力形容为"杠、旋"合力，就是杠杆加旋转两个力的混合使用。所谓"杠"就是顶拨力，其用力方向和用力大小能调节击球弧线的走向和长短；所谓"旋"就是旋擦力，其用力旋的时机早晚和大小能调节拍形角度、击球部位、击球弧线的弧度和摩擦球的旋转。

从调节用力的认识出发就会发现：经常拉球下网的人，多数的问题是向前的顶拨力不足或方向不对，多数同时表现为旋擦力过甚，拍形过早前倾。因此只要调节手指用力，增加在击球瞬间向前的顶拨力——顶住来球，调整用力方向，制造更长的弧线就不容易下网了。反之，经常击球出界的人，多数的问题是旋擦力不足，而顶拨力过甚，包括拍形角度后仰，致使击球没有旋转——弧线直飞越出球台底线。这种情况下，只要调整向前旋转球拍角度的时间，增加手指在击球瞬间的旋擦用力，制造更多的摩擦，增加弧线的弯度，命中率自然提高。

图三-5所示为手指杠旋调节用力示意。

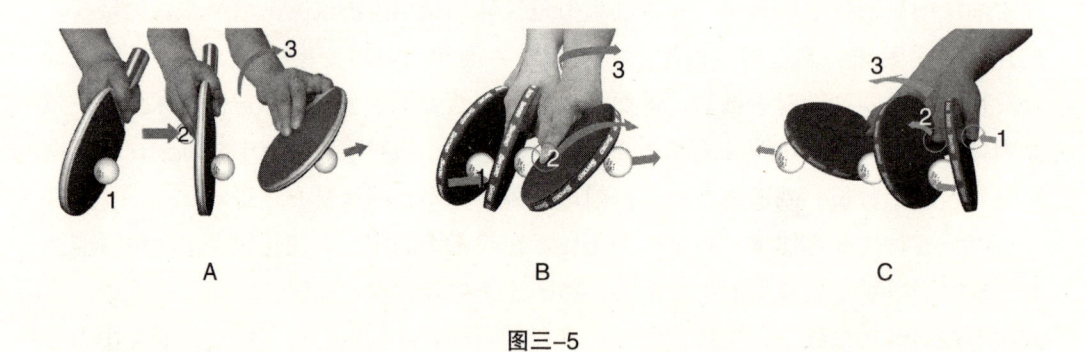

图三-5

A图是直拍击球时手指"杠、旋"调节用力示意。图中1、2是握拍手的中指在触球时向前"顶拨"的用力，图中3是手指、前臂向上、向前旋转球拍的"旋擦"力。

B图是横拍正手击球时手指"杠、旋"调节用力示意。图中1、2是握拍手食指在触球时向前的"顶拨"力，图中3是手指、前臂向上、向前旋转球拍的"旋擦"力。

C图是横拍反手击球时手指"杠、旋"调节用力示意。图中1是我拍手的拇指在触球时向前"顶拨"的用力，图中2是木质在顶住球的同时有向前翻转的摩擦球用力，图中3是前臂外旋形成击球瞬间向上、向前的"旋擦"力。

调节用力对击球的准确和变化来说非常重要，因此我们不能一说用力，想到的只是用力大小，还应该想到能否保证用力差别的调节；也不能一说动作，想到的就只是姿势，更应该想到用力差别的感觉。前国家队著名教练曾传强曾经婉转地批评某些打球的孩子是"动作比感觉好"；我们也经常发现某些孩子的训练总是过于追求姿势的规范性，忽略了对用力差别感觉的掌握。结果姿势看起来不错，可是没有驾驭球的能力，成了一个花架子。正确的思路应该是从肌肉用力行为的认识出发，学习协调合理的动作；从差别用力调节的认识出发，掌握细致精确的技术。提高调节用力的敏锐感觉,将击球用力从泛化逐渐细化是竞技水平不断提高必须经历的过程。正如前世界冠军庄则栋比喻说:只会上臂用力击球的是"小学水平";会用前臂的是"中学水平";会用手腕的就达到了"大学水平";如果会用手指才能达到"尖端水平"。

提高调节用力的能力可以采用多练拉下旋球的方法。

虽然通常我们看到的乒乓球比赛多是上旋球的对抗,于是很多人总是热衷于上旋球的对练,但是著名教练员马金豹却主张多练拉、打下旋球,特别主张在多球训练中更多地安排练习拉下旋球。他认为运动员在拉、打下旋球时必须主动发力制造、调节并控制弧线,但是在拉、打上旋来球时,由于经常可以轻易借力回击,不利于提高驾驭球的差别用力感觉。所以观察马指导的多球训练,我们会发现,他或者站在球台对面不断地发出不同落点的近网下旋短球,让运动员练习台内拉、挑;或者不断地用普通发球的方法,直接发出台长球或半出台的下旋球,让运动员练习拉加转或前冲弧圈球;或者干脆搬一个凳子,退到远台坐下来,从低于球网的位置给运动员发出类似削球的下旋球,让队员练习拉球与扣杀。粗略地统计下来,这样的训练安排几乎占了马指导多球训练的绝大多数时间。根据和他训练的孩子们反映,虽然这样的多球训练从外表看起来感觉运动量不大,但是练习者的手指、手腕的局部负荷却很大。孩子们虽然没有练得汗流浃背,可是他们有时会练得手指抽筋,可见调节能力的训练提高也不单单是技巧,还包括手指、手腕等重要的专项素质。事实证明,经过他训练的运动员,驾驭球的能力都有了很大提高,而且这种能力很容易转移到上旋击球中,并在与上旋球的对抗中也可以表现出良好的手感和丰富的击球变化。

二、重新认识速度与旋转的制胜原理

速度的定义是物体在单位时间通过的距离。通常人们在实际打球时感受到的速度,不仅包括来球的快慢,而且还有来球落台跳起的变速。然而训练中人们普遍重视的速度,多是看得见的速度——来球的飞进速度。可是旋转作为速度的另一种形式,却常被误读为与速度对立的因素。其实旋转也是速度——是球的自转速度。表现在球体上的线速度——旋转,不仅关乎击球弧线的准确控制,而且由于不易被对手判断,既能影响球的飞行轨迹,又能在落台时制造不同的变速和变向,因此其制胜能力更甚于其他因素。从回击者的角度来看,可以看得见的飞进速度是显性的,只需要靠人们的反应动作去应对;而看不清的旋转速度则是隐性的,更多的是需要靠人们的经验动作来应对。所谓经验,不仅需要认清来球旋转的性质,而且要判断旋转的强度,同时还要熟知旋转带来的弧线轨迹和飞进速度的变化,显然这比回击单纯的显性速度来球要难得多,正可谓"明枪易躲,暗箭难防"。这就是乒乓球运动不同于其他球类运动之处——不仅需要体能,而且更需要经验,这也就是体能状态极好的年轻选手经常也会输给经验丰富的年长选手的重要原因之一。即使在高水平的世界比赛中,这样的案例也屡见不鲜,其中最典型的是:年近40岁的瑞典运动员瓦尔德内尔在世乒赛上战胜了正当年的新科世界杯冠军马琳。可见乒乓球运动是一个长寿的运动，入门虽不易，但是一旦入门则可以玩得很长久，甚至一直打到七老八十，还可以到世界元老杯比赛上去争夺个世界冠军。

（一）乒乓球现代进攻技术是两个速度的融合

正确地认识现代乒乓球运动的特点，必须正确认识速度与旋转之间密不可分的内在关系，因为这是现代乒乓球竞技运动制胜因素的核心。现代进攻技术相比传统的最大进步主要表现为将击球的显性速度与隐性速度这两个不同形式的速度融为一体。上世纪60年代初期，日本发明了强烈上旋的进攻技术——弧圈球，在隐性速度上做足了文章；同期中国创建了近台快攻，在显性速度上达到了巅峰。经过数十年的碰撞，直到90年代欧洲人将两个速度完美地融为一体，从中国手里夺回了世界冠军。后来中国运动员通过创新，掌握并发展了这个速度与旋转融为一体的进攻技术，重新回到世界乒坛的顶峰。时至今日，这种速度与旋转融为一体的进攻技术，无论是在中国还是在外国一直是乒乓球竞技运动的主流技术。

案例9：融合通过手指的不同用力

那是很久以前，当时还处在速度与旋转分庭抗礼的阶段，朝鲜派队来中国参加比赛，他们女队中的朴英玉和朴英顺都是当时世界上著名的选手，后来朴英顺曾获得过世乒赛的女单冠军，朴英玉也和中国的四川选手杨莹合作在世乒赛上获得了女子双打冠军。记得那次见到她们时是在赛前训练的场地上，我忽然发现有一个人在场外观看，他是当时中国队的一名弧圈球运动员老周，我发现他一边聚精会神地观察，一边不时地用手比划着。我走过去问他在看什么？他告诉我想弄明白这些朝鲜选手是怎样做到了将拉弧圈球和扣杀这两个不同的击球动作结合得这么好。我问他看明白了吗？他用手比划着说："可能是在手指用力上。"在当时，中国的弧圈球选手主要用的是拉、冲结合技术，按照传统的近台快攻的习惯，扣杀时要将手臂提起，拉球时却要将手臂放下。这样的两个起点不同的动作很难在运用中结合得天衣无缝，可是那些朝鲜人却做到了"无缝衔接"。老周似乎发现了其中的奥秘——手指的不同用力。方向不同的手指用力控制着摩擦和击打，这样就将旋转的弧圈球和速度的扣杀球顺畅地结合在一起了。后来老周当了教练员，带出的弟子有多个是世界冠军和著名运动员，他也成为了中国的著名教练员。

（二）高度重视旋转速度

从以提高技术质量为目的的训练角度来说，掌握和提高击球隐性速度——旋转速度的技术应该更为重要。因为击球具备足够制造旋转速度的能力有如下好处：

首先可以确保击球准确，旋转击球可以克服对方不同旋转来球对自己的困扰，确保制造稳定的回球弧线，这就是所谓的"以力服球"——以自主的用力行为征服来球！以转制转，从而保证击球的准确性。

其次可以提高信心，强烈的旋转源于摩擦球技术，这需要人们学会击球瞬间能够较长时间地"持球"，这项技术的掌握有利于提高手感，也就是击球调节用力的差别感，而驾驭球的手感好会直接增强比赛者的信心。

更重要的是旋转可以给对手制造威胁，击球带有强烈的旋转，会给对手带来巨大的困难。不仅击球旋转的性质与程度直接挑战对手的判断、经验和手感，而且旋转击球还能带来球的变轨飞行和变速飞行，这些丰富的变化，可以大大地限制对手的回击能力。

事实上我们已经多次听到过世界冠军运动员和他们的教练员强调旋转的重要性，早在小球时代，世界冠军王涛就说过：我需要的反胶应该更旋转，而不要那么快。依据这一意见，红双喜推出了"狂飙三"的前身"G888"海绵套装反胶，从此引领了中国反胶的潮流。无机胶水时代开始后，我们也听到世界冠军马琳在寻找新反胶时说：谁的反胶能保证我的击球旋转，我就选它；国家队的新、老教练到基层讲课时，也经常反复强调要重视旋转的训练。因此，无论是针对节奏速度、飞进速度还是球落台的变速等这些不同的速度的训练，都不能离开我们对旋转速度的深度认识。一切重视显性速度而轻视隐性速度——旋转，或将速度与旋转对立起来、割裂开来的片面认识，都会限制技术质量提高的空间。

案例10：反手快攻带摩擦

一次前世界冠军张怡宁到我们学校做技术辅导，大家都知道她的反手攻防技术十分出色，因此我们都准备了关于"拉""弹"等技术问题向她提问。虽然她回答了我们的提问，但是她在辅导学生反手近台快攻时，却特别强调反手击球要用力"带着点"，也就是要增加摩擦球的用力。她的"强调"多少有点出乎我的意料，因为我们过去很少要求学生近台快攻时加摩擦。事后想来，这正是张怡宁的特点，摩擦加旋转的攻防技术，使她即使处在被动的局面时也能做到"快而不乱"和"慢中有快"，使她的攻防转换游刃有余。

（三）出手速度的秘诀

我们把击球的显性飞进速度与隐性旋转速度都定义为技术的质量或制胜的要素，因此在我们的训练中，不断地追求更快的节奏速度、飞进速度、落台变速和更强烈的旋转，然而支持提升上述技术质量的背后都需要具备击球瞬间更快的出手速度。由于几乎所有的优秀运动员都具备出手速度快的优点，因此这也是教练员们非常重视的课题。但是讨论起如何提高出手速度似乎又是一个方向看得见、方法却摸不到的问题，因此有人说：出手速度是先天选材需要解决的问题，后天训练很难提高。事实果真如此吗？如果我们认真搞清楚出手速度形成的机制，相信就可以找到正确的训练方向。虽然每个人的个体条件不同，但是我们可以通过有针对性的训练，最大限度地帮助他们获得更快的出手速度，挖掘他们各自具备的潜力，毕竟挖潜是教练员的天职。

出手速度是怎样形成的？有这样一段报道对我们很有启发：大意是说有一位美国前总统酷爱打高尔夫球，但是总也打不远。他的身体条件和当时的一位高尔夫冠军十分接近，挥拍击球的动作和完成动作的时间几乎和那位冠军一样完美，可是效果却相差很远。为了弄清原因，这位总统动用了当时最先进的高速录影设备，将他们两个人的击球动作进行对比，结果发现那位冠军在击球前的一瞬间，全身有一个刹那间的停顿，而总统先生却没有，这就是两个人的区别所在。这个报道给了我们一个启发，因为人体的关节从本质上来说都是速度杠杆，而杠杆结构的关键部分是支点，支点的位置和稳定性直接决定速度杠杆的效率，所以在击球前的一瞬间，需要出手速度的肢体关节，其支点必须有瞬间的稳定。关节支点刹那间的制动（停顿），就为最快的出手速度提供了瞬间的稳定支点，而稳定支点立即与相关的肢体（杠杆的阻力臂）形成了高效率的速度杠杆。这个案例为我们研究如何提高乒乓球的出手速度提供了可借鉴的思路。

无独有偶，曾经连续三届获得世乒赛男子单打冠军的庄则栋，是当时世界上出手最快的近台两面攻选手。他在介绍自己的快攻秘诀时，提出击球时的鞭打原理，他比喻说：在击球瞬间手臂挥拍要像鞭杆一样有刹那间的制动，同时手腕持拍像鞭鞘一样急速挥出击球。其实他提到的秘诀——制动原理，就是速度杠杆中的支点原理，瞬间稳定的支点为击球提供了更快的出手速度。因此可以说，让人们获得他自己更快出手速度的诀窍，就是击球瞬间的支点制动（停顿）。经过不断的训练，建立精确的瞬间支点制动条件反射，从而提高击球的出手速度，毫无疑问会提升击球显性飞进速度和隐性旋转速度的技术质量。

案例11：集中发力与出手速度

还是我朋友的那个小孩，他在练习拉削球时，由于摩擦球不好总是失误。教练员说他发力不集中，可是这孩子却找不到集中的要领。这时我发现发力不集中只是现象，在现象的背后，是因为他在击球瞬间没有较快的出手速度。于是我要求他尝试在击球前的瞬间制动支点——停顿身体与手臂的挥拍动作，从而形成一个刹那间的稳定支点，与此同时食指顶拍调节"杠、旋"的混合用力，快速出手摩擦来球，随后继续动作连续拉球。几分钟后他已经初步体会到了瞬间制动与同时快速出手摩擦拉球的技术要领，不久他就找到了集中用力驾驭来球的感觉。出手速度提高了，拉球的旋转也增强了，控制弧线的能力也有了明显提高。

三、深刻认识落点和弧线的制胜原理

及时而又准确的击球落点可以破坏对手击球动作的合理性，给对手制造回球的难度，甚至迫使其直接失误，对此人们似乎没有争议。但是，说到弧线也能起到这样的作用，恐怕有些人就不太明白了。其实我们的进攻击球，落在对方球台上通常会形成三种不同的弧线形态：

弧线 A——落台后快速向前的弧线

弧线 B——落台后快速向前上方跳起的弧线

弧线 C——落台后快速向前下方滑落的弧线

（一）容易回击的弧线 A

一般来说，用合理的击球动作回击弧线 A 比较容易，因为在弧线 A 的飞行轨迹中，有相对长的一段时间处在击球点的合理击球高度之内（图三-6），击球人在较少的前后移动中，就可以获得更多的机会做出合理的动作回击来球。

弧线A：落台后快速向前飞行的弧线

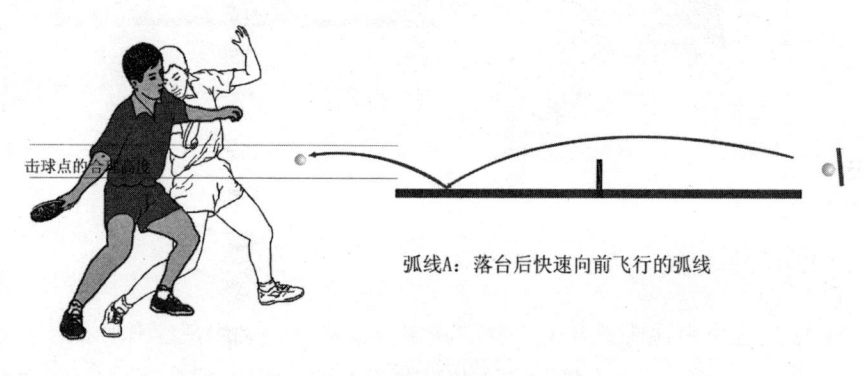

图三-6

（二）有两个机会回击的弧线 B

用合理的击球动作回击弧线 B，一般情况下有两个机会：一个是在来球落台后刚跳起的短暂阶段，向前上方反跳的来球尚未脱离击球点的合理击球高度；另一个是被迫后退，待来球下降回到合理击球高度时再回击（图三-7）。造成来球向前上方跳起弧线的原因，多为自己的回球较高，并被对方抢占制高点击球所致。这样的弧线，对击球人运用合理动作回击的难度提高了，击球人必须准确判断、快速移动，才能不失主动地抓住时机，保证击球动作的合理运用。

弧线B：来球落台后快速向前上方跳起的弧线

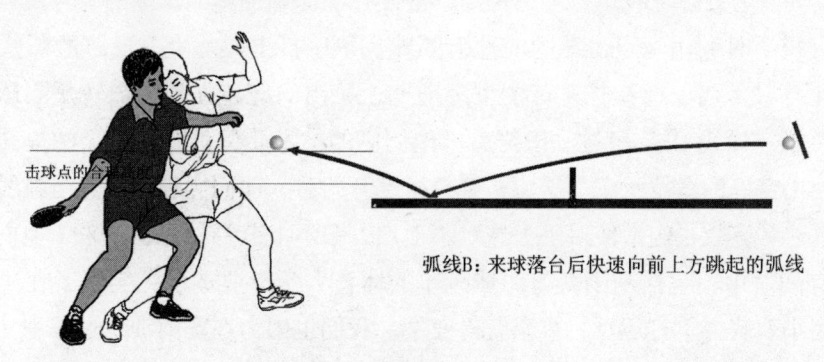

图三-7

（三）有一个机会回击的弧线 C

用合理的击球动作回击弧线 C，一般来说只有一个合适的机会，在来球落台后刚刚跳起尚未滑落的短暂瞬间，向前上方跳起的来球还处在击球点的合理击球高度之内（图三-8）。来球之所以形成这样下滑的弧线，是加转弧圈球带有的强烈上旋所致。因为只有一个机会，对于这种来球的弧线，回球难度更甚前者。一般来说，如果不能及时上前，抓住来球跳起的击球瞬间，就不可能有高质量的回球。

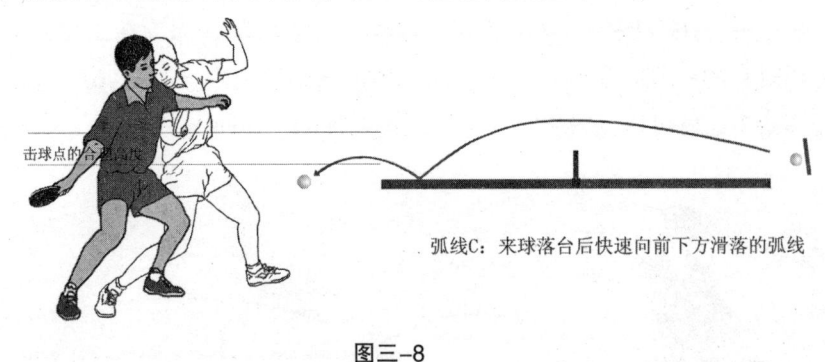

弧线C：来球落台后快速向前下方滑落的弧线

图三-8

案例12：狠抓弧线、落点打了翻身仗

在 2007 年北京市乒协杯赛上，我们将主要运动员分别组成了几个队，去参加最强的一组（13~30 岁组）的比赛，但是由于准备不足，团体赛第一阶段几个队都没能出线。居然没有一个队能进入决赛阶段，一时间许多人都开始质疑我们的训练水平，甚至一些教练员的信心也开始动摇。为了在单打比赛中打翻身仗，经过分析，我们决定充分利用赛前的两周时间，从改进击球弧线与落点入手，提高他们的技术质量，进而调出最佳竞技状态。根据训练分工，由马指导负责小贺，由我负责小李。针对小李的训练，我负责提高他的两个意识：一是抢占高点进攻的时间意识；另一个是学会判断移动中的对手位置，提高选择击球落点的意识，并要求在此基础上改进其相应技术。我们重点练习了攻击对手中间偏正手位置的落点，并尽量抢在高点击球，争取打出更多向前上方反跳的弧线的球（弧线 B）。而针对小贺的训练，马指导一方面通过改进其瞬间发力摩擦球技术，努力提高其前冲弧圈球和加转弧圈球的旋转质量。同时要求他有机会时利用高点击球的前冲弧圈球，争取打出向前上方反跳的弧线（弧线 B）；在来球较低时，能抓住来球的下降前期，拉出的旋转强烈的加转弧圈球，打出下滑的弧线（弧线 C）。经过一段努力，他们俩的技术质量都有了明显的提高，并且逐渐表现出良好的竞技状态。乒协杯单打比赛开始后，他们俩利用落点与弧线制胜的技、战术非常有效，经常使对手击球对不上点，跟不上节奏。几轮下来，他们淘汰了各自所有的对手，包括刚刚获得团体冠军的体育大学专业选手，实现了在决赛中会师，最终小贺获得单打冠军，小李获得亚军。我们也因为在赛前训练过程中实现了技术质量的明显提高，打了个漂亮的翻身仗。

第二章　从步法移动入手——保证技术

孙子兵法说：凡战者，以正合、以奇胜。这种"正"与"奇"的观点就是基础与发展的关系，没有坚实的基础，不可能有长久的发展与最终的胜利。上世纪60年代在运动队里曾经流传着一个口号：三年打基础，五年出成绩！可见从那时起教练员们已经开始了对基础训练的重视。那么什么是乒乓球击球技术的基础？从理论上讲，一切保证合理击球的必备要素都可以视为技术需要的基础。然而单纯就技术运用的保障而言，及时准确的"步法移动"才是保证击球技术合理运用的基础。一说起乒乓球的步法，人们容易立即联想到跨步、跳步、交叉步等；而一说起步法训练，则立即会在头脑中联系到诸如大范围跑动练习、多球大运动量练习等方法。其实上述只不过是一些具体的方法而已。殊不知，方法固然重要，但它只是外在的表现形式，真正需要重视的应该是隐藏在形式后面的目标和为实现目标必须的要求。

一、步法移动的唯一目标——保证击球用力

有人认为技术训练是练手，步法训练就是练腿，其实将两者割裂开来的看法是一种偏颇。运动员的击球动作是人体完整的一系列肌肉用力行为，手法与步法在击球瞬间是一个整体的协调用力过程。腿的作用力在击球瞬间须传递到持拍手上，并将其作用于来球才能确保击球质量的充分展现。所以，步法移动的训练目标绝不仅仅是为了快速移动而移动，应该更加注重的是如何提高在移动中的手脚用力的配合度，确保瞬间击球用力的合理性，进而产生良好的击球效果。

案例13：适用的步法才是好步法

多年前，我带队到朝鲜参加平壤国际乒乓球邀请赛，这期间与日本大学生队的教练员聊起了步法。因为那时候中国的快攻运动员多是擅长在近台小范围移动，而日本的弧圈球运动员擅长在离台奔跑中击球，所以我客气地对他说："日本运动员的步法很好，比赛时跑动范围很大，值得我们学习。"但是他听了我的话却惊讶地说："中国有那么多世界冠军，怎么能说要向日本人学步法？"在他看来，中国运动员移动一两步就可以获得击球的主动权，而日本人却需要满场奔跑才能击球，既消耗体力，又时常处于被动，这种大范围的奔跑型的步法恰恰是他们的弱点。所以他坚定地认为中国运动员这种适用的步法才是日本运动员学习的榜样。仔细想来，他说的有道理。步法的基本要求就是保证高质量的击球，所以适用的步法才是最好的步法。

二、不是还原，而是再起动

前世界冠军李振恃曾经告诉我的学生："步法移动的关键是起动。"的确，及时地起动是保证一切步法移动获得击球效果的前提。然而时常听到一种形容步法移动过程的说法：移动—还原—再移动。其实还原的说法并不准确，因为还原不是目的，本质上就是为了连续击球的再次起动。所以，在不断的移动击球之间必须重视起动和再起动的步法训练，要教会孩子们利用小垫步的蹬地，在连续移动的击球间隙，不断地调整自己的身体重心，及时地起动并迅速地移动。因此准确的描述应该是：起动—移动—再起动—再移动。

案例14：小腿起动、大腿移动

第10届全国中学生运动会之前我负责小刘的训练，她是一个直拍近台快攻运动员。虽然用挑打的方式接短发球，然后形成快攻的战法对她十分有利，但是她从台内击球后转入近台连续进攻的技术衔接很不顺畅。经过观察，我发现她上前挑打短球后，由于担心来不及还原，总是想一步就退出来，由于缺少起动步法的衔接，不仅大步还原显得十分笨拙，而且因为动作幅度大，很难控制身体重心的稳定性，甚至经常在重心后退的过程中击球，致使连续攻击乏力。问题找到后，我们加强了她的起动步法训练，要求她体会小腿用力起动、大腿用力移动的不同用力感觉。先利用一个小腿用力的垫步起动大腿用力的跨步移动，向前进入台内挑打；紧接着再用一个小腿用力的垫步起动再一次大腿用力的跳步移动步法使自己回到台外，随即迅速再次蹬地起动、移动向前衔接下一板的连续进攻。由于掌握了起动步法，她的步法移动灵活多了，台内、外进攻技术的衔接开始顺畅了起来。在中运会期间她的近台快攻发挥十分出色，被赞誉为我队团体赛的"铁三号"，许多对手面对她的凌厉快攻，甚至不敢给她台内短球。那年在我们的共同努力下，团体、单项都取得了良好的成绩，完成了北京代表团的任务，实现了我们的预期目标。

图三-9所示为起动（垫步）与移动动作：图中运动员使用左脚①起动，右腿②跨步向前移动的步法，准备挑打台内短球。图中③和④可以明显看到他的左脚用小垫步起动的动作，而右腿②的跨步移动是大腿用力。

图三-9

三、灵活快速的重心交换是步法移动的核心能力

重心交换是步法灵活移动的核心技术，这是前世界冠军庄则栋反复强调的话。在我看来还不仅如此，还有击球前的瞬间身体重心必须保持在一侧腿上，才能蹬地用力、转动躯干、挥拍击球，这是步法移动中重心交换时手脚结合的用力焦点，是核心中的核心。许多人步法移动不够灵活，究其原因多是因为站位时两腿之间的距离太大，致使身体重心总是压在两腿之间，像法国的"埃菲尔铁塔"戳在那里，重心不能彻底移到一侧腿上，两条腿都被半个身体重心压住，不能自由运动，步法移动不起来，自然无法保证合理的用力击球。相反，也有人移动时看起来很灵活，但是东倒西歪，无法控制身体重心的稳定性，同样不能保证合理的用力击球。这两种极端的表现都是移动击球时重心交换出了问题。

解决的办法：除了调整站位时两腿之间的距离外，还要掌握好在击球过程中身体重心从持拍一侧的腿上转移交换到另一侧腿上这个动作的用力时间。一个重要的方法是，教会他们在击球瞬间能够将不持拍一侧的腿抬起来，让脚稍微离开地面——体会重心在持拍一侧腿上蹬地用力旋转躯干的感觉。

案例15：无谓失误，失在重心

有一次我临时接手一位教练员的训练工作，在一批生气勃勃的男孩中，小李是其中一个比较突出的孩子。可能是因为当时的状态不错，他练起球来非常放得开，经常看到一些难度较大的球他也打上了。但是放得开也带来了另一方面的表现，就是无谓失误比较多，特别是扣杀机会球时的失误较多。见到这种情况后，我在想：如果没有机会给你，说明对手水平高，但是机会到来时你却抓不住，只能说明你出毛病了。毛病在哪里？经过仔细观察，发现毛病出在重心上。由于状态好，手上有数，于是他就不太在意击球时的步法移动，经常会出现移动中身体重心交换不完全的现象，许多失误都是在身体晃动、重心不稳时勉强击球造成的。分析原因，是由于在击球前瞬间身体重心没有完全转移到持拍一侧的右腿上，因此影响了右腿充分蹬地—转腰（髋）—迎前击球的协调用力，特别是影响了击球瞬间向前转动髋关节的迎前用力。找到问题的结症后，我决定适当降低他的训练难度，让他先从回击比较简单的来球练起，反复体会击球前的重心完全交换和击球瞬间右腿蹬地用力—转腰（髋）迎前—击球的力量传递过程。经过几次训练他有了正确的用力体验，随后逐渐提高来球难度，帮助他巩固这些体验。问题解决后，他的无谓失误也就大大减少了。

图三-10所示为优秀运动员正手击球时身体重心交换的过程。

① 运动员转腰（髋关节）引拍使身体重心移至右腿

② 击球瞬间，右腿蹬地转腰（髋关节）迎前挥拍用力

③ 球被击出后，身体重心转移到左腿上

图三-10

四、步法也是技术

没有人质疑步法训练的重要性，但是不是所有的人都将步法训练当成技术来抓。最常见的误区是只有在专门的步法训练时才强调步法，而且误认为只有大强度、大范围的步法移动训练才是有效的步法训练，甚至以为只要强调"跑起来！"就算是练了步法，其实这样有"步"没"法"的训练，对体能的提高或许有一定的效果，但是对提高击球技术质量的帮助却不大。因为击球动作是身体各部分相互配合协调一致的肌肉用力行为，手法需要步法保证，步法必须满足手法击球的要求。决不应该总是采取为了练步法而练步法的粗放式训练，而是要把步法当成技术的一部分来精细训练。应该明确，移动步法是以对来球的预先估计和实际判断为依据，以自己准备采用的击球方式为要求，以抢占有力击球位置为目的。为此，步法移动的距离越短，动作越简单，速度越快，与手法配合用力越协调一致，效果就越好。

案例16：不累——也是练步法

前国家队著名教练员马金豹在北京六十六中训练孩子们时很少安排大范围跑动的步法训练，他的多球训练经常安排的是在半个球台范围内的台内球挑打和半出台球的拉冲。有人说跟他训练练不到步法，因为这样的多球训练没有强度，但是他却说：不累，也是练步法，而且是在练精准的"高级步法"。仔细观察他的训练要求，我发现他对孩子们根据来球长短移动位置的要求非常细致，而且特别强调这种在小范围内的移动中身体各部位用力的整体配合。其实在他看来，只有过了前后精准移动这一关，打好了台内球和半出台球，才可能会遇到离台大范围跑动击球的状况。而且孩子们第一板用力动作协调，上手质量高，接下来的跑动更多的都是在掌握了主动局面情况下的移动，这样的移动必然相对轻松。反之，上手不主动，即使大范围的移动练得再多，接下来也必定要面对被动局面下的追球跑，可以想象，即使体能练得再好，也经不起这样的消耗。

五、步法的用力技术

虽然步法移动的方法是多种多样的，但由于打法的不同，运用的方法也各异。在连续击球的过程中，各种步法还要交替运用。但是各种移动方法又都是下肢肌肉的用力行为，因此它们也有共同的用力技术要求。

(一) 起动是步法移动的关键——小腿用力的技术动作

乒乓球运动的特点是快速多变，因此对不同来球的正确判断和向不同方向、位置的及时移动，是准确击球的重要前提，要做到这种及时移动，关键就是能及时向不同方向起动，因此重视起动步法的训练是十分重要的。在学习步法技术时，起动作为连续移动中的连接环节易被忽略，其实即使最简单的步法也不会是旱地拔葱式的移动，都会有从相对静止到迅速移动的起动过程。

起动，主要是依靠小腿与脚掌在踝关节附近的肌肉群迅速用力蹬地来完成，表现在每次击球间隙中必须有弹性的小碎步移动，才能使步法起动得及时、敏捷。因此在步法移动和击球过程中，应当保持前脚掌着地，两膝自然弯曲，使下肢具有较好的弹性；上体保持一定的前倾并收腹，以保持较好的击球距离和重心控制，随时再次灵活地起动。在学习起动步法时应该注重小腿肌肉的锻炼，并应反复体会小腿肌肉群的用力感觉。

(二) 重心交换是步法移动的核心——大腿用力的技术动作

步法移动的主要方式是：一侧脚用力蹬地，使承受身体重心的一侧膝关节由弯曲到蹬直，从而推动髋关节将身体重心转移到另一侧脚上，使维持身体平衡的另一侧腿的膝关节弯曲，这就是重心交换。乒乓球的步法就是通过这样循环反复不断地交换身体重心进行的，击球前移动发力的过程需要身体重心及时交换，击球后身体重心再行交换还原，准备连续击球也要身体重心及时交换。因此说乒乓球运动步法移动的核心是重心交换。不论采用何种击球动作，移动脚步时，身体重心一定紧密跟随。发力击球时也离不开身体重心的交换，是在身体重心被一侧脚蹬转到另一脚的过程中，通过重心交换将能量传递到击球来实现的。发力结束时，承担重心的支撑脚应及时向发力的相反方向蹬地，以便身体重心迅速还原到两脚之间。只有迅速、灵活地重心交换，才能保证击球用力时身体重心的平衡与支撑稳定有力，同时只有迅速、灵活的重心交换才能保证击球的连续性。

重心交换是伴随着每一次击球过程完成的，因此重心交换应该是击球用力的一部分。但是这一用力的特点是以身体重心为轴，通过转腰用力来实现的。通常的方法是：击球前，以一只腿为轴心转腰带动引拍向后移动储能，同时身体重心移到持拍一侧的腿上；击球瞬间，转腰迎前推动挥拍向前用力；击球完成时，随着转腰带动挥拍的惯性，持拍一侧腿蹬地将身体重心交换到另一侧腿上。重心交换主要是依靠大腿发力通过膝关节以脚用力蹬地来完成的。确切地说，重心交换的技术动作是靠大腿肌肉群为主的用力行为来实现的，只有这样才能保持身体在大范围移动中击球的稳定性。因此提高大腿肌肉群的力量，对正在发育的青少年来说十分重要。在学习重心交换技术动作时，更要深入体会大腿肌肉用力推动身体重心交换的过程中是如何将蹬地的力量传递到击球瞬间的。

（三）膝关节弯曲储备能量是移动中击球的主要能源

仔细观察步法移动的主要用力方式是：膝关节弯曲，然后通过脚用力蹬地，使膝关节伸直，将蹬地的力量通过髋关节传递到击球。因此膝关节的用力动作是步法移动，也是整个击球用力的主要能量储备和释放的来源。击球的最基本的用力支点是脚蹬的地面，如果蹬地无力必然直接影响击球用力，因此膝关节的弯曲与伸直动作是衔接步法与手法的重要环节，也是击球用力的能量储备与释放的过程。

膝关节弯曲与蹬地的方向直接影响击球用力的方向，必须根据来球的需要来弯曲与蹬直。由于绝大多数击球是以向前为主的用力，因此都是一侧膝关节弯曲承受身体重心储备能量，另一侧维持身体平衡，准备身体重心平稳转移。特别需要注意的是在学习掌握膝关节用力技术动作时，应该避免双膝同时弯曲和双脚同时蹬地，这样会使身体重心向上蹿，影响向前的协调用力。

（四）通过转腰协调腿、脚、手的用力配合

在连续击球的步法移动中，应该根据击球过程的不同阶段，通过转腰协调腿、脚、手的配合用力。以侧身右手正手击球为例：

击球前，右小腿先用力、脚掌蹬地——起动，随即膝关节弯曲，重心移至左腿时迅速向后转腰（髋关节）——带动引拍，同时蹬地移动重心到侧身的合适击球位置，特别注意蹬地移动中须由转腰带动引拍动作的时间顺序。

击球中，将身体重心移至右腿使持拍一侧膝关节处弯曲——储能，随即迅速蹬地转腰（髋关节）用力迎前击球——释放能量与手臂协调用力击球，然后移动重心至另一侧膝关节处，特别注意击球用力瞬间的全过程应该在身体重心落在持拍一侧的大腿的蹬地转腰用力过程中完成。

击球后，大腿完成重心交换后迅速以小腿用力、脚掌蹬地——随即转腰调整身体重心再次起动、膝关节处弯曲，再次用力蹬地——移动身体重心到新的合适的击球位置，转腰引拍准备再次击球。

由此我们可以看出"转腰"的用力不仅能够带给手臂在击球过程中以能量，而且

还能与蹬地力量配合带动腿脚做身体重心与身体位置的调整，协调手臂动作与步法移动的用力。可见抓住转腰这一重要环节可以将步法和手法衔接成为一个协同动作的整体。

案例17："后转"找位、"前转"迎击

在定点来球的训练中小王已经学会了击球前将身体重心转移到右腿，然后利用转腰的力量正手攻球，可是来球落点稍有变化，她就无法做出协调的动作。经过观察，我发现了她的问题——没有利用转腰协调身体的重心交换和挥拍击球。于是我要求她在向后转腰做引拍动作时先将身体重心移至左腿，此时不仅可以利用左腿为轴心支点充分转腰，而且可以抬起右脚移动步法，根据来球寻找合适的击球位置。当右脚移至合适的击球位置时，随即将身体重心移至右腿，并以右腿为轴心支点转腰迎前挥拍击球，然后再次利用起动步法，根据下一次的来球重复做"后转"找位、"前转"迎击的动作。小王尝试着做了几次就做出了移动找球、转腰发力的协调击球动作，她惊喜地说："原来可以将重心放在左腿上转腰引拍呀！"我告诉她"转腰"必须在身体重心处找到轴心支点才能充分转动，而移动步法必须交换身体重心，两者的协调运用自然是一个先将身体重心移至一条腿上，并以此为轴心支点向后转腰——"后转"引拍，随即抬起另一只腿"移动"找位，再到身体重心转移至另一条腿上，同时以此为轴心支点做向前转腰——"前转"迎击来球的动作过程。

六、乒乓球步法介绍

乒乓球基本步法包括单步、跨步、跳步、交叉步、垫步等几种，下面分别加以介绍。

（一）单步（图三-11）

单步具有移动简单、灵活、重心平稳等特点，一般用在来球距离身体较近时，特别是回击近网短球、削球接近身来球时。

单步的移动方法是：以远离来球的一脚的前脚掌为轴，做一小垫步蹬地起动，另一脚向前或斜前方或侧后方移动一步，重心跟进落在移动脚的膝关节处。

（二）跨步（图三-12）

跨步多用于来球距离身体稍远且速度较快，采用单步不能取得合适的击球位置时。

跨步的动作要领：以远离来球的一脚的前脚掌做一小垫步蹬地起动，靠近来球方向的一脚向来球方向迅速跨出一大步，重心跟进落在跨步脚的膝关节处，同时为防止跨步后失去重心，蹬地脚应随后跟上半步或一小步。

跨步速度快移动范围较大，比较适合打借力球，通常在运用近台防御技术如快带、快拨、反撕等时运用。

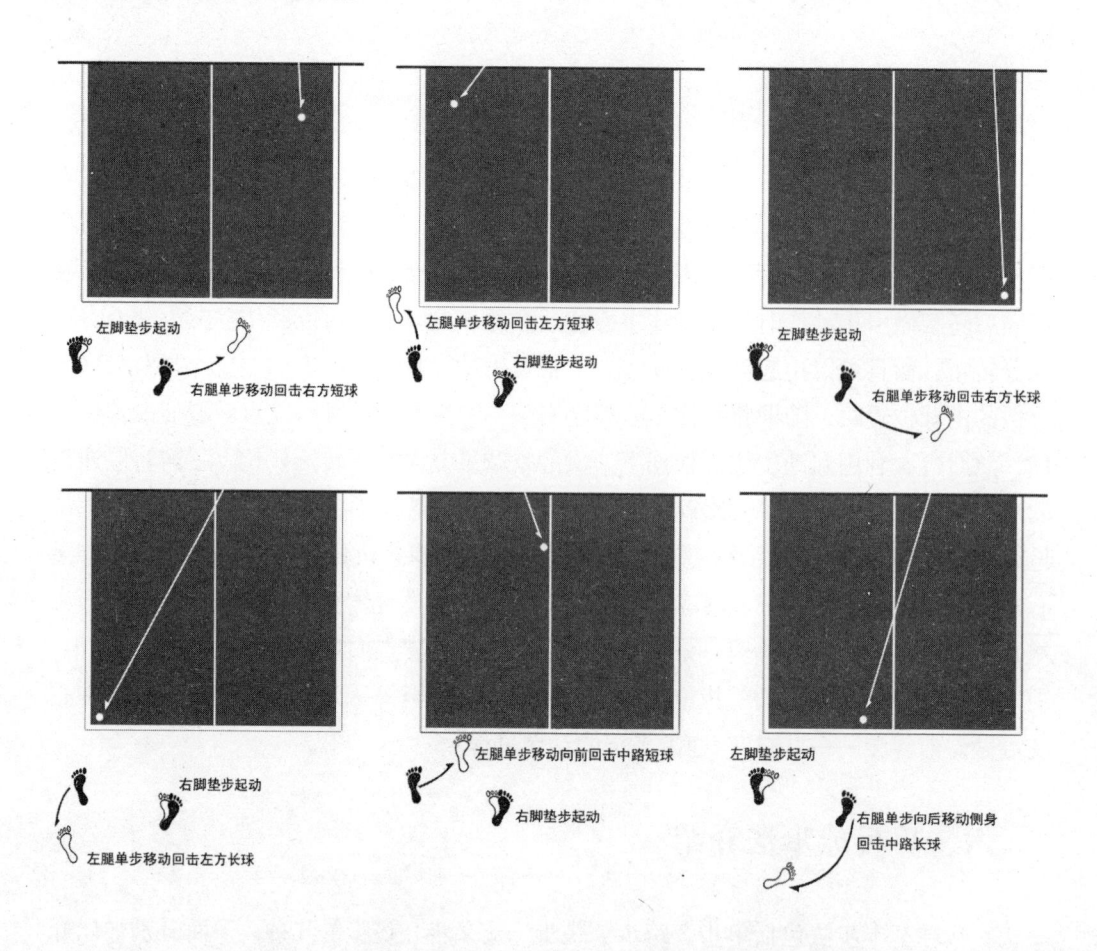

图三-11　单步移动

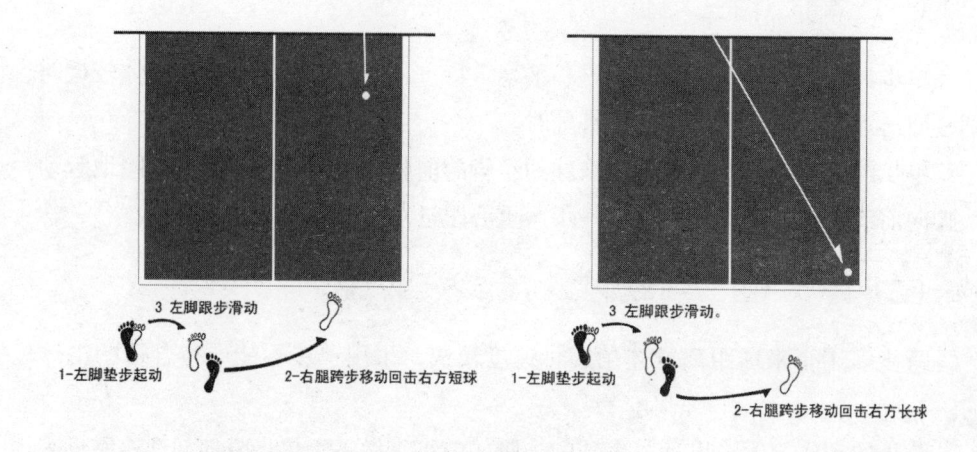

图三-12　跨步移动

(三) 跳步（图三-13）

跳步又称并步，多用于来球距离身体较远，但速度不是很快，需要自主发力击球时。采用跳步移动击球有利于保持发力击球时身体的稳定性，一般进攻或削球手在左右移动中经常运用，如正手移动中连续攻或拉、正反手连续对攻、左推右攻、小范围内正反手削的结合等。

跳步的动作要领：以远离来球的一脚向来球的方向用力蹬地，使身体重心迅速转移另一脚后，两脚同时离地向左或右移动，蹬地一脚先落地，另一脚跟着落地站稳，支撑身体重心。需要注意的是，一定要利用蹬地腿的力量通过髋关节传递作用于击球。

跳步移动的特点是，身体不腾空，重心起伏小，较稳定，适合连续攻球。跳步移动范围较跨步略大，但是速度不如跨步快。在连续击球时，它经常和跨步结合运用。如往右移动则先用跨步，接着往左移动时用跳步。

还有一种步法与跳步相似，比跳步移动略快，重心更稳，身体起伏不大，上下肢发力要比跨步协调，但是比跳步移动范围略小，可在连续进攻或削中接突时运用。

具体的方法是：远离来球方向的一脚向来球方向迅速蹬地起动，先并一小步，同时另一脚跨出一大步，重心迅速通过两脚向来球方向转移。通常把这种介于跳步与跨步之间的步法也称为跨跳步。

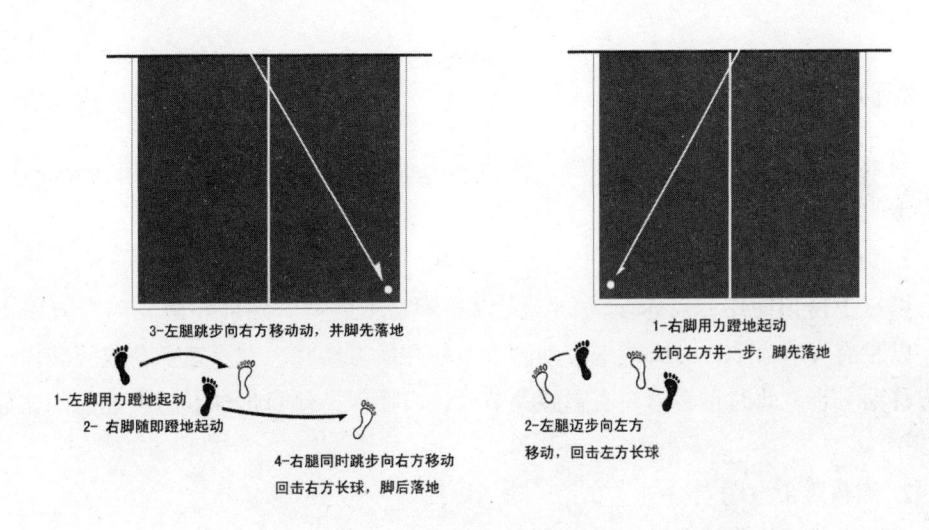

图三-13 跳步移动

(四) 交叉步（图三-14）

来球距离身体较远，采用跨步或跳步仍不能取得合适的击球位置时，可运用交叉步。交叉步移动范围大，有利于击球瞬间全身力量的发挥，因此侧身攻后扑打右方大角度球、离台大范围移动中对拉或大力抽杀时常用，削球手在接两大角球时也偶尔使用。

交叉步动作要领：离球近的一脚的前脚掌做一小垫步起动身体重心向来球方向蹬地，远离来球的一脚经身前向左或右与另一脚交叉跨出一大步。注意运用蹬地腿的作用力，推动身体腾空瞬间转腰（髋关节）迎击来球，之后另一脚再跟着跨出一小步，以维持身体重心平衡，使重心保持在先跨出的腿上。

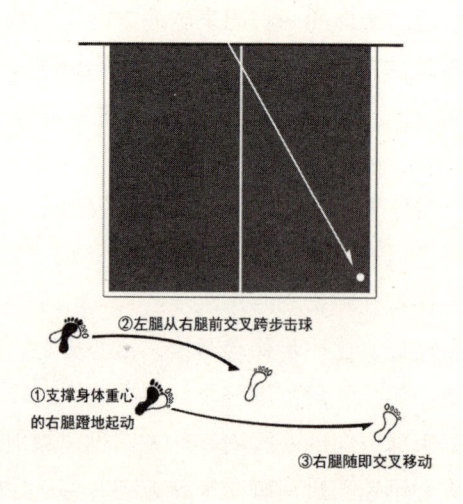

图 3-14 交叉步移动

（五）侧身步法

当来球落点处于自己反手一侧，决定采用正手主动进攻时，可运用侧身步让位。侧身步的走动方式有以下三种：

1. 侧身跨步（图三-15）

以右手持拍使用侧身跨步为例，先以右脚垫步起动，随即左脚先向左方跨出一步，以左前脚掌为轴，右脚蹬地推动髋关节向左后方转腰，并迅速随着收腹转体向左后方移动一步。此时重心落在右腿膝关节处，以便保持侧身击球右腿蹬地前的充分储能。

2. 侧身跳步（图三-16）

以右手持拍使用侧身跳步为例，先以右脚向右方蹬地，同时推动髋关节向左后方转腰，并在身体重心迅速通过左脚后，两脚同时离地向左侧跳开。此时腰、髋同时向左后方扭转让位，身体重心转至右腿膝关节处，以便保持侧身击球右腿蹬地前的充分储能。

3. 侧身后交叉步（图三-17）

以右手持拍使用后交叉步为例，先以右脚经身后向左脚后方与左脚交叉移动一步，左脚再向左斜前方移动一小步。注意在右脚向左后方移动后，左脚应根据来球的长短进行适当的调整。遇长球时，左脚往左横向移动；遇短球时，左脚往左前方跟进步法到位后，两脚的位置应左脚稍前、右脚稍后。击球前身体重心应尽量落在右脚上，以便保持击球瞬间右腿蹬地的力量即时作用于球。

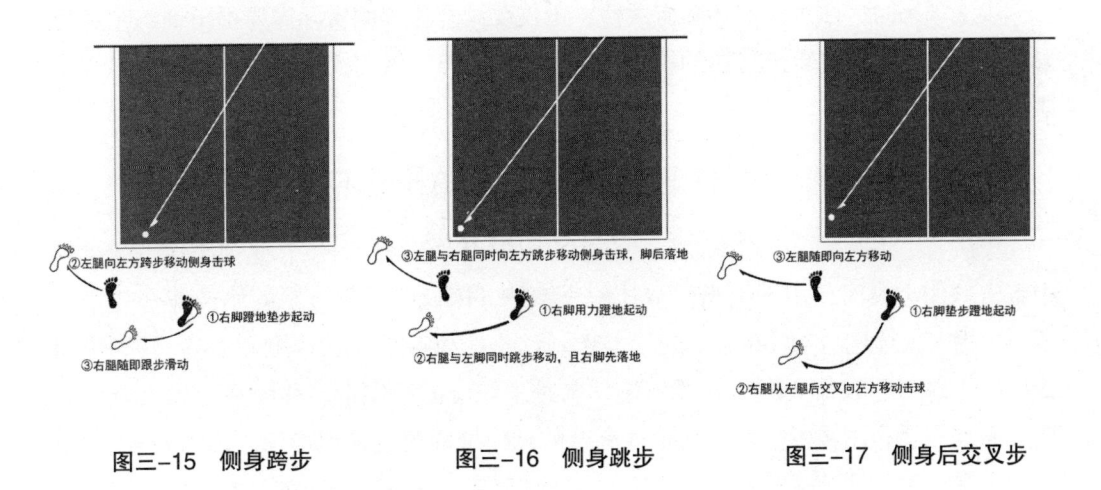

图三-15　侧身跨步　　　图三-16　侧身跳步　　　图三-17　侧身后交叉步

（六）垫步

垫步又称小碎步，极少单独运用，它经常结合一种步法或在两种步法之间结合运用，主要用于调整击球后的身体重心，起动再一次击球的移动步法。垫步是一种很重要的步法，步法好的运动员都很善于运用垫步起动身体重心，调整击球位置，衔接下一次击球。它也常用于削球运动员由远台削球后回接短球时。垫步的使用方法主要有以下几种：

1. 以右手持拍起动身体重心回接右方台内短发球使用垫步为例：左脚单脚跳动一小步或原地跳动一小步（垫步），随即向来球方向蹬地起动身体重心，同时右腿抬起向来球的方向跨出一大步插入台内，并将身体重心移至右腿膝关节处，随即用挑打或摆短等方法回接来球。

2. 以右手持拍削球后回接短球使用垫步为例：左脚先向前跨一步，身体重心迅速落到左脚，随即左脚蹬地，往前单脚跳动一小步（垫步），右脚迅速向前跨出一大步插入台内，并使身体重心落在右前脚掌上，随即回击台内短球。

3. 以右手持拍侧身进攻后迅速衔接扑正手连续进攻使用垫步为例：侧身进攻后，此时身体重心已经完全落在左腿上，随即左脚蹬地向右方单脚跳动一小步（垫步），然后根据来球与身体的距离，移动右脚衔接跳步或交叉步完成正手连续进攻。

4. 以右手持拍扑杀正手大角度来球后衔接连续击球使用垫步为例：右脚先向前跨一小步，随即向来球方向蹬地；左脚根据来球与身体的距离，迅速抬腿在身前跨一步与右脚交叉，及时利用右腿蹬地转腰的力量击球，身体重心随即迅速落到左腿上，此时右脚随即向右跨出维持身体平衡；然后以左脚蹬地，往前单脚跳一小步（垫步），右脚迅速向前跨一步，使身体重心落到右前脚掌上准备下一次击球。

七、步法训练应该注意的问题

步法训练时应注意实用性和有效性，不仅要结合比赛的实际需要提出训练步法的要求，而且还要结合自己打法的特点提出训练的重点、做出安排和提出要求，以求实用和有效。

（一）转腰（髋）是腿、腰、手协调配合的核心环节

步法与手法既是一个击球动作的两个不同的用力组成部分，又是一个在击球过程中将击球用力及时作用于来球的整体配合系统，因此腿、腰、手的协调配合非常重要。根据对人体用力顺序的认识，下肢蹬地移步推动躯体—躯干（髋关节）转动带动四肢。击球时不仅需要利用转腰（髋）与蹬地配合的动作带动移腿和引拍手臂的方向，而且需要利用转腰（髋）与蹬地配合的动作推动迎前挥拍击球。因此转腰（髋）是腿、腰、手三者协调用力的核心环节。移动时要特别注意动作的时间顺序，即移动的同时转腰（髋），甚至先利用转腰（髋）带动手、腿的移动方向。

（二）在重心支点上完成击球瞬间的用力

步法移动的目的是为了有效击球，因此必须注意移动中下肢对击球用力的作用。例如：右手持拍的正手攻球瞬间，一般应该以右脚作为支点——蹬地转腰（髋）完成击球瞬间的用力；侧身攻斜线虽然可以使身体大幅度向左让位移动，但是完成瞬间用力的支点仍然在右腿蹬地至右侧髋关节处；侧身攻直线时，完成瞬间用的力支点也应该放在右脚等等。

（三）调整位置，舒服击球

步法移动基本到位后，应该注意运用膝关节的弯曲和髋关节的转动，调整到更加合适的击球位置，使上肢能协调发力击球。虽然说击球前应该使身体重心保持在两脚之间灵活移动，但是在这个范围内必须随时调整重心的位置，使自己做出更加舒服的击球动作。

（四）防止失去重心

步法移动中应该尽量避免失去重心，所谓失去重心是指因步法移动中重心移动过头，使身体失去平衡或很难还原连续击球。应该注意在步法移动过程中，头部的位置尽量不要超过脚尖的位置，使身体重心保持在两脚蹬地可以控制的范围内。

乒乓球的落点变化很多，因此必须通过不断的训练，以达到既能熟练掌握各种步法的运用方法，又会根据不同落点的来球灵活地综合运用各种步法。这就要求在步法训练中始终注视对方的击球动作，特别要学会用眼睛盯住对方球拍触球时的动作，只

有这样才能做到当来球还处在对方台面上空时，就已经判断清楚来球的方向和落点，从而有较多的时间移动步法，从容地进行回击。

第三章　从握拍用力入手——优化技术

经常听人说要学习掌握"规范"的技术动作，其实这种提法不完全正确。因为即使是优秀运动员，他们的动作特点也不都一样，但却都有自己的合理性。有句话说学谁像谁不是谁，因此追求动作的合理性才是正确的选择。所谓合理动作，不仅要符合一般的击球原理，而且要适合每个人的自身特点。所以在追求各自动作合理性的过程中，必须注重对细节的研究，通过对细节合理性的改进，挖掘运动员的潜力，提高竞技实力。

一、握拍与触球用力是优化技术的重要细节

案例18：改进握拍细节，提高进攻威力

第11届全国中学生运动会的前两个月，黄石举行的甲C全国乒乓球俱乐部比赛是我们检验队伍、选拔报名队员的比赛。比赛中我发现，我们队的小李发挥得很失常。主要是他的正手进攻出现了很大问题，不仅杀伤力下降，而且在大力击球时丢失了驾驭球的感觉。整个十几场比赛下来，不但输多赢少，而且越打越没有信心。用他自己的话说："越打越不会打，都不想打球了！"可是我们面临全国中学生运动会，作为主力运动员的小李还是这种状态，让人十分担心。据了解，造成这一状态的起因是改进握拍法。前段时间小李为了尝试更灵活的击球，在训练中改变了自己的握拍法——将球拍握得更浅，结果出现了握拍不稳，击球用力失去控制的现象。起初大家认为都是浅握惹的祸，可是小李变回所谓较深的握拍法后，依然找不回原来的感觉。可见问题的关键不在于浅握还是深握，而是握拍技术的细节出了问题。训练已经进入最后的冲刺阶段了，经过连续几天的仔细观察，我终于找到了他握拍技术的关键问题——拍柄背面靠在食指根部的位置偏离了支点。这是由于他在调整握拍深浅的过程中，不经意地将拍柄背面贴靠在食指根部的位置向内偏离了几度，致使拍柄的背面靠在了食指根部接近虎口的柔软部位。由于较柔软的虎口部分不能扎实地支撑拍柄背面，致使拍柄失去了稳定的支点，不仅在发力进攻时拍形控制不稳，而且在调节拍形角度时，也失去了及时、精细的用力感觉。找到了握拍上的问题，我们立即对小李握拍技术的这一细节做了改进，让他将握拍角度略作调整，将拍柄的背部紧靠食指根部

关节的较硬部位。调整后，他很快就找回了击球用力的良好感觉，竞技状态也逐渐恢复了。在此后举行的全国中学生运动会上，为北京队最终夺得男子团体冠军立下了头功；紧接着他又在济南举行的全国中学生乒乓球锦标赛上过关斩将，以全胜的成绩获得了男子初中组单打第一名。由此可见，技术细节的合理性可以直接影响击球质量，因此找到影响运动员击球质量的细节技术，改进或提高其合理性，可以直接优化运动员的技术。

案例19：改变手指用力的细节，练好背面进攻

一次训练课上，我发现小刘表现得十分烦躁，因为他在练习直拍背面攻时，总是控制不住球。主管他的教练员不时地劝他冷静下来想想，但是他听不进去。面对他那不可控制的情绪，惹得在旁边观看的家长恨不能上前踹他两脚。见到这种情况，我上前要他打几下给我看看。经过观察，我发现他在击球瞬间是用手腕发力，因手腕甩动导致持球拍晃动，无法控制拍形角度和准确的触球部位，进而失去了对击球弧线的控制。于是我告诉他：击球时手腕应该控制好拍形角度，对准击球部位；击球瞬间要靠中指用力摩擦来球，根据需要调节弧线。他照我的要求去做了，果然找到了击球控制的感觉。球打顺了，情绪也就稳定了。整堂课下来，越练越好，这正是：技术顺了，带动情绪好了；情绪好了，出手更加果断，球打得更好。由此可见，细节的改进，不仅能解决技术问题，而且还能解决状态问题。后来小刘因为具有突出的直拍背面进攻特色而被选入北京乒乓球队。

案例20：学习拧拍用力，提高摩擦力

小曹是个打直拍的选手，他的拉球动作中规中矩，只是缺少摩擦球的爆发力——旋转不强，人们一再提醒他用力摩擦，他也注意了在击球瞬间手指、手腕的用力，可是一直缺少触球瞬间的摩擦速度。经过仔细观察，我发现他只是在出手击球时才加速手指摩擦的用力动作，而在挥臂向后引拍时，球拍一直被握得非常呆板，没有细微的手指拧拍动作。因此我建议他在引拍击球之前，利用中指将球拍的拍头向击球用力相反的方向拧一下，随即迎前摩擦拉球。他试了几下，高兴地告诉我说有感觉了，大家见他一直没有解决的拉球问题有了明显的改进，都为他的进步感到高兴。为什么一个手指拧拍的细节动作居然解决了长期困扰他的问题？原因很简单，击球摩擦需要手指的用力，但是因为击球前的握拍过于呆板，致使摩擦球之前手指肌肉没有拧拍的拉伸动作，因此相关肌肉无法产生拉伸后的牵张反射作用，击球瞬间爆发力不足，拉球自然不转。

案例21：调整触拍点，提高控球能力

在一次训练课上，小李与小苗在练双打的发球与接发球，他们这对双打即将代表北京参加在上海举行的全国中学生运动会。此时小李发短球，要求小苗用搓球摆短的

方法回接。练了一会儿，发球的小李总觉得小苗接发球的控球不稳，甚至觉得他击球发出的声音都与自己有点不一样，于是他向我提出了这个疑问。因为小李搓球摆短的技术明显好于小苗，于是我让小李摆几个短球给我看看，然后再让小苗搓球摆短。经过对比观察，我发现小李搓球摆短时使用球拍的前端触球摩擦，而小苗却经常使用球拍靠近手握部位的中后段触球，这样一来不仅他的出手不如小李快速，摩擦用力也不够集中，由于击球接触球拍的部位不同，发出的声音当然也有差别。所幸这点细微的声音差别被细心的小李察觉到了，进而使我们发现了小苗搓球摆短不如小李的原因。经过调整，小苗开始改用球拍的前半部分搓球摆短后，击球效果随即有了明显提高。

案例22：球拍要略低于来球

小苗对台上拧接发球的技术总是掌握不好，虽然从他的动作结构上也看不出有多少问题，但是经常出现的无谓失误让我们必须下决心找到原因。经过观察发现，小苗在触球瞬间的球拍位置不稳定，有时拍头横摆，球拍位置在球的后面；有时拍头的位置又转到球的后上方。正确的做法应该是在触球前的瞬间球拍的位置略低于来球。于是我将这一改进要求告诉了小苗，经过几番尝试与调整，他掌握了在击球前瞬间保持正确球拍位置的技术要领，拧球的稳定性大大提高。

上述细节有的发生在握拍法上，有的发生在手指用力上，还有的发生在球拍用力与触球点或球拍用力与来球位置的关系上。总之，这些都是细节问题，只有通过仔细观察才能发现。教练员应该主动发现这些问题，及时提出明确的改进要求，帮助孩子们迅速优化他们的技术。否则等待他们自己感悟不仅浪费时间，而且极有可能耽误了一批孩子们的成功。

二、合理的握拍方法与用力

握拍方法与击球动作有密切关系，每个击球动作都是由手臂、手腕和手指相互配合用力完成的，因此可以说有什么样的握拍就会有什么样的动作，握拍方法影响技术，握拍用力影响手感，较好的握拍方法与正确的用力技巧既要适合自己的打法特点，又要有利于手臂、手腕和手指的灵活运用。

世界上流行的握拍方法主要分为直握拍和横握拍两种，在这两种握拍法中，又由于打法特点不同而在具体握法与用力技巧上有所差别：直拍的握法手指运用得较多，所以要比横拍灵活，因此直握拍在发球变化、处理台内小球和近身球方面较横握拍容易；横拍的握法手指、手掌接触拍柄、拍面的面积较大，因此握拍比较稳定，大力击球较为容易，控球范围也较大，特别是反手击球的威力大于直拍。值得注意的是随着现代弧圈球和快攻技、战术的发展，直拍握法为了提高回接弧圈球的稳定性，有将球拍握得更深、更紧的趋势，而横拍握法为了提高发球与台内球的灵活变化性，多数运动员都将球拍握得较浅、较松。

（一）直拍的握法

直拍近台快攻是我国的传统，容国团、庄则栋、郗恩庭、郭跃华、江嘉良、刘国梁、马琳、王皓等诸多直拍中的佼佼者，都曾登上过代表着世界乒乓球运动个人最高水平的领奖台。过去直拍的握法大体上可以分为三种，即快攻、弧圈和削球握法。随着现代乒乓球运动发展，弧圈与快攻已经密不可分了，直拍削球的打法由于难度太大，已经很少再有人打了，而作为直拍的创新技术背面攻球对直拍的握法和用力技巧又提出了新的要求。

1. 直拍快攻的握拍法

适合直拍快攻型打法的正确握拍法，要求手指能够灵活地变化拍形角度，敏锐地调整用力方向和用力方法，同时还能稳定地保持拍形，发力击球。直握拍需要拇指、食指和中指三个着力点协调用力，拍柄背面贴靠虎口的食指根部，这是上述手指用力的支点，几个点协调地用力才能灵活调节和控制球拍的拍形角度，变化用力方向和用力方法。如图三-18所示：正确的方法是拇指的第一指节压住球拍的左肩；食指自然弯曲，以第二指节压住球拍的右肩；拇指与食指之间距离约2厘米；拍柄背面贴靠在食指根部的第三指节处下端；中指自然弯曲，第一指节侧面顶在球板背面三分之一处，另外二指重叠在中指上。

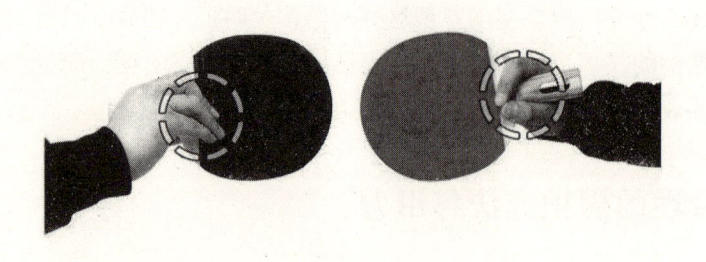

图三-18

这种握拍法手腕比较灵活，可以在发球时利用手腕动作发出动作相似而旋转、落点不同的球，也可以很灵活地打出斜、直线球，对台内球的处理也比较有利。由反手位用反手击球后进行侧身正手攻球时，由于通常都用球拍正面击球，因此有利于正、反手两个技术动作的迅速协调结合。对中路追身球，手腕可以自然下垂，通过手腕来调节拍形，对来球进行合理的回击。

用这种握拍法进行正手攻球时，拇指压拍与中指顶拍，两指协调用力控制拍形（食指相对放松），以便在瞬间使击球用力通过中指尖—球拍背面—球拍击球部位作用于来球。

进行反手攻球或推挡球时，食指压拍和中指顶拍，两指协调用力控制拍形（拇指相对放松）。击球用力通过中指第一指节的侧面—球拍背面—球拍击球部位作用于来球，但要记住：无论哪一个手指用力，另一个辅助的手指都不要离开拍肩。

进行反手背面攻球时，拇指压拍与中指协调用力控制拍形，食指相对放松，中指尖紧靠球拍背面，击球用力通过中指第一指节—球拍背面—球拍背面击球部位作用于来球，通过中指用力带动球拍摩擦击球。

击球用力时（包括正、反手击球），总是通过中指传递瞬间的用力至球拍击球部位，并通过中指用力方向、用力大小和用力方法的差别调节和驾驭来球，而拇指和食指的功能是灵活调节拍形角度，击球瞬间保持拍形稳定。

有些人在握拍时拇指与食指间的距离较大（俗称大钳式），这种握法能够有效保持球拍稳定，利于上臂和前臂的集中发力，因此对中、远台攻球，正手攻球和扣杀比较有力。但是，由于拇指与食指间的距离较大，握拍较深，对调节拍形角度灵活变化击球有一定的影响，对处理台内球、加转下旋球、推挡球和追身球也比较困难。应该说，由于弧圈球已经成为当前非常普遍的技术，这种大钳式的握法对于回击弧圈球较为有利，前世界冠军谢赛克就是一位对付加转弧圈球的高手，他的握拍较深，拇指离食指较远，拍柄背面贴靠的位置偏向食指的第三指节，这样的握法使拇指、食指、中指和食指根部四个控拍触点之间距离相对较远，使他回击弧圈球时用力非常集中和稳定。为了弥补推挡拍形前倾不足和进攻下旋球技术的弱点，他采用反手位高手推下旋和正手拉正胶小弧圈球回击对方加转下旋长球的办法，曾使传统的正胶近台快攻打法在弧圈球时代打出了一段新意。

有些人在握拍时拇指与食指间的距离较小，这种握法握得较浅，主要依靠拇指和食指的第一指节压住球拍的左、右两肩，以中指的第一指节左侧顶住球拍背面，无名指辅助用力。这种握拍法多为传统的两面攻选手采用，其优点是反手攻球时，提起前臂后拍头略朝上，有利于反手高压击球，使打出的球快速有力。这种握拍法由于引拍时拍形下垂，因此在进攻中路追身球时比较容易；由于拇指与食指之间距离较小，手腕比较灵活，因此易于处理台内球，对突击加转下旋球也较好。其缺点是对正手离身球因拍形下垂而难以高压击球。同时手腕比较灵活，拍形不易稳定，这样一来对回击强烈上旋的弧圈球比较困难。还有一些以快速变化进攻为主打法的选手采用这种较浅的握拍法，因为他们使用一面长胶和另一面反胶的球拍，并且经常转换拍面击球，采用较浅的握拍法有利于快速、灵活地转换拍面。

2. 直拍弧圈型握拍法

直拍弧圈型的握拍法与快攻型的握法基本相同，但是在正手拉弧圈球时，中指和无名指略微伸直（不是完全伸直，仍有一些弯曲），以利于击球时充分发挥中指的力量摩擦球（图三-19）。

图三-19

有一种日本方形直拍的握法是

拇指贴在球拍左侧，食指轻轻扣住拍柄，形成一个小环状。中指和无名指较直地以第一指节托住球拍背面，小指自然紧贴在无名指之下（图三-20）。

这种握拍法，很自然地将手臂、手腕和球拍连成一条线，拍呈横状，扩大了右半台的照顾范围。在正手拉弧圈球和扣杀时，容易发挥手臂的力量。正、反手结合运用时，主要靠前臂带动手腕做回旋动作。缺点是手腕不够灵活，处理快攻球、台内球、追身球及反手近台球比较困难。

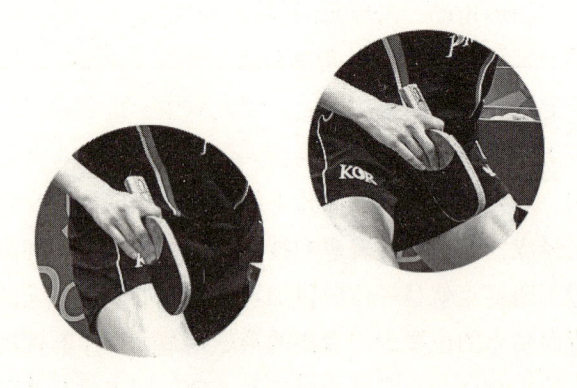

图三-20

3. 直拍握法手指用力的关键要点

直拍握法是五个手指都要运用，缺一不可，前面手指主要用于调整拍形和转换回击方式，但是如果缺少后面三个手指的支撑，回击球的质量和控制球将受很大的影响，会出现拍子乱晃，发力不集中，拍形调整不灵活，发力、加转困难等现象。

如图三-21所示，直拍握拍法的拇指①、食指③用力作用主要是为了调节、变化拍形角度，而中指是实现击球用力作用于球的关键。仔细观察就会发现，几乎所有的直拍优秀运动员球拍的背面，都被中指④顶得深深地凹了进去，甚至将表面的木层都磨穿了，由此可见中指的用力是多么重要。为此直握拍时一定要注意避免中指顶拍的位置与拇指压拍的位置过于接近，否则会造成两指用力互相抵消，影响手指之间的协调配合，

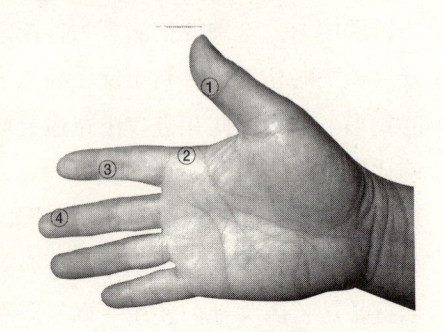

图三-21

妨碍击球时的灵活用力，降低击球用力时的手感。同时，为了保证握拍用力支点的受力敏锐性，背面拍柄应靠在虎口与食指根部关节上②，而不能将拍柄靠在虎口中间，免得使整个虎口把拍柄握死，影响灵活调节。

（二）横拍的握法

横拍一向是欧洲的传统握法，上世纪70年代以前，防守型（包括攻守结合型）的横拍是主流，他们大多数人采取深握法。我国的王志良、林慧卿、郑敏芝等，后来

有梁戈亮、黄亮、陆元盛、陈新华、童玲、丁松等都曾获得过横拍打法的世界冠军。随着弧圈球攻击技术的普及，如今采用浅握法的进攻型横拍已经成为多数。上世纪70年代以来，我国的滕毅、马文革、王涛、孔令辉等人都是横拍进攻打法的世界冠军，自从孔令辉在第43届世乒赛夺得男子单打世界冠军以后，特别是近年来，我国又涌现了大批的横拍进攻打法的世界冠军，如王励勤、马龙、张继科、邓亚萍、王楠、张怡宁、丁宁、李晓霞等，横拍进攻型打法的优势已经不再仅仅属于欧洲人了。

1. 横拍攻击型握拍法（图三-22）

横拍攻击型打法要求手腕能够比较灵活地调整拍形角度，手指能够敏锐地调整用力方向和用力方法，同时还能稳定地保持拍形，发力击球。一般来说，由于横握拍时手指、手掌接触拍柄、拍面的面积比直拍大，因此握拍稳定性比直拍好，但是灵活性却相对不足。横拍的浅握法在一定程度上提高了调节球拍的灵活性，适应了快速攻球的变化。正确的握法是以中指、无名指和小指自然地握住拍柄，拇指轻贴在球拍正面的中指旁边，食指自然伸直斜贴在球拍的背面，虎口的食指根部轻微贴靠球拍的边缘。

图三-22

这种握法，正手攻球时不仅食指第一指节要用力（也可以将食指略向球拍中部移动，使食指压拍的用力点与球拍正面的击球点离得更近些），而且中指的第二指节也要协助用力，以便及时将击球用力传导到球拍正面瞬间击球的部位。世界冠军邓亚萍的正手进攻技术充分表现了她那凶狠、快速、灵活的鲜明风格，仔细观察她正手猛攻时的握拍法会发现：她的中指也像食指那样斜伸，用第二指节压在食指下方的球拍边缘帮助用力。反手攻球、拉球或快拨时，拇指要用力（也可以将拇指略向球拍中部移动压拍），使击球用力及时通过拇指端内侧传到球拍反面瞬间击球的部位。

浅握法的优点是握拍较松，手腕灵活，对台内球的处理方法较多，既可用拉，也可用撇、摆短等方法回击；进攻时，对低球起板比较容易；左右结合较灵活协调。缺点是上臂、前臂力量较难全部集中到手腕上，因此发力略受影响；削球时，因手腕较活，拍形不易固定，特别是削弧圈球时较难控制。

2. 横板防守型握拍法

削球防守型的横拍握拍较深，深握的优点是握拍较紧，拍形比较固定；进攻时上臂、前臂力量能集中到手腕上，发力比较集中，扣杀球比较有力；削球比较好控制，加转削球有力，旋转强。缺点是由于握法紧，手腕不够灵活；对攻球时左右结合的灵活性稍差一些；处理台内球比较困难；正手贴身球比较难打；削、搓中路靠右的短球比较困难；削转与不转球动作差别较明显，易被对方识破。所以现在许多采用攻削结合的横板运动员，都在根据自己的情况，寻求一种介于浅握与深握之间的中间握法，以求扬长避短。

3. 横拍握法手指用力的关键

如图三-23所示，横板握法的中指③、食指②和拇指①握紧球拍是传递击球力量、调节用力方法的关键，食指的根部关节是反手进攻用力的支点，拇指第一指节是正手进攻用力的支点。轻松握住拍柄的无名指、小指和手掌与握住拍颈、拍面的中指、食指和拇指配合协调用力，灵活改变拍形角度，并保持拍形稳定。要注意避免小指、无名指、中指与手掌过于攥紧拍柄，这样一来会使手臂击球用力传递不够敏锐，调节不够精确，拍形过于灵活而不够稳定，影响击球的准确性，降低击球用力时的手感。

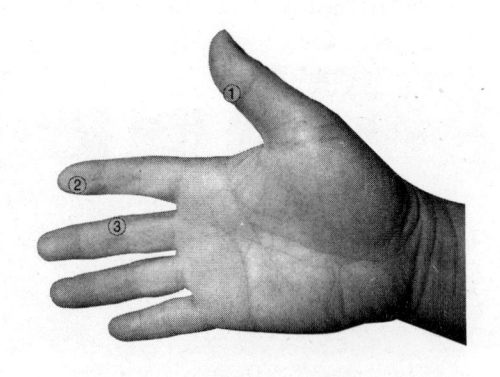

图三-23

第四章　从第一板球入手——提升技术

所谓第一板球包括发球、接发球、或者是进攻台内短球和半出台的下旋球等，这些球都是比赛中一开始必然要遇到的球，是比赛双方在相互控制和反控制过程中必然出现的相对机会球。如果回击这些球的上手质量不高或者失控，必然给自己带来后面的击球困难，甚至引发全线的崩溃。有些运动员，特别是少年儿童运动员喜欢打回合球，他们经常会花大量时间训练对攻或连续攻，但是比赛中几乎没有可能第一板球就轻易进入了对攻或连续进攻，所有的比赛都是从控制与反控制开始。因此提高第一板球上手进攻或控球的击球质量，能够因此获得随之而来的顺利的局面，或者能从被对手控制的被动局面中摆脱出来，回复自己主动的态势，带来后续击球质量的全面提升。重视第一板球的训练，不仅需要在训练安排上设定重点，而且在训练量上也必须充分保证，这一点对基层教练员的日常训练工作来说尤为重要。

案例 23：上手率与得分率

在甲 C 俱乐部的比赛中小苗没有取得预想的成绩，我们通过统计他在比赛中进攻的上手率和成功率发现，他进攻上手的几率远远高于对手（说明对手给他的机会很多），但是得分率却远远低于对手。分析说明他的问题是第一板上手进攻的质量不高，无法将自己创造的机会扩大成为自己的优势战果。于是我们决定从台内球和半出台球入手进行训练，要求他在加强拉球旋转的同时，重点改进击球时间和击球落点，从而达到提高他第一板球的击球质量的目的。

经过这样的观察和分析过程，教练员与孩子们统一了认识，明确了解决问题的切入点，找到了制约小苗技术水平进一步提升的瓶颈。经验告诉我们，用这种方法寻找孩子们的技术发展瓶颈效果很好。通过对第一板球上手率和得分率的分析，可以告诉我们很多有用的信息。例如，上手的机会不多，说明我们的孩子创造机会的能力不足；如果上手机会不少，但是上手后没能发展成为得分胜势，说明孩子的上手质量有待提高；如果上手进攻开始虽然能取得些许相对的主动优势，但是仍然没有变成最终得分，则说明孩子们的连续进攻的功夫实力应该是进一步训练的重点。

图三-24~30 所示为世界优秀运动员的第一板进攻技术。

图三-24
松平健太正手挑打台内球

图三-25
李晓霞正手推挑台内球

图三-26
马龙反手翻挑台内球

图三-27　王皓反手横拉台内球 　　　　图三-28　樊振刚反手拧接台内球

图三-29　柳承敏正手拉冲半出台球 　　图三-30　柳承敏侧身拉冲半出台球

第五章　从结构协调入手——平衡技术

"特长突出，技术全面，没有明显漏洞。"是中国乒乓球长盛不衰的黄金法则。可以说打法结构上出现明显漏洞的人，即使有自己的特长优势技术，但是发展到一定阶段也会因为结构的失衡受到漏洞的制约与拖累，不可能成为顶尖的运动员，在重大比赛中也难以始终保持良好的竞技状态。因此应该从打法的结构入手，平衡各项主辅技术，尽早弥补漏洞，使选手的技术得到均衡发展。

案例 24：反手削一板

弧圈球是现代乒乓球的主要进攻技术，特别是男运动员在比赛中几乎都会将这种技术运用于相互抽杀的离台进攻中。而前世界冠军王涛虽然正手使用反胶球拍并不畏惧这种凶狠的抽杀，但是他反手使用的却是只能近台进攻的生胶海绵拍，因此就形成了王涛离台抽杀技术运用中的一个制约点。再加上他的身材在大范围移动的连续正手抽杀对攻中不占优势，如何平衡自己的进攻技术成了他上升的关键。聪明的王涛最后选择了反手离台削一板加转球的办法平衡了自己打法的结构。当被迫形成离台对抽弧圈球时，一旦来球打到自己的反手，他能突然主动削一板很转的下旋球，迫使对方只能稳健处理，然后他会迅速上前，靠近球台夺回自己的快攻优势。

第六章　从关联衔接入手——协调技术

技术质量的高低，首先是指个人特长技术或主要特点技术质量表现水平的高低。有些孩子虽具特点技术，但是比赛中却总是表现不出来，也难以形成良好的竞技状态。出现这种情况应该从与特长技术相关联的技术入手，找出影响特长技术发挥的瓶颈加以解决，围绕着个人的特点技术，特别是特长技术，使相关联的技术与其协调。

一、发球与特长技术协调

发球抢攻是运动员普遍采用的战术，但是有些运动员虽然具备很好的进攻技术，可发球抢攻却总打不出来。究其原因，是与进攻技术相关联的发球不能与进攻技术协调，或者说发球不仅不能迫使对手回接出适合自己进攻的来球，而且也不能限制对手回接出的范围和方法。例如：擅长进攻下旋来球，可是发球却不能迫使对手搓球；擅长快攻的人，发球却总被对手加转劈长，或者擅长侧身进攻的人，发球却经常轻易被对手变线等等。与特长进攻技术相关联的发球技术不能与之协调，自然进攻的特长也就无从表现。因此，深入分析自己发球的旋转、落点，围绕着特长进攻技术改造、提高自己的发球技术，使发球能为进攻创造机会，其进攻技术才能得以充分展示，继续提高进攻技术质量的训练才能具备实质的意义。

案例25：擅长抢攻的小赵输在发球上

小赵从小就是一个非常擅长发球抢攻的左手直拍运动员，他的发球旋转强，抢攻凶狠，很有特色。那年我们代表北京参加北方赛区少年比赛，原指望小赵能靠他的发球抢攻特长在比赛中脱颖而出，但是没想到他却输在了发球上。事情是这样的：小赵擅长发带有强侧上、下旋的短球后抢攻，如果他遇上习惯用搓球接发球的对手，当然不在话下，但是那次比赛他遇到的对手总是用轻拉的方法接他的发球，由于他发出的球下旋不强，且落点时有出台，结果很容易被对手拉过来。再加上由于强侧旋的发球被拉回来后，其运行弧线有些不规律，造成他的抢攻被破坏，特长表现不出来，也就输掉了比赛。分析这一案例，我们认为小赵发球的旋转与落点是影响他抢攻技术特长发挥的关联因素，必须加以解决。后来经过努力，他终于解决了这一问题，发球抢攻技术特长才得以进一步提高，而且他还被选入国家青年队。

二、接发球与特长技术协调

因为接发球是比赛中不可回避的阶段，所以接发球也是与特长技术相关联的技术。擅长攻防转换的张怡宁总是喜欢用拉、挑、撇、推等方法接发球，迫使对手在发球后进入她擅长的套路。而擅长主动上手进攻的运动员，接发球时却经常喜欢用摆短球控制对手的抢攻，以期将接发球后面的博弈引入他喜欢的局面。因此重视接发球环节的训练，使接发球技术能与自己的特长技术协调也是提高技术质量的重要课题。

接发球的方法很多，但是思路更重要，可以归纳为以下几点。

（一）以力服球——靠自主用力征服来球

以力服球是指接发球时，要自主发力摩擦球、控制球。有些人因为接球信心不足，不敢用力，总想尽快退守防御下一板来球，因此将球轻碰回去，没用完整的控球动作，这也是接不好发球的原因之一。其实对一般旋转差距不大的发球，用自己的顶推力或摩擦力完全可以抵消、克制对方的旋转，控制好自己的回球弧线与落点，只要在触球时果断用力或尽量延长控球时间，就能用自己的力量征服来球的旋转，驾驭回球的效果。

（二）借力控球——借力加力巧打回接

借力控球是在接发球时借助于来球的前进力回击，主要用于回接对手发来的侧上旋长球时。侧上旋长球的特点是速度快、旋转强，落台后还有点向前冲拱。接发球时，可以借力快推、快拨、快撕，需要特别注意借力时拍形角度对准控球部位，并适当加力，使回球形成 1+1 大于 2 的合力，借力打力加快回球速度。

（三）借转控球——借转加转凶狠回接

借转控球是一种技巧性较高的接发球技术，回击的方法是根据来球的旋转性质，在回接来球时，顺着来球旋转方向摩擦球，使回击过去的球具有更强的旋转。因此这是一种回击侧上、下旋球的较凶狠而又有实效的方法。

三、主要技术与特长技术协调

与特长技术相关联的还有其他相关技术，例如搓球与攻球、正手与反手、防御与进攻等。为了打开制约特长技术质量提升的瓶颈，也必须协调它们之间关系。

案例26：王涛的正手与反手

前世界冠军王涛是一个左手横拍快攻结合弧圈球打法的运动员，在他成长过程中，反手生胶的近台攻防技术始终是他的特长技术，但是他的正手弧圈球进攻也很有威力，只是正手进攻的动作幅度较大，击球点离台偏远，无法与必须坚持近台的反手攻防技术相互协调。为此他减小自己正手进攻的动作幅度，将正手进攻的击球点向前调整，使之能与反手特长技术协调。经过这一调整，王涛的进攻技术有了全面的提升，帮助他打入了世界顶尖选手的行列。

第七章　从球拍打法入手——重建技术

改变打法最直接的措施就是换球拍，更换不同性质的胶皮海绵可以重新组建自己的技术，提高技术质量。

案例27：滕毅三换球拍

前世界冠军滕毅少年时代曾经是两面反胶的横拍近台快攻选手，后来改用两面生胶，改变了进攻技术的运用方法，低球突击和正手快速连续进攻的打法成了他的新特点，使他在全国比赛中保持了良好的竞技状态，最终获得了全国男子单打冠军。此后为了破解对手向他反手位加转劈长的战术，他将球拍的反面换成了反胶，并学了一板反手弧圈球，成为了与众不同的正手生胶、反手反胶打法的选手，开"横拍直打"之先河，也实现了他竞技实力的再提高，从而成为夺取第39届世乒赛团体赛冠军的中国主力运动员之一，并还获得了第8届世界杯男单冠军。

案例28：郗恩庭、郭跃华换反胶成为世界冠军

前世界冠军郗恩庭和郭跃华曾经都是直拍正胶选手，当时郗恩庭依靠发球、推挡和正胶弧圈球技术在国手中脱颖而出，但是他身高力大，且击球动作幅度也较大，因而使用正胶球拍更需要快、灵、变的击球的方式限制了他身体优势的发挥。时任国家队主教练的徐寅生根据他的特点建议他改反胶，经过一段训练，反胶球拍带来新的击球运用方法，帮助他开拓了提高竞技水平的巨大空间，在第32届世乒赛上，他力克群雄，夺得了男子单打冠军，成为中国直拍反胶夺得世界冠军的第一人。

郭跃华原来也是直拍正胶运动员，由于只能近台进攻的正胶球拍限制了他善于大范围移动击球的能力，于是决定改用反胶球拍。使用反胶球拍后，新的进攻技术方

法——弧圈球为他提升的竞技实力开辟了广阔的空间，帮助他多次夺得世界冠军。

案例 29：两面拉帮小南成为优秀运动员

我的一个学生小南原来是正手反胶、反手生胶的横拍进攻型选手。虽然她正反手进攻的控球手感较好，但是击球力量不大，速度也不够快。由于她的打法缺少特点，竞技水平的提升遇到了瓶颈，在同年龄的学生运动员中逐渐被边缘化，甚至她自己也产生了退出乒乓球运动的想法。为了突破这一瓶颈，我建议她改用两面反胶球拍，学习反手拉弧圈技术，尝试变攻为拉。经过一段时间的努力，她很快掌握了正反手两面拉弧圈的技术，并充分利用了自己稳健控球的能力，形成了中近台两面弧圈、旋转节奏变化的新打法。在当时的女选手中，这种打法非常有特色。改变了进攻技术的运用方法，她的竞技水平有了明显的提高，不久入选北京队。后来在全国比赛中，她以颇具特色的打法和良好的竞技状态，多次取得良好的战绩。

通过上述案例可以看到，对于某些竞技水平遇到瓶颈的运动员，变更打法，也就是通过换球拍改变击球方法，经常是寻求突破的一个有效选项，这种改变有利于开拓竞技状态的更大提升空间。

第八章　从调整风格入手——表现技术

风格是技术运用过程中的外在表现形式，也是运动员展现自己技术的基本态度。我们常要求运动员在比赛中"打出风格"，就是要求他们充分表现出自己的特点。

一、时刻坚持自己的战斗风格

技、战术风格和战斗风格是与个人的特长、特点紧密联系的。风格不仅是技术运用时的个性化精神表现，是技术的灵魂，也是在比赛中勇气、斗志、毅力、自信等心理气质的外在表现，是技术的精神支撑。所以必须在训练和比赛中坚持运动员个人风格的培养与发扬。

案例 30："小老虎"风格回来了！

上世纪 60 年代中国乒乓球队开始登上世界乒坛的顶峰，男子单打冠军庄则栋以积极主动的近台两面攻的凌厉快速打法和初生牛犊不怕虎的精神被誉为"小老虎"风格。但是在第 28 届世乒赛之前的热身赛时，当时已经连续两次获得世界单打冠军的庄则栋在比赛的一开始打得并不顺利，记得时任国家体委主任的贺龙元帅看了后批评说他丢了"小老虎"风格。听到这样的批评，庄则栋深刻反省了自己，发现出现这种现象的原因是由于成绩得多了之后，自己在比赛中不由自主地产生展示"大将风度"的思想，本应保持的积极主动意识被淡化了。认识提高后，庄则栋迅速调整了自己，要求自己在比赛中更加积极跑动，更加主动侧身抢攻。后面的比赛中人们看到了与之前不同的庄则栋，大家都说"小老虎"风格又回来了！庄则栋对他自己风格的调整使他再次表现出良好的竞技状态和高质量的击球，在第28届世乒赛上第三次蝉联了男子世界单打冠军。

二、适时调整自己的战术风格

鲜明、稳定的风格特点固然可以保持自己的个性，但是也容易变成一种习惯，甚至成为一种对自己技、战术发展的局限。况且随着时间的推移，即使是本应坚持的风格特点，也会随着运动员身心变化，在执行中发生不经意的改变。因此适时、适度地调整自己的风格，不仅可使风格更贴近自己的个性，而且更能与时俱进，做这样的调整常常可以释放自己的技术潜能，提升自己的技术表现力，甚至取得意想不到的效果。

案例31："全面派"还是"凶狠派"

记得在曼彻斯特举行的第44届世乒赛上，进入男子单打决赛的两名选手都是欧洲人：一个是被誉为代表着未来乒乓球运动发展趋势的欧洲三虎之一、"凶狠派"打法的佼佼者、雄心勃勃的白俄罗斯年轻人萨姆索诺夫；另一个是"全面派"经典大师、瑞典的老"游击队员"瓦尔德内尔。人们普遍认为老瓦虽然是当时世界上唯一获得过世界杯、世乒赛和奥运会乒乓球赛3枚金牌的"大满贯"选手，但是他毕竟年过三十，岁数不饶人啊！似乎应该是"强弩之末"了。更何况在前面的团体赛中，老瓦0：3不敌萨姆索诺夫，"全面派"的打法已经显得太没有激情了，顺理成章已经到了该让位的时候了。然而，在这场被多数人认定为时代交替之战的决赛结果，却让人大跌眼镜。因为在比赛中既没见到激烈的争夺，也没见到新老交替的场面，老将瓦尔德内尔以3：0的比分干净利落地击败了踌躇满志的新秀萨姆索诺夫，一边倒的比赛场面几乎没给对手取胜的机会。之所以会这样，是因为老瓦变换了自己先控制、变化再进攻的一贯打球风格，一反常态极力抢先上手，频频发动侧身强攻，屡次搏杀得手，全然是一付"凶狠派"的架势。面对老瓦这种突变，萨姆索诺夫毫无准备，在场上除了疲于招架外，已无还手之力。态度的突然变换，使老瓦在全场比赛中表现出了极好的技术质量，相比之下萨姆索诺夫却打不出更有威胁的球来。从表面看似乎这些只是战术上的改变，可是如果从训练提高的切入点思考，改变击球态度，调整技术风格，不仅能释放技术质量提高的潜能，而且没准能打造出一个与时俱进的新人。

三、坚持技术风格的训练

　　说风格是乒乓球技术的灵魂一点都不为过，多年来，中国乒乓球运动的发展和取得的优异成绩，除了许多客观环境的因素外，还有更多的主观因素，其中重要的因素之一是：乒乓球项目能结合我国的技术特点，坚持自己快字当头、技术全面、灵活善变的技术特色；坚持通过自主创新和兼收并蓄不断发展自己的开放态度；特别是坚持对运动员的个性化技术风格的训练，并在比赛实际中坚持提出"打出风格、打出水平"的明确要求。因此，中国乒乓球队在世乒赛和奥运会乒乓球比赛中能够多次获得重大的胜利。实践经验证明，抓好运动员技术风格特点的训练是十分必要的。

（一）技术类型与技术风格

　　乒乓球的打法类型大体上可分为快攻、弧圈、削球三大不同打法类型，每个类型打法又可以细分出不同的技术类型，如：两面攻、两面拉、单面拉、转与不转削球和削球反攻等等。同时从这三大类型中还派生出许多中间类型，如快攻结合弧圈球、弧圈球结合快攻、攻削结合和削中反攻等不同的技术类型，因此，技术类型反映的主要是运动员运用技术的种类和方法。

　　相同的打法和相关的技术类型都有共性的风格要求，如快攻打法都要追求快，弧圈球打法都要追求转，削球打法都要追求稳与变等。这些主要反映它们在乒乓球技术的速度、力量、旋转、落点、弧线及战术的运用上追求的侧重点不同，由于侧重点各不相同，不同的类型打法必然表现出不同的技术风格；同时由于个人的特点不同，同一类型打法的人在表现共同技术风格的基础上，由于个人对速度、力量、旋转、落点及战术运用与把握的态度不同，进而出现了不同的侧重，这又形成了个人独特的技术风格。例如：同是近台快攻类打法的人，由于个人的具体情况不同，有的特别突出速度和落点的运用，因而形成了快速多变的个人技术风格；有的则特别突出速度和力量的运用，因而形成了快速凶狠的个人技术风格。个人技术风格集中反映了他在运用技术过程中的个性态度，进而形成了不同的外部表现形式，这些都是我们在训练孩子们时必须研究的重点。

（二）技术类型与个性风格

　　技术风格既是以技术实力为基础，又是技术实力的集中体现。运动员在每次临场比赛，尤其是重大的比赛中，技术发挥、战术运用、场上作风表现等，都是反映运动员是否打出风格、发挥水平的重要标志。对于观众来说，"外行看热闹，内行看门道"。这个"门道"就是除了要看胜负之外，更多地要观察运动员是否打出风格、打出水平，以此作为衡量运动员完成比赛任务的重要标准。

　　例如，在一次全国男团决赛中，北京对八一，北京队主力滕毅力夺3分，为北京队夺取全国冠军立下头功，但最后一场是勉强胜了对方，滕毅的快速多变风格并未充分表现出来，因此技术水平也没有发挥得很好，而且比赛中暴露出了他反手接发球的弱点。对此，赛后教练员与运动员通过对制约风格发挥因素的分析取得了共识，认为必须及时解决反手接发球的制约因素，以主动化解隐患。应该认识到风格和水平两者之间的密切联系，打不出风格，往往是受到某项技术的制约，自然水平也发挥不出来，即使侥幸取胜，如不正视，必将带来不良的后果。

有人说技术风格是个看得见摸不着的东西。其实确切的说法应该是：技术风格源于并依托于相关的技术类型，反过来却又能表现和引领相关的技术类型。因为依据乒乓球项目技术类型的基本分类和派生成的十多种打法，分清运动员属于某类型打法是比较容易的，但对身处某一类型打法的运动员，如何在比赛中去表现个人技术的风格特点却需要一个过程。因为技术风格的形成需要经过多次锤炼，将反复表现出的特点提炼上升成为理性认识；继而再用这些认识自觉地指导其后的实践，促进技术水平的不断提高和在比赛中的更好发挥。因此，运动员的技术风格不仅需要通过训练表现出来，而且需要通过比赛将技术风格发挥的特点集中起来。可以说，凡是反映类型打法技术特点的属于该类型的共同技术风格，凡是反映个人打法个性特点的属于个人的技术风格。

事实上，在比赛中不仅仅要与不同类型打法的风格进行较量，而且还必须直面各类打法中不同对手个性风格的对抗。虽然说任何一种打法都有可能攀登世界乒乓球技术的高峰，但是对一个运动员来说，问题不在于采取何种类型打法，关键在于个人的实力是否雄厚，个性化的风格特点是否突出、是否鲜明。

（三）打造独特的个人技术风格

在各种类型打法的共性技术风格指引下，每个参与训练的孩子都应该根据各自不同的性格、身高、身体素质、智能和技术、战术的特点，建立和培植各自不同的技术风格。为了使他们清楚地认识个人技术风格的特色，最好的办法是用一两个字或一句话、某个词加以高度地概括或形容他们独特的个人风格。

例如：瑞典名手瓦尔德内尔，其个人技术风格突出一个"变"，因此号称"游击队长"。"变"的风格体现在发球的旋转、落点的多变上；体现在接发球，时拉、时摆、时撇、时切，以多变的方法来破坏对方的发球抢攻；还体现在反手进攻时，时弹、时拉，正手进攻的快慢节奏和斜、直线的变化等方面。

例如：王励勤、马龙、张继科都属于以两面弧圈球快速进攻为主的技术类型，但是他们的技术风格却有同有异。说他们风格相同的地方都是在比赛中表现出积极、快速、凶狠的风格；不同的是王励勤更多地是从力量上表现快速与凶狠，马龙则是通过出手快速与变化表现出他的速度与凶狠，而张继科却是通过旋转来表现他的快速与凶狠。

例如：当年的刘国梁是以"快""变"的技术风格为特征，以正手快点、快突、快打（包括发球后的快抢）似轻机枪快速射击那样压得对方抬不起头来，使其陷入被动。反手则使用推挡、反手背面打、拉的变化逼使对方难以适应，为正手攻杀创造机会。

例如：当年的孔令辉是以"快""准""变"为特点，对近网球具有高度的控制和反控制的能力，极少无谓失误，并能抢先上手发起进攻，同时具有高度的应对弧圈球的能力等等。

一旦孩子们的技术风格确定之后，就应以此为主线进行训练，在训练和比赛中有意识培植和坚持技术风格是十分重要的。

（四）不断改进和完善不同的技术风格

在建立和培植个人独特的技术风格的过程中，需要经过发展和不断改进、完善等几个阶段。对多数运动员来说，开始确立技术风格后，以此为主线安排训练计划，逐渐达到预想的目的。也有些优秀运动员，经过一定期间或长期的实践后，为了达到更高的目标而决心改变打法和风格的。如郭跃华、李莉都是由正胶快攻改为反胶拉弧圈结合快攻的新打法，他们把速度和旋转结合起来，形成了新的快、转结合的技术风格。又如蔡振华、胡玉兰则是从削中反攻的技术类型改为全攻型，在转型中结合自己的特点打造出凶、狠的技术风格。他们为了攀登新的高峰，充分发扬了敢于突破、勇于创新的精神，最终成为了世界冠军。

当然，类型打法和技术风格的改变和发展，是要遵循一定的客观规律和条件的，不按客观规律办事，主观乱变是不行的，国际上某些强队，因多年成绩不佳，于是放弃本来的特长，盲目地学习别国的东西，结果技术和成绩还是每况愈下。在个人技术风格上不按照客观规律，主观乱变而碰壁的，更是屡见不鲜。因此，如果要改变和发展孩子的技术风格或打法类型，必须全面地进行观察和衡量，要考虑对个性风格发展的利弊得失。总之，作为一名教练员，必须把主观动机和客观反映的效果统一起来才能得到预想的效应。

因此，凡是对技术风格、打法类型进行改变时，应注意如下三点：

第一，随着国际乒乓球技术的形势变化和潮流的进展，要对原有的技术风格和类型应有所发展、有所改进和创新。对一些先进技术、战术，新流派、新风格、新工具视而不见，听而不闻，必然导致落伍。

第二，对个人技术风格的确定，应从客观实际出发，因人而施，不能以主观臆测。经过客观规律的检验，发现确实错了的，必须及时改正。

第三，当孩子决定改变既定打法类型、改变或建立新的技术风格后，还要从实际出发，要围绕着其需要改进和发展的打法类型或技术风格，明确改进后对其个性风格能起到的积极作用，安排、实施改进的训练，抓住发展个性风格这个主要矛盾，才能达到预想的效果。

（五）个性技术风格训练中应注意的问题

1. 围绕风格安排训练，提出要求

个性技术风格确定后，必须以风格为主线安排技、战术的训练。从发球、接发球到各种主要基本技术的配套，都要围绕突出个性技术风格来进行。

例如：以"快速、变化"为其个性技术风格特征的选手，不论是采用进攻、快攻结合弧圈或弧圈结合快攻的打法，在技术、战术训练中均应以"快、变"为中心。训练发球，多以长短、左右落点变化为主，配合旋转，或落点与旋转相结合，伺机抢攻；训练接发球，对短球采用快挑、拧、撇、摆短和快拉等方法来扰乱对方的抢攻意图；接反手位发球采用推、拧结合侧身抢攻、侧身攻、快拉直线等方法；攻对攻的技、战术训练，采用通过推挡或反撕斜、直线为侧身或正手进攻创造机会；双方在找机会时，大都以中等力量的快点、快冲、快打落点（斜线、直线、追身）为扣杀创造条件；攻对削的技、战术训练，多以拉中突击（中等力量）落点，或是拉中抢冲落点后结合扣杀，或是以长短调动对方伺机进攻。总的特点是加强各种主要技术的快速、变化性训练。

又如：以凶狠为主的人，不论是采用进攻，快攻结合弧圈，弧圈结合快攻，攻、削结合以攻为主的哪种打法，其共同特点就是抢攻、抢拉、抢先上手、抢先发力、进攻在前。在发球抢攻的前三板的训练中，建立一套高质量的以旋转变化为主、落点变化为辅的发球，为抢攻、抢冲创造机会。在接发球训练中，力争抢先上手进攻，或辅以严密控制，为抢攻、抢拉在前创造条件。一般来说，以凶狠为特征的人，防守能力相对要差一点儿，因此在打开之后，总是先以反手拉、推或以旋转多变的搓球压住或控制对手，为侧身或正手抢攻猛打创造条件。对付削球则是用高质量的加转弧圈球，为突击、扣杀和冲杀创造战机；攻、削结合以攻为主的人，训练中必须加强削球的旋转变化，尤其是加转削球，为进攻创造条件。其战术指导思想应是以攻为主，以削为辅，狠中求准，敢抢敢攻（冲），力争主动。

再如：稳中带凶的技术风格，一般体现在两面拉弧圈和以削为主结合反攻的打法上。以此为风格的人，比赛中集中表现为稳扎稳打，坚韧顽强，因此训练中要十分注意毅力的培养，最大限度地减少失误，严格要求前后、左右步法的移动。拉弧圈球的人，要求站位中台两面"拉"住对手——运用一定旋转、弧线较低、落点较长的拉球回击球，并以快慢节奏，时吊、时冲、时拐等方法来扰乱对方，伺机冲杀；以削为主的人，则要求在两面稳削中搞旋转变化，伺机反攻，以此扰乱对方，争取主动。此类风格，在训练中要抓好板数坚韧性的训练。弧圈打法还要注意节奏的变换，削球打法要注意掌握好攻、削之间的战机。

2. 个人特长技术的训练

个人技术风格训练从一定意义上来说，也是个人特长技术的训练。但应当在尽可能发挥个人特长的同时，注意弥补其薄弱环节。

如以变化为主的人，不能忽视其力量的训练，以免在有机会进攻时缺乏扣杀力量，造成功亏一篑的结果。

又如以凶狠为主的人，应从凶狠中加强其命中率的训练，否则失误太多会成为盲目的凶狠。再如对以稳中带凶的人，如果不能用发球抢攻（拉）或突然性的攻击来扰乱对方，也容易陷入被动。

特长技术与特短技术是相对而存在的，要正确处理两者之间的辩证关系，训练中要有计划地逐步加以解决。但是必须牢记，发扬特长是主要的，弥补特短是为了更好地发扬特长，而不能本末倒置，否则就不可能收到预期的效果。

第九章 从设计模式入手——创新技术

上世纪60年代初期，日本发明了弧圈球，将进攻的旋转与速度融为一体，虽然说这一创新在当时已经带来了完全不同的竞技对抗，成为了乒乓球运动现代与传统的分水岭，但是当现在的人们有机会回头观看过去世界比赛的影像资料时，即使是被当年津津乐道的精彩决赛场面，也会让人不由自主地觉得实在有点"业余"。可见不断地创新能带来全新的技、战术对抗，也产生了完全不同层次的竞技水平。

案例32：创新横拍近台快攻

上世纪60年代中期，中国乒乓球队已经开始全面登上了世界乒坛的顶峰，当时中国的直拍主力运动员都是使用正胶海绵球拍的近台快攻选手，而横拍运动员多数都在打削球。初当教练员的我不禁自问：为什么横拍只能练削球，不能打快攻？有的人说横拍台内进攻不如直拍灵活；还有人说横拍侧身进攻不如直拍快；甚至有人断言横拍进攻打法只能落个陪练的下场。但是这些似是而非的论断并不能使我信服，因为我一直认为横拍的反手进攻与直拍相比具有先天的优势，于是我决定尝试创造横拍近台快攻新模式。首先我从小孩中选拔了击球出手较快的闫桂丽，让她尝试学习横拍近台快攻打法。在国内外没有一个成功先例的情况下，摸索着开始了我的模式创新。到了60年代末全世界多数的横拍运动员均弃守为攻，一时间进攻型打法成了横板的主流。虽然由于"文革"的缘故，在这轮的变化中我国起步稍晚，但是我培养的小闫却适逢其时，很快就成为北京队和国家队的主力运动员。在第3届全运会上小闫身兼数项，表现出了高水平的竞技状态，先是领衔夺得女子团体冠军，后又摘得女子单打的桂冠，同时还获得了女子双打亚军，她几乎打败了当时国内的所有名将，创造了一个历史的巅峰。后来她曾三次代表中国参加世乒赛，虽然因为机会问题没能拿到单打冠军，但是也取得了优异的成绩，成为中国女子第一个成功的横拍快攻选手。可见一个模式创新的成功，可以筑建一个更高的竞技平台，掌握先进模式的运动员自然可以在这个平台上表现出更高水平的竞技状态。

案例 33：创新的直拍横打

从刘国梁开始，王皓、马琳、阎森、许昕等中国直拍运动员成功创造了直拍背面进攻的多项技术。直拍横打不仅是一项新技术的运用，而且是一个新的直拍进攻模式。这一创新设计为直拍的进攻技术开拓了广阔的发展空间，特别是连续三次获得奥运会男子单打亚军的王皓，在他的成功过程中已经完全看不到传统直拍打法的旧模式了。随着这种打法的推广普及，一种专门为直拍横打设计的新型球拍"梦直拍"也问世了，这种球拍的柄形设计不仅能支持传统直拍全部技术使用的功能，而且专门针对直拍横打手指握拍调节用力的特点进行了新的设计，经过初步试用已经有了很好的反馈。

如图三-31、32 所示，球拍正面的拍柄被制作出①和②两个特定的凹槽，这两个凹槽与右手握拍的拇指与食指握拍时的生理形状相吻合。这种拍柄形状不仅保持了传统直拍握拍技术的所有功能，而且特别提高了使用背面击球技术时的手指用力。

图三-31    图三-32

第十章　从五个环节入手——诊断技术

高质量击球的准确性，特别是在连续进攻的对抗中高质量击球的准确性是基本功高低的反映。如何提高高质量击球的准确性，中国著名教练员岑怀光在这方面的训练中积累了丰富的经验，他认为从击球过程中的五个重要环节入手，对运动员进行技术诊断和技术改进是提高击球准确性的有效方法。

一、诊断"判断"来球环节

判断来球是打乒乓球首要的环节，是准确击球的前提。正确的判断是步法移动和技、战术运用的基础。运动员击球准确性出了问题，首先要从判断来找问题。判断来球主要是指对来球的路线、轨迹、速度、落点、旋转和对手战术的动态进行判断。

（一）判断来球的路线与轨迹

判断来球路线的方法比较简单和容易，主要是盯住对方触球瞬间的拍形角度就能清楚判断来球的路线，但是对来球弧线轨迹的判断则需要结合来球的旋转。例如：加转弧圈球会产生来球落台后第二跳下滑的弧线，带侧旋的来球在飞进中会向一侧漂移，带有顺旋、逆旋的来球落台后会向一侧斜跳。另外，不同的球拍也会使来球产生轨迹的变化，例如生胶球拍的击球会比反胶球拍击球的来球轨迹略有区别，生胶球拍击球落台后第二跳弧线较反胶球拍击球短，让人感觉下沉。

（二）判断来球速度、落点

对来球速度的判断，不仅要了解对手因击球时间的早晚而产生的节奏速度变化和用力大小产生的飞进速度变化，而且还要判断对手击球旋转可能带来的落台后第二跳的变速。例如：带有强上旋的抽杀进攻，来球落台后前冲，让人感到顶手；左右落点的判断离不开对来球路线的判断，但是相同路线的来球还有落点长短之分。因此，在判断来球路线的基础上，还要根据来球弧线的长短来判断其前后落点：来球弧线的弧度较大，越网时弧线较短的是短球，反之则是长球。

（三）判断来球旋转

判断旋转比较复杂，尤其是判断对方发球的旋转变化时，应注意如下几点：

1. 根据对方球拍触球瞬间的部位和用力方向来确定其旋转性能。一般地说，由上向下同时向前摩擦球的中下部位的来球是下旋球，由下而上同时向前摩擦球的中上部位则为上旋球，由左至右并向前摩擦球的是左侧旋球，由右至左并向前摩擦球的则是右侧旋球。还有一种左右摩擦球的底部，使球按照顺时针或逆时针方向旋转的球，应该称为顺旋或逆旋球。实际击球过程中不存在纯侧旋球与纯顺旋或逆旋球，它们都是和上旋球或下旋球结合在一起的。

2. 根据对方摩擦球时的厚薄程度和摩擦的多寡判断来球的转与不转。如摩擦球多而薄的是转球，摩擦球少而厚的则是不转球。

3. 判断转与不转的近网短台发球的另类办法是，在来球从本方台面弹起后，能看到球的商标是不转球，看不到球的商标是转球。

4. 从来球的运行和球落台后的反弹情况来判断来球的旋转性能。

例如快攻球与加转弧圈球相比，快攻球在空中运行时和着台后的速度变化不大；而加转弧圈球在空中运行时的速度较慢，落台后反弹的速度加快。

例如加转弧圈球与前冲弧圈球相比，前者运行弧线高，飞行速度较慢；而后者运行弧线低，飞行速度较快。

例如加转下旋球与不转相比，加转下旋球在空中运行时的速度较快，着台后反弹跳起略向上飘后下沉且前进速度较慢；不转球在空中运行时的速度较慢，着台后反弹跳起往前进较快（尤其反贴胶皮和防弧圈胶皮表现最为明显）。

例如左、右侧旋球在空中运行时，其飞行轨迹会与挥拍方向产生相反的偏拐弧线。

例如对手在击球瞬间其球拍角度后仰明显，向左、右方向摩擦球的底部，就会产生顺旋或逆旋球，这种球在空中的飞行轨迹没有什么变化，但是落台后会明显向挥拍的相反方向斜跳，造成来球落台后突然改变球的前进方向——拐弯的现象。

（四）判断对方动态，窥测对方的战术意图

1. 从对手的基本站位来判断。如判断对手站位远离球台，准备回击长球时，即以发短球为主调动对手，反之则发长球。

2. 从对手的战术意图判断。如判断对手急于抢攻，频频侧身抢上手时，则回击两大角度以抑制对方的攻击。又如判断对手削球狠逼角或搞转不转结合反攻时，则加强拉球摩擦球的力量，或抓紧机会进行突击，或以前冲弧圈来瓦解对方的攻势等。

3. 诱使对手进入自己的判断范围，以假象迷惑对手，达到扰乱对方作战意图的目的。如一开始先虚张声势地进行抢攻，给对手造成一种假象，判断对手是否注意力转移，然后及时转入稳扎稳打的战术。也可以采取声东击西的打法来扰乱对手，使对方陷入错误的判断，诱使其进入自己预想的战术状态，进而有针对性地作战，从而获得主动等。

凡此种种都需要在训练中建立判断的习惯，并不断用心积累判断和应对的经验。教练员应该通过对运动员判断问题的诊断，帮助他们提高判断力，改进相关的应对技术。

二、诊断击球时间与出手时间环节

（一）诊断最佳击球时间

击球时间分为上升期前段、上升期后段、高点期、下降期前段和下降期后段共五个阶段（图三—33）。

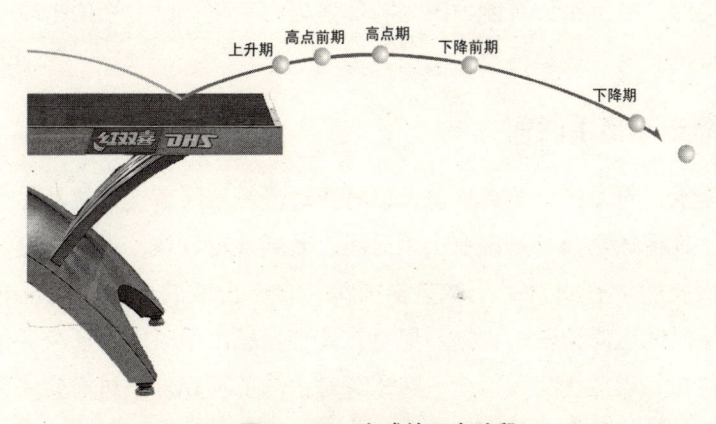

图三—33　击球的五个阶段

应该说要保证准确击球，必须抓住最佳击球时间。回击不同性质的来球，其最佳击球时间应依据来球的不同性质而有所差异。虽然运动员可以根据自己的身体条件、打法特点或战术目标选择不同的击球时间，但是如果经常错过最佳击球时间，必然会造成较多的失误，即使这样的打法可以给对手带来困扰，对自己来说最终还是得不偿失。因此，从诊断最佳击球时间入手，寻找击球失误的原因，并进行改进，往往会事半功倍。

例如，抓住快攻打法的最佳击球时间是抢先在来球跳起的上升期后段和高点期击球（图三—34A）。

抓住弧圈球打法的最佳击球时间应该选在来球跳起的高点期和下降前段击球（图三—34B）。

削球的打法则应该抓住来球跳起回落后的下降期后段击球（图三—34C）。

例如，在中远台对拉弧圈球时，捕捉的最佳击球时间应在来球的下降期前段或中段击球（图三—34D）。

拉下旋来球捕捉的最佳击球时间应在来球下降期前段击球（图三—34E）。

突击下旋球和拉前冲弧圈球、扣杀机会球都应捕捉在高点期击球（图三—34F）。

例如，回击对手拉过来的加转弧圈球时，最佳击球时间应该抓住在来球跳起的上升期（图三—34G）。

扣杀或前冲半高球时，捕捉的最佳击球时间是来球跳起的高点期，但是扣杀高球，尤其是扣杀或冲杀机会球的最佳击球时间，无论是近网机会球还是离台机会球都应该是下降期前段（图三—34H）。

例如，当用轻打技术击球时，最佳击球时间应该抓住来球跳起的上升期击球（图三—34I），以便利用借力打力的合力技术，在确保命中率的同时提高击球效果，如快带、快撕、轻挑、快拨、快推等。

相反，当用重打技术击球时，最佳击球时间应该抓住来球跳起的高点期或下降期前段击球（图三—34J），如扣杀、加力推、突击、暴冲等。

在训练与比赛中指导运动员建立捕捉这些最佳击球时间的习惯，可以大幅度地减少无谓失误。当然，高手也许有能力因为特殊情况而变化自己习惯的击球时间，以便给对手出其不意的打击，这就另当别论了。

（二）诊断击球出手时间

在战术运用上，对手经常会有意识地以时快时慢的不同节奏来扰乱你，为应对不同节奏的战术，你应该学会及时改变出手时间，做到人快我快，人慢我慢。

例如快攻对抗时，针对对手回球节奏加快，自己击球的出手时间也要提前；反之，自己的出手时间也应该随之稍慢。但是在调整自己出手时间时还应保持尽量比对手的出手时间稍快一点的优势，不能一味跟着对手的节奏跑。不过需要注意的是，出手也不能过快，过快反而会造成直接失误。

图三—34 不同的击球时间

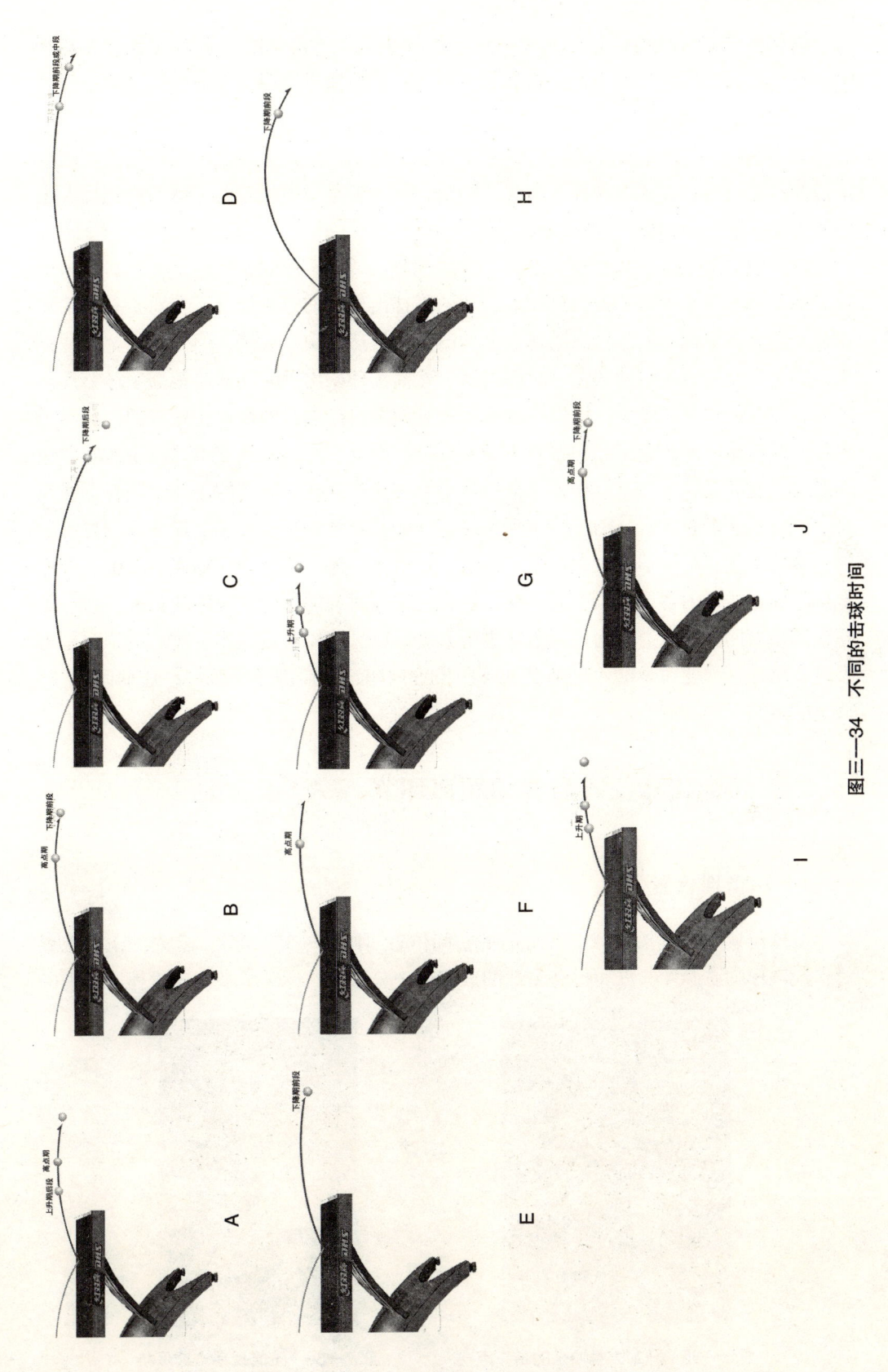

例如削球对攻球时,针对对手回球节奏加快,自己击球的出手时间也要相应提前,但是须保持尽量比对手慢一点的稳健节奏,以便用慢节奏拖住对手,让对手快不起来,破坏其战术意图。

例如回击对手的摆短来球时,针对来球弧线短、回落快,自己的击球出手时间应该提前并更快些,以便抢在高点击球;相反,针对对手"劈长"的来球时则相反,击球的出手时间应该稍慢,待球跳起后回击。

以上说的是根据来球的节奏变化,及时调整、选择不同的时间出手击球,但是出手时间的不同并不影响捕捉自己相对稳定的最佳击球时间。例如,不管对手是在下降期前段还是后段拉出的加转弧圈球,来球的节奏虽然有快、有慢,但是自己都要捕捉来球的上升阶段这一最佳的击球时间击球,然而击球的出手时间却要根据来球节奏有所调整,或稍快、或稍慢。所以必须真正理解捕捉自己选择的最佳击球时间,并尽量保持这些击球时间的稳定和根据对方节奏变换,及时、灵活地调整击球出手时间,建立及时应变的反应。只有这样才不会因对手节奏变换而破坏自己的击球准确性,扰乱自己的技术运用和战术意图。当今乒乓球运动朝着更加积极主动和更加全面的方向发展,球的速度和旋转不仅大大加强,而且二者融为一体,因此球的加速、加旋、节奏变换不仅在战局的各个阶段中起变化,而且几乎在每分的争夺中也体现出来。教练员不仅需要对回击来球的时间是否最佳进行诊断,而且还要对击球出手时间的调整是否及时做出诊断,通过诊断不断地在训练中发现问题,提高击球准确性,进而改进技、战术的运用。

三、诊断击球位置与挥拍距离环节

(一) 击球位置

击球位置一般是指击球点在身前的空间位置(图三—35、36)。合理的击球位置对保证动作的协调性,进而提高击球的准确性十分重要。运动员在击球过程中出现的

图三—35 马龙侧身冲杀的击球点与身体的合理位置　　图三—36 王皓反手击球保持在胸前的合理位置

动作变形、不协调或击球质量不高，甚至回击失误，往往都与击球位置选择不好有直接关系。

（二）挥拍距离

挥拍距离是指击球前挥拍后引的幅度与身前击球点之间保持的距离。挥拍距离过大或过小，轻则影响击球的质量，重则直接影响击球准确性。因此合理的挥拍距离对提高击球质量和命中率起着重要的作用。教练员通过对位置与距离的诊断，可以及时帮助运动员改进技术。

把击球点保持在身前合适位置，并在身前保持好挥拍距离，尤其在弧圈球成为主流进攻技术的当今时代显得特别重要。保持稳定的身前击球位置和针对不同技术风格、不同类型打法及时调整、变化挥拍距离之间也是对立统一的关系。

例如，以近台速度变化打法为主的运动员，在回击一般来球时，应该在保持身前击球的同时，尽量使引拍与来球之间形成适当较近的发力距离。近距离发力击球，不仅有利于获得快节奏击球所需时间，而且也容易将击球动作控制得更加精准稳定。以离台发力击球，追求更快速度、更强旋转打法的运动员，回击来球时，应该在保持身前击球的同时，尽量在击球前充分引拍，在球拍与来球之间形成较大的发力距离，因为距离的拉开有利于增大击球的力量。

实战中各种不同技术风格、类型打法的运动员，总是在千方百计地调整自己的击球位置与挥拍距离，特别是强调保持在身前击球的挥拍距离，这一点是十分重要的。教练员可以从以下方面加以诊断：

1. 诊断步法移动。根据来球落点及时移动是合理击球位置与挥拍距离的保证，注意来球落点距离身体的远近，及时移动脚步，找好球拍与来球之间的合适距离，保证身前击球，不因击球点的过近或过远而回击失误。

2. 诊断反应与判断。及时反应、适时引拍。在对方突然加速、加力或减速、减力回球的情况下，由于反应不及时，很容易出现等球落台跳起后才引拍的滞后现象。例如，削球时遇到对手的快速突击或突然拉出前冲弧圈球；又如，快速对攻过程中对手突然削了一板。面对此类突然情况，常常因为反应不及，致使引拍时间过晚，球拍与来球之间的距离拉不开，造成球追拍发力动作变形的情况。从表面看，这种失误似乎是动作错误造成的，其实是引拍与来球未能及时找到合理的发力距离所致。这时只要调整挥拍时间，及时、迅速地引拍，拉开距离，问题也就迎刃而解了。

3. 诊断动作顺序。面对落点有变化的来球，往往会出现手动脚未动，或手先动脚后动的错误动作顺序，俗话说的"手忙脚乱"，用在打球上的道理就是手若抢先引拍，脚下步法必然混乱。因为先行出手挥拍找球，可是又被随之而来的身体位移破坏了挥拍的距离，这样的动作顺序岂不总是造成混乱。正确的动作顺序应该是躯干带动四肢，也就是以转腰（髋）带动移步、以转腰（髋）带动引拍。根据先转后引拍、先转后移动的身体动作顺序对运动员的动作错误进行诊断，并加以改进，就可以很容易地找到正确的击球位置与挥拍距离。

四、诊断击球力量的调节与运用环节

击球力量的调节与运用对保证击球的命中率和战术的变化有很大的帮助。一般情况下，要重视中等力量击球的运用，因为它是有控制的力量运用，因此是击球用力的基础。在训练过程中，力量调节分为下列几种：攻球、拉球、突击、扣杀、推挡球的加力、借力、借力中发力（合力击球）和减力，削球的引球用力（缓释对手的冲击力）和搓球中的加力（加转球）、隐力或假用力（削、搓不转球）等（详细可参考第三篇第一章"四"中"变化用力"的章节）。

五、诊断球拍触球部位与摩擦用力环节

乒乓球的旋转基本上可分为上、下旋，侧旋，顺旋，逆旋和不转等。旋转性能的变化取决于球拍摩擦球体的部位和用力方向。要很好地研究触球部位和用力方向的协调配合，才能提高击球的准确性，因此从拍形角度、触球部位和摩擦用力入手诊断运动员经常出现的击球失误也是改进技术的有效方法。

对付不同的旋转来球，要采取不同的回击办法。由于来球的旋转性质、弹起高度和距网距离不同，以及决定采用的回击方法不同，因此触球的部位和用力方向常常是有变化的，这时就需要及时合理地做拍形调节。

例如推挡球时的不同拍形调节：推下旋球或推回对手的搓球时，拍形应稍后仰些，球拍触球中下部向前用力推加摩擦；推加转弧圈球时，拍形应前倾，触球的中上部向前下方用力顶推或减力挡。

例如使用生胶球拍反手攻球时，应该经常调节拍形，变化触球部位击球。反手突击下旋搓球时，拍形角度应该直立或略后仰，触球中部或中部偏下，向右前上方用力弹击加摩擦回击。

例如搓球和削球通常都会调节拍形、变化触球部位和调整用力方向回击。回搓对手的加转下旋球时，触球的中下部或下部向前或前上方用力；回搓或削对手的不转球时，手提高些，拍形直立，触球中下部，向前下方用力。用削球回击加转弧圈球时，使用反胶球拍的选手，拍形略前倾，触球中上部，向下前方用力顶擦；使用长胶球拍的选手，其拍形应后仰，触球的中下部向前削出。

实际训练中，正手攻球可运用两种不同的调节击球用力方法：

一是保持相对固定的拍形，依靠摩擦用力向前、向上或向下做不同调节回击来球。这时拍形近乎直立，触球的中上部，只是随着来球上旋强度的不同，向前或向前下方用力击出，用以对付攻球、弧圈球和不转球。对付加转削球和近网转球时，保持同样的拍形，依然触球的中上部，只是改变为向前上方用力摩擦（一般称为小上旋拉球）。这种不大改变拍形与触球部位，只变化用力方向和用力方法回击不同来球的方

法掌握起来比较简单，运用起来也比较稳健。

二是调节拍形、变化触球部位和用力方向回击不同的来球。在出手击球前，拍形角度随着不同旋转的来球加以调节。如：对付快攻和弧圈球，拍形角度和击球部位同上要求，但是对付加转削球，拍形角度要事先做略后仰的调节，触球的中部或稍中下部向前上方用力击擦。对近网转球，拍形角度也要事先稍做后仰调节，触球的中下部，出手时以快速兜翻的动作击出（称为小突击球），这种回击方法速度快，力量较大，威胁力强，但要求较高，掌握较难，运动员必须具备判断旋转能力强、反应快、手腕灵活等特点。

以上两种调节方法各有优缺点，前者比较稳定而简单，但威力小；后者威力虽大，但不易掌握和稳定。根据当今技术的发展趋势和战术需要，应能把两者结合起来运用，将来球分为台内短球与出台长球，对两种不同来球进行分别处理。对台内短球采用以拍形调节为主的击球方法，特别是在回接近网发球时（对方发加转短球），若能掌握采用拍形调节的回击方法，就能把小突击、翻挑和摆短有机地结合起来。运用多种接发球的方法，对破坏对方发抢的战术意识会起到不可估量的战术甚至战略的效果。此外，对出台长球则采用以摩擦调节为主的打法，把两者结合起来，形成一种易于掌握，既稳定而又具威胁的打法，这些已经越来越多地被优秀选手所接受。

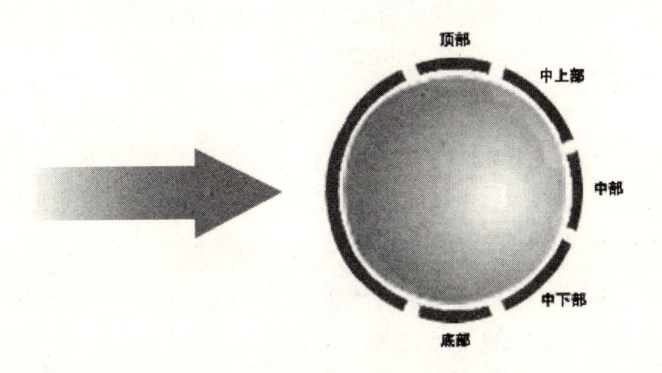

图三—37

图三—37 所示为球体的不同部位。

此外，对一些不同旋转的回球，如对手发球或削球旋转变化的隐蔽性强，在旋转对撞后出现飘忽不定的机会球，一时间判断不清的情况下，可以运用加大摩擦球的力度，制造自主弧线的方法回击。如对手发转与不转球或侧上、下旋球，旋转变化大，判断不清时，可用慢一点出手、搓一板加转球来过渡。对手削转与不转球时也可加大拉球的旋转来破解。对待上述"飘忽不定"的机会球，采用冲杀比扣杀会更为保险，如此等等，这些都是以摩擦调节击球的有效方法，教练员在诊断击球失误的过程中，应该根据孩子们的个体情况，帮助他们在威力与稳定之间找到适合他们的技术改进方向。

第十一章 技术训练方法介绍

乒乓球的训练方法非常丰富,而且还在不断创新,本文自然无法全部展现,下面的介绍只是概括性的,以求抛砖引玉。重要的是方法只是实现目的的外在形式,而伴随着方法的具体要求才是实现目标的主要因素。我们必须避免为了"方法"而运用"方法",正如有人说的不要因为走得太快,而忘记了为什么出发。

一、不拘一格的训练方法

对参加乒乓球的系统训练的孩子们应该采用什么样的训练方法?是应该学习国家队的方法,还是模仿体校的方法?是实行时间轮换的训练方法,还是实行数量轮换的训练方法?其实没有定论。正确的选择应该是围绕着特定的孩子和相应的目标选择适宜的方法——适合的就是最好的。下面介绍几个不拘一格的训练方法。

案例34:将球抛到孩子们的手前面

我曾在广州的一个俱乐部里看到了一位年轻的教练员在训练一个刚学打球的孩子。他站在打球的孩子身旁,从孩子的前面大约一步的距离内用手将一个个球轻轻地抛到孩子持拍手的前面,让孩子一板板地将球击向对面球台。在这么近的距离,用手准确地抛过来的球,既没有旋转,也没有速度,且弧线很短——几乎等于来球只有上下跳动的变化,很少前后运动的变化,那个孩子虽然是个初学者,但是打起这样的球也不困难。看来这位教练员是根据孩子掌握乒乓球技术的实际情况将供球难度把握得恰到好处。当然,这样的训练能让初学乒乓球的孩子们很快就上了道,自然练得兴致勃勃。我想随着孩子的进步,教练员一定会不断地提升供球难度,直到这个孩子可以按照正常的规则训练为止。这是聪明的教练员根据先易后难的原则,针对初学的孩子采用了一种不拘一格的训练方法。

案例35:打海绵块上的球

江苏的著名教练员周前向我介绍了他执教中的一个有效方法——打海绵块上的球。为了帮助孩子们体会击球用力的感觉,他特别选了一块和球网差不多高的塑料海绵块放在台面的特定位置上。然后他将乒乓球放在这块海绵离击球孩子最近的一个角上,让孩子挥拍击打这个固定了高度、静止在海绵块角上的球。由于海绵块轻而柔软,即使球拍打在海绵块上也不会带来损坏。他在一旁不断将被击出去海绵捡回来,并重新将一个个球放到海绵的角上让孩子们练习，并根据击球的弧线、落点等情况分析孩子们在用力击球过程中的问题，评价他们的用力动作，让他们尽快掌握正确的击球用力感觉。当孩子们掌握了基本的用力感觉后拿掉海绵块，用多球给他们供球进行训练。这也是依据由易到难的原则，采用不拘一格的方法帮助孩子们提高技术。

案例 36：一个位置只练 10 分钟

一次我到淄博去，一位老师带我去看一位教练员的训练。这位教练员在当地培养小孩子很有成绩，许多家长都愿意把孩子送到他那里。那天晚上我看见他正在给两个小孩上小课（单练），我看了一个多小时，发现孩子们练得兴致勃勃，丝毫没有疲惫的样子。其实他们一直在练习发球抢攻和接发球抢攻等结合技术，由于教练员是无规律地给孩子们回球，运动强度其实挺大。观察中，我发现他几乎是每 10 分钟就做一次交换，一会儿是孩子发球、一会儿是教练员发球、一会儿是从正手位练起、一会儿是从反手位练起、一会儿计数、一会儿计分，总之，教练员主导的这种"见好就收"的变化训练效果很好，因为小孩子们注意力难持久，容易疲劳，而这种灵活多变的练法恰恰适应了小孩子们的特点，不仅调动了孩子们的积极性，而且取得了高质量的训练效果。

案例 37："拍高球"，练前后移动

有一次阿联酋的几个年轻运动员到我们这里训练，带队的裴教练是中国人，他训练的这些孩子都掌握了一套很好的反手拉球与进攻的技术。当教练员的都知道，反手进攻需要在前后移动中找好自己的击球点，可是通常在这方面的训练方法比较少，效果也不理想。那么这些外国人为什么掌握得这么好？一次偶然的机会居然让我发现了裴教练他们的特殊训练方法——用多球隔着球网直接向对方的台面拍高球，拍过去球的落点时而长、时而短，高高跳起的球在空中划了一道弧线落了下来，这时他要求训练的孩子根据球落下来的长短前后移动步法，根据球落下的时间适时把握引拍与击球的时机，并力争用力将球准确地击回对面的球台上。这种拍高球练习的方法我从未见过，但是我发现对提高反手位来球长短的判断能力、及时移动，并准确把握引拍击球时间蛮有效果。因为高球回落速度慢，给了孩子从容判断来球长短和位置的时间，可以引导他们移动自己的步法"找球"；同时回落的高球没有前进力，孩子们要自己用力击球控制弧线，有利于提高他们驾驭球的用力感觉。裴教练使用的这种"拍高球"训练法也算得上是不拘一格了。

训练方法是人创造出来的，只要明确需要实现的目标和训练对象的个体情况，就可以大胆发挥想象力，不断创造出不拘一格的新方法。

二、多球训练法

多球训练起源于上世纪60年代，所谓多球训练是指为节省捡球时间或提高连续击球的强度和密度，用多个球进行训练。这种方法是中国乒乓球队受到大松博文训练日本女子排球队的启发发明的。可以说多球训练法的发明是中国推动世界乒乓球运动发展在训练方法上的重大贡献，时至今日一直被各国运动员视为一种行之有效的训练方法。无论何种类型打法或水平的人，都可以采用。

多球训练的作用如下：

1. 掌握和提高技术，改进动作，建立以新的动作定型为主要目的的训练。其特点是加大训练密度，运用范围主要包括：

（1）建立单项技术、结合技术和基本步法的正确动作定型。
（2）纠正错误的技术动作。
（3）提高发球质量和提高发球抢攻（拉）与接发球抢攻（拉）的能力。
（4）补短，如突击台内短球、处理中路球等。
（5）体会难新技术的动作要领。

2. 发展专项身体素质为主要目的的训练。作为发展专项身体素质的最有效方法是多球训练，其特点是完全按照乒乓球的运动方式增加练习强度和练习难度。

3. 作为缺乏某种类型打法的辅助练习。由于受训练对手的打法类型所限，队内训练中缺少在未来比赛中可能遇到某种打法类型的对手，这时可以利用多球训练法模拟相关类型打法作为辅助练习。

三、单球训练法

所谓单球训练法是训练的双方每次只用一个球进行对练的方法。北京什刹海体校曾经做过一个统计，如果采用传统的单球训练方法，在一个半小时的训练课上，孩子们实际在台前打球的时间大约只有30分钟，也就是说，其余三分之二的时间都用于捡球了。为了提高训练的密度，减少捡球时间，许多地方都采取"多球单练"的方法，也就是将一盆球放在球台旁边，每次只从中拿一个球对练，等这盆球都打完了再一起捡球。这样的方法可以节省大量的捡球时间，提高了训练的密度，也没有改变单球训练的基本性质。

第四篇　帮助孩子们提高战术意识
——追求效果的训练

竞技状态这个"水桶"的第二块"桶帮"是战术实力，因为无论什么样的竞技状态，都是参赛者在比赛这个特殊舞台上的表演，而这些表演又都是通过比赛中的战术运用和战术对抗来实现的。然而在现实中我们经常会发现，许多人总是平时练得很好，赛时却表现得差强人意。也常听到一些人抱怨和质疑：为什么他们在接受了专业的训练和指导后，看上去技术进步了，但是一到比赛时，表现得反而不如过去？我在年轻时也有过这样的经历，那是在我经过了一年多的专业训练之后，却在一次公开比赛中轻易地就输给了过去曾经被我打败的对手。我当时的内心中也充满了困惑：为什么练得多了，技术也更熟练了，比赛反而不会打了？面对这样的困惑，直到我走上了教练员岗位才明白，其实这是没有分清技术与战术之间的区别所致，因为前者是练自己，而后者是打对手。当时的我虽然技术练得不少，但是却脱离了打对手的战术需要，只会自娱自乐地对打，不会针锋相对地对抗，这样练出来的技术缺少比赛需要的灵性，自然无法变成克敌制胜的利器。

从竞技状态的水平形成的"木桶效应"来分析，虽然作为第一块表现竞技实力的"技术桶帮"已经提高了，但是这第二块表现竞技实力的"战术桶帮"还比较低，甚至表现为技术与战术的这两块"桶帮"之间还存在着互不衔接的空隙，这时桶中的"竞技状态"水平要想维持在低位的"战术桶帮"上都很困难，比赛表现出的状况自然是可想而知了。

如何尽快打造好战术"桶帮"，为技术注入竞技需要的战术"灵性"，需要每位教练员深入思考。

第一章 先战术，后技术——根据战术需要练技术

技术和战术谁先谁后，这是个含糊的问题。一般的人都会习惯地认为自然是先有技术，然后再组成战术。没有技术，哪来的战术？但是从训练的角度思考，必须建立先战术，后技术的思维。也就是说，系统训练前必须根据训练者的特点，先建立他的赢球战术模式，然后根据既定的战术模式，有选择地制定训练计划，提出具体的技术训练要求。而不能不管有用没用，也不管是否适合自己，都拿来练练，这样不仅会陷入失去方向的盲目训练状态，而且也不能集中精力练好必备的有效技术。用一句俗话比喻就是"扛着梯子，却找不到要靠的墙头"，最后只能落得事倍功半的结果。

案例1：根据横拍快攻战术的需要，建立技术动作

上世纪60年代中期，世界上的横拍运动员大多数还都采用攻守结合的打法，而那时候中国的直拍近台快攻打法已经是如日中天，日本发明的弧圈球也成为了削球的克星。以防守为主的打法，除了用长胶的削球还能坚持一阵儿外，其他的几乎都被边缘化了。横拍的出路在哪里？一时间成了全世界的问题。在这种形势下，初当教练的我，希望借鉴直拍快攻成功的模式为横拍闯出一条路来，可当时的横拍都是离台较远的削球打法，攻球的技术动作幅度都比较大，摆速也比较慢，不能适应近台快攻对横拍进攻技术动作的要求。为此在开始训练横拍进攻技术之前，我先为运动员设计了坚持近台、快速多变的战术模式。然后根据战术要求，提出击球前前臂小幅度引拍、击球时做爆发式用力、击球后"挥拍距离短、动作快还原"等训练技术的具体要求。按照这个先战术、后技术的思路实施的技术训练，我们成功地培养出了中国女子第一个横拍近台快攻运动员闫桂丽。她的攻球挥拍动作小，出手突然，摆速快，落点活。全新的动作结构与传统横拍攻球动作有很大的不同，甚至被一些看惯了传统动作的人讥笑为"木偶"，但是70年代初，她在全世界的横拍都弃守为攻的大潮中脱颖而出，并取得了优异的成绩。

第二章　关注效果——练球为了赢球！

训练中另一个容易出现的问题是：只关注命中率和回合而忽视击球的战术效果。经常看到一些运动员在比赛中出现多回合的对抗场面，不能说命中率不高，但是最终还是输给了对手。虽然当事人和旁观者往往会对这样的结果感到遗憾，甚至用实力不够来诠释这种结果，但是反过来思考，之所以回合多却不能取胜，难道不是自己的击球战术效果不佳所致？殊不知，平时的练球是为了赛时赢球，而不是为了简单回球。

有的人盲目地认为回合多就是在练基本功。当然，基本功扎实的人打球一定有多回合，但是训练时回合多却不一定就是基本功好，这当中的最大区别就在于击球的战术效果。不能设想，缺少制胜战术目标的击球效果重复多次就会量变到质变，也不能期望脱离实际战术要求的回合训练法就能让训练者熟能生巧。教练员和运动员都应该更多地关注训练击球的目标——击球战术的效果，随时检验自己训练中的击球效果距离预期的战术制胜目标是否越来越近。

案例2：命中率和实用率

我对闫桂丽小时候的训练曾经有过记录，作为一个横拍快攻选手，我要求她在正手近台对攻训练时，须保持最快的速度（大约每分钟击球70次以上），并经常安排简单的战术对抗训练——半台正手对攻比赛。记得那时在这样的快速对攻练习中，她最多能连续攻打17个回合，在比赛中，经常可以看到她在与更高水平的对手对抗时，连续对攻三四个回合都不落下风。实践证明，经过对击球战术效果的要求，训练出的进攻技术实用率非常高。

当然也有反面的教训，后来我们曾尝试过回合训练法，经常安排学生连续对攻几百个回合——追求命中率的训练，主观上希望通过这样的训练取得熟能生巧、量变到质变的效果，但是学生们为了完成这些回合数字指标，往往相互降低击球质量，追求脱离实战互相配合、互相默契的击球效果。这样训练的结果是：在比赛中几乎连两三个连续对攻都做不到，更不用说争得主动了。这样的训练有命中率，却没有实用率。

案例3：什么是"打回头"

多年前，我碰到一位旅日华人作家，他计划将中国的乒乓球技术书籍翻译成日文并推荐到日本去，但是他弄不清楚书中提到的一个技术词汇——"打回头"是什么含义。于是他问我，如果用英语怎么解释？我随口回答他说："Attack and counterattack."但是他并不认同我的解释，因为这句英语通常的意思是"对攻"。事后我一直在想，什么是对攻和相持？在实战中真的有人愿意和对手展开对攻和相持吗？其实真实的双方都想一击将对手置于死地，只是没有机会而已，于是相持的局面出现了，这就是我们看到的所谓的对攻，然而这时他们的每一板攻球一定都是带有强烈的制造更好机会的战术目的。想到这里我明白了，这位作家为什么要这么认真地追寻这一板击球的含义，原来他是在深入探询每一板被称作攻球的技术之间的不同战术目的和效果。其实从战术上解释"打回头"就更容易说清楚——这是一种针对对方抢先进攻的反攻战术手段，是实现将战术被动转为主动的一种进攻技术的运用。所以后来我在对攻训练中除了帮助运动员掌握基本的进攻要领外，还会经常安排"对攻计分比赛"，让他们在运用技术中更加注重击球的战术效果。

第三章　注重变化能力——将自己打造得更犀利

　　一次我和前国家队总教练许绍发坐在一起谈打球，回忆起当年打球的经历，他说："当年我比起一般运动员比赛打得好些，主要原因是我会变化，如果我连续两板还攻不死对手，就会立即改变进攻线路。"他说得很轻松，但是经常看到一些运动员，打不死对手时却只知道手上加力，直到把自己的动作打得变形失误为止，可见在训练中有意识地培养变化能力是非常重要的。

　　前世界冠军庄则栋曾经介绍过他的一个训练方法，叫作"死线活练"，就是说，即使是一个简单的正手斜线对攻练习，也要求在同一位置上有轻重不同力量的变化，在前后移动中有近台和离台不同动作幅度的变化。人们都知道世界冠军王楠是一个非常聪明的运动员，据介绍在多球训练中，她不仅要求自己能回击各种不同难度的来球，而且还刻意要求自己击回去的球要有战术针对性的落点变化。

　　其实人们的竞技水平就是在互相变化和互相应变的训练中进步的，但是实际训练中经常看到的是更注重"应变"的练习，常见到教练员在不断地给孩子们增加回球难度，特别是在多球训练中供出变化很多的来球，促使他们提高应变能力。人们可能认为应变能力提高了，就能保证在比赛中不怕对手的任何来球。可是如果过分强调"应变"，也只不过是一个跟着对手变化的被动思路。只有加强自己的主动变化能力，才能在比赛对抗中牵着对手走。可以认为：应变能力的提高能使击球人的综合实力变得更加坚实，而变化能力的提高才能使击球人变得更加犀利。从实战的需要来看，"应变"为了保证不败，"变化"却是为了获胜。战术训练中更应该重视这种以我为主的"变化能力"。

案例4：小李的弧圈球变化

小李是我们女队的主力队员，她的进攻有力，能拉旋转很强的加转弧圈球，但是她在长春的全国中学生锦标赛上发挥得很不好，在团体赛和单打比赛中都失利了。因为她拉出的加转弧圈球速度较慢而经常被对手快速封住，比赛总是打得很被动。赛后大家争论该不该拉速度较慢的加转弧圈球，可是一味要求她打"快"，则很难发挥她击球力量大的优点。于是我们加强了对她变化能力的训练。要求在对手站位近台时，抢高点拉前冲弧圈——迫使对手后退；一旦对手稍离台，就拉强烈旋转的加转弧圈球——造成对方因失去最佳击球点而陷入被动。这样的训练，既保持了她力量大、旋转强的特长，又使她有能力用变化来扰乱对手的合理应对。一年后，在济南举行的全国中学生锦标赛上，她表现出良好的竞技状态，一人摘得了女子单打和混合双打两枚金牌。

第四章　针对性训练——有准备的战术

优势而无准备，不是真正的优势，而有准备的弱者，常常可以打败优势者。战术准备是竞技状态的重要基础，针对重要的对手，进行有准备的战术训练，常常可以保证运动员在比赛中表现出良好的竞技状态，进而顺利地战胜对手。

案例5：后发制人的战术准备

我在巴基斯坦担任国家队教练期间，参加了南亚运动会。与巴基斯坦男队争夺冠军的主要对手是印度队，印度队总体实力比巴基斯坦队略高，他们的头号主力康姆莱施是一个快速的弧圈球攻击型选手，据说这个印度人常年在德国打球，具有进攻积极、技术全面、步法灵活、速度快的特点，扑正手习惯性拉斜线是他的特点。为此我们进行了针对性的战术训练，在训练中特地安排了"逢斜变直"的技术练习。在战术安排上做了针对性的准备——调动正手，回击反手，引诱对手正手斜线进攻后借力打力快变直线，为后发制人创造机会。最后巴基斯坦的阿里夫汗使用这一战术在决赛中以3∶1战胜了对手，夺得了南亚运动会乒乓球比赛的男子单打冠军。

第五章　战术的训练

一、结合技术是通往战术的桥梁

乒乓球战术的使用是为了争取主动态势进而赢得比赛的胜利，针对对手情况有目的地、灵活地运用技术。因此在战术要求的指导下，安排熟练相关技术的结合、衔接性的技术训练是通向战术运用的桥梁。

一般说以改进技术的合理性、提高自身技术能力和技术之间衔接熟练程度为目的的训练是结合性技术训练；以创造机会、争取主动、力争获胜为目的的训练是组合性战术训练。技术训练强调的是技术掌握，战术训练强调的是"态势"掌握，也就是争取主动、创造机会、把握机会、最终获胜的"态势"。

能够成为通往战术桥梁的"结合性技术"训练，必须包括如下两个不同训练要求的转移过程：一是需要从侧重掌握技术的阶段要求逐渐转移、过渡到侧重运用技术的阶段要求过程；另一个是需要从专注自我体验的阶段要求，逐步转移、过渡到注重情势判断的注意力分配阶段要求过程。

二、战术训练的特点

（一）战术训练的对抗性特点

对抗性是战术的本质特征，"打铁还得自身硬"，通过反复的战术训练，使自己"硬"起来，从而提高战术的"对抗性"，才能从根本上取得战略上的优势，实现"不战而屈人之兵"的最高战术目标。

案例6：用实力压倒对手

小李虽然是女孩子，但是一些同年龄男生却不愿意和她比赛。问其原因说是因为她的"摆速"太强了，三板两板打不动她，输了难看。经过观察我发现，她的教练员经常在训练结束后还给她加课，而且总是在练习"一点对全台"的不定点战术对抗。在2014年全国甲C俱乐部乒乓球比赛上，她与队友代表北京六十六中学打进了女子团体前16名。十六进八的决赛时，她们遇上了辽宁队。在这场比赛中小李一人独得两分，最终使她们以3：2战胜了对手，进入了前8名。这场比赛给我留下了深刻印象，比赛中多次出现了双方多回合的对攻抗争局面。面对强劲对手，小李以快制快丝毫不落下风，充分展示了她的对抗实力。由此可见她平时的对抗性战术训练积累了她最终压倒对手的实力。因此将最简单的战术练精，打造自己的对抗实力，提高自己压倒强手的勇气和自信是战术训练的终极目的。

进攻类型打法之间的对抗性战术训练方法一般采用以快制快、以狠制快、以快制狠、以变制狠力争主动的对抗思路进行训练。具体方法不在此叙述。

（二）战术训练的针对性特点

战术训练具有针对性的特点，因为事实上没有一种战术套路是百战百胜的，所谓有效战术都是针对某一特定打法类型或者某一特定战术实施的，是一套有针对性的综合性技术运用破解方案。也可以说是为了破解对手的某类打法或某项战术采取的对策，这就是战术训练的针对性。

案例 7：针对追身用逼大角破解

在湖北十堰举行的甲 C 俱乐部比赛中，六十六中学的女队小张遇上了广东队的对手。小张是一个稳健的削球手，对手则想用弧圈球攻破她的防线，双方打得难解难分。到了第 3 局对方的教练员要了一个暂停，重新开始比赛之后，我发现对手改变战术集中攻击小张的中路追身位置，并逐渐取得了主动权。针对这一变化，局间我建议小张用削、搓球逼对手两个大角度球来破解。上场后小张实施了这一战术，特别是大胆变线到对手右方大角度球，果然对手再也无法集中攻击小张的中路了，小张也因此夺回了主动权，最终以 3∶2 战胜了对手。事后总结，针对对手压中路的追身战术，我们之所以采取逼大角的战术予以破解，是因为从球台两个大角度打到中路追身来的球，其运行轨迹带有小斜线的特征——飞行距离越长，越容易偏离对手希望达到的追身位置。采取这样的战术可以破解对手对小张中路的压力，并在调动对手大范围跑动中使其现出破绽。因此在安排这类战术训练时必须带着破解对手相应战术的针对性意识进行练习。

案例 8：针对侧身强攻用"调正压反"破解

在亚洲中学生的男子单打决赛中，我们的小贺遇上了香港的对手小赵，在团体赛的决赛中小贺曾经依靠侧身强攻的战术战胜过小赵。单打决赛两人又狭路相逢了，但是这场球小赵以 3∶2 战胜了小贺。此役小赵针对小贺侧身进攻快速凶狠的特点，采用"调正压反"战术破解了小贺的侧身强攻。比赛中为了调动小贺的正手，小赵甚至放弃了通常在球台左角侧身发球的习惯，改在球台的右角用正手发球，目的是迫使小贺在球台右方接正手斜线短球后无法大范围移动到球台的左方发动他擅长的侧身进攻，这样一来小赵就抓住了小贺反手的弱点，并以此获得了最终的胜利。采取"调正压反"是破解侧身强攻的针对性战术，"采用先调动对手的正手位，增大对手侧身移动的范围和难度，进而迫使对方反手位漏出空当，伺机进攻"是这一战术实施的思路。因此在安排这类战术训练时必须带着上述思路进行针对性的练习。

案例9：针对"调正压反"用偷袭"直线"破解

在全国甲C俱乐部比赛上，我们的小李遇上河南三队的小牛，双方水平十分接近，比赛打得难分难解。小牛正手进攻的功夫十分扎实，而小李的反手进攻更加犀利。为了压制小李的反手进攻，小牛一直采取"调正压反"的战术，这给小李带来了不少麻烦。比赛打到第5局，双方战到8：8平局，这时小牛再次采用"调正压反"的战术向小李的正手位发球。一直采用正手位用反手"拧"接发球的小李这时突然改变了战术，他用正手挑打直线偷袭对手的反手，直线进攻快而轻，突然性很强，此举使对手猝不及防，以至乱了阵脚，最后小李以3：2艰难取胜。分析这一战术成功的原因，是因为对手采用"调正压反"的战术时一定会将注意力更多地放在正手攻防上，这时用偷袭直线的战术将对手的"压反"企图变为"防御反手"的意识，夺回了主动权。"利用快速直线台内进攻，改变对手的攻防意识，伺机进攻"是这一战术成功实施的思路。因此安排这类战术训练时必须带着上述思路进行针对性的练习。

案例10：针对两面进攻用挤压中路破解

我们的小江在小组团体赛中遇上了中国乒乓球队黄石基地的小黄，小黄是一个两面都能进攻的选手，也是队里的一号主力，此前鲜有败绩。针对对方的特点我们决定采用挤压中路的战术破解，要求小江第一板发球和第一板进攻的落点都要紧紧地挤压对手的中路追身的位置。我们用"一针见血"形容这一战术，用以强化小江的战术意识。果然这种战术十分奏效，破坏了对手攻势。小江以3：0战胜了对手，为本队立下头功。针对两面进攻的战术，我们之所以采取"挤压中路、伺机进攻"的战术予以破解，是因为对手是使用两个攻击点发起进攻的战术，我们挤压其中路追身的位置，迫使其侧身让位，不仅可以延滞对手的进攻速度，降低其攻击威力，而且还可以破坏其两面进攻的平衡性，待对手露出空当即伺机进攻。这就是这一战术成功实施的思路，因此安排这样的战术训练必须带着这种思路进行针对性练习。

案例11：针对稳扎稳打战术用抢攻在先战术破解

小李在下午的比赛中将再次遇上来访的日本青森中学生对手，上午的比赛并不顺利，因为对手擅长台内上手挑球，总是主动将短球转换为长球，将小李台上进攻的突然性化解成离台的对攻，进而通过落点变化调动小李，最后依仗稳扎稳打的战术获胜。为了破解对方的战术，我们决定针对对手的击球习惯，采用前后调动、抢攻在先的战术破解。战术的核心是利用短球将对手"引入台内"，随即趁其台内挑球后退回原位尚未站稳之际，迅速抢攻其台内回接的挑球。我告诉小李，必须抓住对手后退的时机抢攻在先。战术实施的结果完全破解了对手稳扎稳打的战术意图，脚下不稳的对手无谓失误激增，与上午的局面截然相反，下午的小李以较大的优势连续战胜了全部

4个对手。这又是一个针对性战术成功实施的案例，安排这样的战术训练必须带着这种"前后调动、抢攻在先"破解"稳扎稳打"的意识进行练习。

（三）战术训练的灵活性特点

以赢球为导向是战术训练的核心，因此当一项针对性战术实施过程中，对手的情况发生了变化，此前的战术失效，就应该大胆变换预定的战术方案，灵活、机动地面对变化的情况。因此在实施战术训练中也要注意掌握判断对手战术意图的能力和灵活变化战术的本领。

案例12：第二套战术成功了

在印度举行的世乒赛上，我国的江嘉良在男子单打决赛中碰到了瑞典的瓦尔德内尔。此前年轻的瓦尔德内尔已经先后淘汰了中国的另外两名选手，可谓来势汹汹。江嘉良准备了两套战术，第一套是通过长、短球前后调动对手伺机进攻；第二套是控制台内短球伺机进攻。比赛开始江嘉良按预定的第一套战术实施，但是效果不佳。于是他果断的改用第二套战术，终于克制了对手的进攻，并且发挥出中国近台快攻台内"突击"的突然性，最终以3：1战胜了对手，夺得了那届世乒赛的男子单打世界冠军。

案例13："你不变我不变，你若变我先变"

小王是一个攻、削结合打法的选手，一次队内比赛，他准备了两套战术。一套是抢攻在先的战术，另一套是稳守"削转与不转球"制造对手失误的战术。这两套都是针对性的战术，第一套战术计划针对对手打算稳扎稳打伺机扣杀时使用，以抢攻打乱对方的进攻节奏；第二套战术针对对手打算积极防御反击他的抢攻时使用，以慢节奏的变化削球引诱对手忙中出错。比赛一开始，预测对手会使用拉、扣结合的战术时，他使用第一套战术，并估计对手可能在三五分球之后会改变战术，于是他要求自己随时注意观察对手的姿态变化，果然五分球左右对手开始针对他的抢攻战术做姿态调整。这时小王主动改变使用第二套战术，使对手的调整落了空，只好重新寻找调整方向。就这样小王反复变化这两套针对性的战术，并通过提前预测、随时观察、适时改变，把握了变化战术的先机，最后战胜了他从未战胜过的对手。

第五篇 帮助孩子们积累体能
——基础的训练

作为竞技实力之一的体能是竞技状态这个"水桶"四周的第三块桶帮，因为体能不仅是运动员在重大比赛中发挥出较高技、战术水平的基础保证，而且是帮助运动员进入比赛高潮——决赛必备的能量储备。

简单地说，体能就是运动员适应比赛环境的能力，这是运动员的基本运动能力，是运动员竞技能力的重要组成部分，运动员的体能水平由身体形态、身体机能和身体素质三方面决定。身体形态和身体机能是体能的物质基础，身体素质是体能的外在表现。运动员的体能水平是力量、速度、耐力、灵敏和柔韧等身体素质综合表现的结果。乒乓球教练员虽然不一定能成为体能训练的专家，但是了解体能训练的一般规律对教练员掌控系统训练的全过程是十分必要的。

第一章 乒乓球运动身体训练的意义和特点

加强身体训练是促进身体正常发展和防止运动损伤的需要。开展体育运动的根本目的在于增强体质。如果只打乒乓球而不进行全面身体训练，就容易形成身体各部分发展不平衡。例如两支手臂发展不匀称，背肌一侧发达一侧不发达，甚至引起脊椎向一侧弯曲的现象。缺乏必要的身体素质，往往还容易引起运动损伤或身体不良反应。

加强身体训练，发展身体素质是掌握乒乓球技术和提高乒乓球训练水平的物质基础。对一个从未参加过体育锻炼的人和一个经常参加各种体育锻炼的人，提供同样的技术训练条件，采用同样的训练方法，尽管他们过去都没有打过乒乓球，但由于身体素质不同，其学习和掌握乒乓球技术的程度，差别极大。随着乒乓球技术的发展和难新技术的不断出现，比赛也越来越激烈。要想不断提高技术水平和适应比赛的需要，就必须进行大运动量和大强度的训练。为此，只有进行系统的身体训练，才能适应现代乒乓球运动的技、战术训练和比赛。

坚持长期、系统的身体训练，可以提高运动器官、中枢神经系统、心血管系统以及呼吸系统的功能。这不仅有利于掌握和发挥全面技术，提高技术水平，而且还可以延长一个人的运动寿命。

乒乓球运动首先需要的身体素质是速度和灵敏素质，运动员需要在0.3~0.5秒的瞬间判断来球的速度、力量、旋转、落点、弧线，并快速作出有效的技术和战术决定，这都需要良好的反应速度、动作速度、起动速度和移动速度，以及与之相关的协调与灵活的各种动作。

其次，乒乓球运动是个人对抗项目，比赛往往持续几天，因此耐力素质的水平对运动员是十分重要的。

最后，发展力量素质不仅可以提高击球速度，压缩对手的反应时间，破坏其控球能力，而且还能扩大自己的击球变化差异，进而增加对手回球的难度，使对手处于被动状态。

教练员在全面安排解决共性素质问题的同时，要注意因人而异。不仅需要根据孩子们的不同年龄、不同性别及不同身体条件考虑不同孩子承担运动量的实际可能性，而且还要根据孩子们的不同训练阶段、不同技术特点以及不同的打法类型，选择不同的训练侧重，安排不同的训练方法和检测标准。

第二章　敏感期和训练侧重

说到体能的训练和提高，首先要考虑充分利用儿童至青少年阶段不同身体素质发展的敏感期。所谓敏感期，是指特定能力和行为发展的最佳时期。各种身体素质都有自己发展的敏感期，在这段时期所对应的身体素质能力发展相对迅速。身体素质发展的敏感期大多集中在儿童少年时期，如果错过了相应的敏感期，则所对应的身体素质发展将很难达到理想水平。在敏感期侧重训练发展其相应的身体素质，对日后的技能学习都将打下坚实的基础。一般来说：

4~7岁是柔韧素质的发展敏感期，柔韧素质好的孩子在以后的高强度训练中不易受伤。

7~10岁是速度素质的发展敏感期，应主要发展动作速度和动作频率，并在后期开始以发展反应速度为主。

10~12岁是身体协调和速度素质发展的最佳时期，应继续发展反应速度和移动速度，并开始灵敏、肌肉协调能力的训练。

12~14岁是运动技能学习和关节力量发展的好时期，应重点发展专项肌肉协调能力和速度力量等素质，并开始有氧耐力训练。

15~16岁可以进行较大强度的力量训练，特别是专项力量和无氧耐力训练。

17~18岁可以进行大强度的力量训练和专项耐力训练。

第三章　超量恢复与过度疲劳

提高体能的训练必须遵循超量恢复的原则，人体的机能之所以能通过训练获得不断提高，是因为本身具备超量恢复的功能。所谓超量恢复，是指训练量超过现有身体负荷极限的部分，在训练后的恢复中可以变成身体新的负荷能力。比方说，假定某人的身体最大负荷能力是80，如果一次训练的负荷达到82，也就是消耗了他的全部负荷能力后，再坚持有所超过。那么经过之后的休息、调整，他的负荷能力不仅能够完全恢复，而且还将超过以前的水平，达到82。人的体能就是这样经过不断训练，不断超量，不断超量恢复，从而实现提高的。

这样说提高身体负荷能力似乎很简单，其实不然，难点在于受训者体能负荷的极限会因为种种原因不断地变化,很难随时准确把握。如果训练负荷达不到极限,没有超量,体能就不会提高。反之,超过的负荷过大,就演变成疲劳过度,轻者导致身体的负荷能力在训练后不能正常恢复,重者还会对人体机能造成损坏,形成伤病,甚至不可逆转。虽然现在科技的进步可以为教练员提供更多的参考数据,但是对"极限"尽可能地准确把握,还在于主管教练员对自己运动员的细致观察和深刻了解,因为决策权和训练效果终归要落在主管教练员身上。

如果希望在重大比赛中能表现出最佳竞技状态,那么在安排体能训练时,可以遵循以下原则:离比赛日期较远的训练阶段,可以大胆运用超量恢复的原则,这样的安排可较快提升体能储备;接近比赛的训练阶段可以逐步降低运动量,适当调高运动强度,以保存体能,防止伤病,适当减少体能训练,以保证在重大比赛前体能得到充分的恢复。

案例1:调整负荷,实现超量恢复

记得那是上世纪80年代,根据当时业余体校乒乓球训练大纲的考核要求,要测验双摇跳绳。为了测出好成绩,我们在每天的技术训练课后都安排双摇跳绳的练习,并且要求学生天天力争突破以前的纪录。因为天天练,一开始跳绳的技巧与体能都提高得很快,但是坚持了一段时间之后就增长不上去了。其中小曹的纪录始终停在88次/分钟,无论怎么练就是不提高了。针对这种情况,我调整了运动负荷,在距离测验的两天前,我将跳绳训练全部停了下来,只做其他的训练,为她安排了一个充分的"恢复"。结果在测验那天,她一下子就跳出了93次/分钟的好成绩,实现了我们"超量恢复"的目标,创造了她自己的最高纪录。

第四章 注重专项身体素质训练

虽然全面发展身体素质肯定对提高乒乓球竞技水平有帮助,但是突出乒乓球专项特点仍然是发展练习者身体素质的首选。因为只有与乒乓球运动特点相关的身体素质训练,才能有助于乒乓球竞技实力的提高。所以在训练中应该选择与乒乓球动作特点相关的身体素质训练方法;应该依据乒乓球运动能量供应的特征安排运动训练的量与强度;应该按照乒乓球运动特点对身体素质的需要和侧重排序,确定发展各项身体素质的主次。

案例2:多球训练的时间

上世纪60年代初,号称"魔鬼"教练员的大松博文以独特的训练方法,率领着号称"东亚魔女"的日本女排战胜了强大的苏联队,连续夺得了世界冠军和奥运会冠军。随后她们受周恩来总理的邀请,来到中国介绍她们的训练法。那时候,在京的运动队都被安排前去观摩,多球训练法就是当时的国家乒乓球队受了她们的启发发明的。最初的多球训练负荷量安排也试图模仿日本女排搞"极限训练法",但是与排球运动不一样,乒乓球运动基本上是有氧供能的耐力性负荷运动项目,每分钟最快只有70多次的击球频率,即使是持续15分钟以上大范围移动的多球训练,也不足以使运动员因缺氧被"打倒"。后来科研人员根据乒乓球运动员心肺功能提高的规律,筛选出以持续45秒左右为一组多球训练的最佳时间,从而改变了盲目追求所谓"极限"的不科学做法,既提高了专项耐力素质,又保证了技术动作的质量,也有效地减少了伤病事故。

第五章 适度紧张和抓紧休息

在重大比赛中,体能是保证竞技状态的基础因素。保持适度的紧张和兴奋是适应比赛氛围必须具备的状态,但是在一场场比赛之间,充分休息、保存体力、准备再战也是尤为重要的,两者似乎有点矛盾,其实这是一个如何把握的"度"。因为过于紧张将消耗大量体能,使你不可能坚持到最后,所以在此期间不主张安排大运动量的体能训练;然而过于放松又将使你无法适应比赛紧张的节奏,同样不能继续走下去,所以不宜用冲洗热水澡或游泳的办法放松,也不要在赛前起床太迟或睡得太多。

案例3:睡过时间,跟不上节奏

第43届世乒赛上,中国男队第一主力王涛不仅要参加团体赛,而且还要参加双打、混双、单打等全部比赛,体能消耗非常大。为了保证他打好单打比赛,相关各方面都督促王涛注意赛间休息。据说在与韩国选手金泽洙的八分之一单打决赛之前,王涛抓紧时间小睡了一会儿,但是负责叫醒王涛的人希望他多睡一会儿,没有及早叫醒他。当他醒来时又遇到比赛开始时间提前,刚睡醒不久的王涛仓促上场,怎么也跟不上比赛的节奏,输给了金泽洙。纵观过去的战绩,他从未输给过这位韩国选手。当然事后因金泽洙被查出使用了违规胶水而被取消成绩,但是王涛也因此失去问鼎男子单打冠军的机会。

案例4:俯卧撑影响了她们的单打

记得在齐齐哈尔举办的一次北方少年分区赛,某省女队是上一个年度全国少年比赛的团体冠军,其中小曲和小王还获得女子单打的第1名和第3名。可能是由于准备不足的缘故，这个夺冠最热门的队在第一场比赛时却以 2∶3 输了我率领的北京队，失去了夺冠的机会。据说盛怒之下的教练员，处罚小曲做了 150 个俯卧撑。虽然我们相信她们平常必定有这样的体能，但是对这样的负荷，短暂的比赛期间却没有给她们充分恢复的机会。事实上，这两位种子级的选手，在后面的单打比赛中再也没有更出色的表现了。

第六章 防伤病与练毅力

较大负荷的体能训练可能会产生伤病，因此防止伤病是体能训练必须重视的问题。必须注意体能训练前的热身运动和训练后的放松运动，还须注意体能训练的负荷与训练中动作的合理性。加大体能训练的负荷不仅是超量恢复的需要，也是锻炼意志品质的好机会，因为当负荷接近人体极限时，都会遇到人体惰性不由自主的抵抗，克服并战胜这种惰性抵抗的过程就是意志品质提高的过程。因此事先做好思想动员，合理安排"超量"和坚持实现目标都是至关重要的。有些教练员喜欢将大运动量的身体训练当作惩罚手段，用以惩罚那些没有完成比赛或训练任务的队员，这就违背了体能训练的本意，也失去了练习者为提高意志力坚持持续行动的正面动力。虽然从锻炼练习者面对挫折的承受力角度来说，这种惩罚措施似乎也有一定的道理，但是是否一定要用惩罚这个措施也值得商榷。

案例 5：拉伤肩膀影响比赛

那是我在巴基斯坦带队参加南亚运动会的集训期间，离比赛还有大约一周的时间，我的训练安排出现了一个失误。记得那天上午的训练已经接近尾声，因为有些运动员的训练状态疲沓，总调整不上去，引得我产生了烦躁情绪，于是我临时决定加一组扣杀机会球的多球训练。其实这是一个愚蠢的安排，至今回想起来还让我追悔不已。一方面用这种办法去宣泄情绪本身就是一个不智的选择；另一方面在训练疲惫的情况下，安排这样的专项力量训练最容易出伤病。果然，计划还没练完其中一个运动员就拉伤了肩关节，虽然我及时地停了下来，但是不得不花大力气调整后几天的训练计划，并且还要积极帮助那个队员疗伤。他的伤在这么短的时间自然难以痊愈，虽然他坚持参加了南亚运动会的比赛，但是也没能打出理想的成绩。

总之，经验和教训告诉我们，在身体训练中，必须切实注意安全，严防伤害事故的发生。身体训练结束时，要进行有关部位的反向活动，使在训练中长时间收缩的肌肉能得到拉长，并做些必要的放松和按摩活动，以利消除疲劳。

第七章　常用的身体训练方法介绍

身体训练是用以发展一般身体素质和专项身体素质为目的的。一般身体素质与专项身体素质既有区别又有联系。选择某种练习手段既可能发展一般身体素质，也有利于提高专项身体素质，它们之间是不能截然分开的。但是，为了阐述方便，这里还是将发展一般身体素质和专项身体素质的内容和方法，结合乒乓球运动的特点，分别进行介绍。

一、发展一般身体素质的方法

一般身体素质训练的内容大致包括速度、力量、弹跳、灵敏、耐力、柔韧等几个方面。

（一）速度

所谓速度，从本质上讲就是肌肉收缩和放松交替的快慢，包括身体某一部位的移动速度和整个身体重心的移动速度。弹跳与速度相结合，给人以轻快的感觉；反应与速度相结合，又给人以敏捷的感觉。这对参与乒乓球运动的孩子们来说都是很重要的。

发展速度素质一般可以采取各种跑的专门练习，如各种姿势的起跑、变速跑、冲刺跑、加速跑、上下坡跑等等。在方法上可以采用重复跑、计时跑、接力跑、比赛等等。在发展速度素质时要注意：

1. 速度素质的练习应安排在力量练习和耐力练习之前。
2. 要强调提高身体重心，跑时要求前脚掌着地。
3. 发展乒乓球运动员的速度素质时，提高步频比加大步幅更符合专项特点。
4. 力量是速度的基础。

（二）灵敏

灵敏实质上就是中枢神经系统对运动器官的支配能力。其标志主要是看完成动作的准确与快慢程度。它包含着反应、协调性和动作幅度等因素。发展灵敏素质一般多从提高反应速度入手，常采用的方法有：看或听信号做变换方向跑；看或听信号突然改变运动形式或身体方向或身体各部分的位置；身体各部分的反向运动；各种形式的追逐游戏；篮、排、足球一对一的攻防练习，以及断球、抢篮板球；技巧运动等等。

（三）弹跳

发展弹跳力，是提高步法移动能力的基础。常采用的方法有：小跳步、蛙跳、跨跳、单足跳（上述练习最好在塑胶跑道上进行）、跳绳、多级跳、跳台阶、立定跳远等等。结合乒乓球运动的特点，尤其要注意发展连续弹跳的能力。

（四）力量

力量一般分为绝对力量和快速力量。所谓绝对力量，就是肌肉收缩时所表现出来的最大力量。而快速力量（爆发力），指的是单位时间肌肉用力的大小。例如，甲、乙两人各自均能举起100千克，但甲所用的时间为0.6秒，而乙只用0.4秒，则甲、乙两人的绝对力量相等，而乙的爆发力量比甲好。发展力量的主要方法是负重。发展快速力量对打乒乓球的人来说具有更重要的意义。因此，在进行力量练习时，负荷不宜太重，必须保证快速用力。常用的方法有：

1. 发展上肢力量，常采用单杠摆动引体向上、双杠摆动双臂屈伸、俯卧撑推地击掌、用哑铃做手腕绕环和前臂屈伸等等。也可采用投实心球、垒球等练习。

2. 发展躯干力量，常采用仰卧起坐接转体（仰卧时两腿尽量分开，起坐时用左手摸右脚尖，下次起坐相反）、俯卧两头起、肩负杠铃（直立或体前屈）转体、向前后左右抛实心球等。

3. 发展下肢力量，以发展弹跳力为主，也可以做些负重快速半蹲起（提踵）等练习。

（五）耐力

耐力就是人体进行长时间活动的能力。耐力越好，疲劳出现越晚。耐力可分为一般性耐力、速度耐力和力量耐力。

发展一般性耐力最常用的方法是进行长跑。长跑既可以在田径场进行，也可以做越野跑。在长跑中可采用变速跑（50米快、100米慢或100米快、100米慢等）、运球跑（用脚），或穿插侧向跑、蛇形跑、跨越、躲闪障碍等形式。

（六）柔韧

提高柔韧性对掌握乒乓球的高难动作、防止运动损伤有一定作用。对以削球为主要打法的人更具有特殊的重要性。

发展柔韧素质，既要提高肌肉韧带的伸展性，又要提高各关节的灵活性。常用的方法有各种压腿、踢腿、摆腿、体前屈、体后屈、体转、压肩、转肩、腕、踝关节的绕环等。

在进行柔韧性练习时，可以适当地给予外力帮助，但切勿加力过猛，并要注意循序渐进，持之以恒，不要操之过急，以免拉伤肌肉或韧带。

二、发展专项身体素质的方法

乒乓球运动员的专项身体素质是根据乒乓球专项运动的特点对人体机能的特殊要求而决定的。无论何种运动项目，其专项身体素质均以一般身体素质为基础。因此，打乒乓球的人在进行一般身体训练的同时，还要进行专项身体训练。

（一）乒乓球专项素质的特点

1. 专项速度与灵敏

乒乓球运动是一项对抗性的非周期运动，其特点是速度快、变化多。根据测定，来球在空中的运行时间一般为 0.3~0.5 秒，扣杀球的速度可达 20 米/秒。如果双方相距 4 米，那么球从扣杀开始，到达对方球拍位置，只需 0.2 秒。这么短促的时间里，要正确判断来球，决定回击方法，移动步法，挥拍击球，难度是极高的。世界优秀乒乓球选手，最快运动反应速度不超过 0.1 秒这个限度，而人体的移动速度，即便是在加速时也只能达到 10 米/秒，如果从静止状态开始，移动 1 米，最快也得 0.1 秒。由此可见，对一个打乒乓球的人来说，发展专项速度和灵敏，具有尤其突出的意义。

专项速度和灵敏包括反应速度、步法移动速度（包括起动速度和移动速度）和挥拍击球速度（包括前、后摆速和左右摆速）。

2. 专项力量

乒乓球所需要的专项力量，主要是击球时所需要的快速力量（爆发力）。力量越大，球速就越快或旋转越强。发展手臂（包括上臂、前臂、手腕，甚至包括手指）的爆发力和腰腹肌肉的快速工作能力，无论对以速度为主还是以旋转为主的人都是非常需要的。此外，发展下肢力量有助于提高步法移动速度。

3. 专项耐力

从乒乓球比赛的一些资料统计来看，一场比赛要挥拍击球 300~1200 次，移动距离达 1000~3000 米。对优秀运动员来说，参加大型比赛，平均每天要打 3 场球，连续比赛 10 天左右。而越到后期，对手水平越高，比赛越激烈，对体力的要求也越高。甚至到最后一个晚上，有的还要参加 3 个单项的决赛。在这种情况下，专项耐力就显得特别重要了。乒乓球的专项耐力主要是长时间进行快速击球、连续扣杀、步法移动等专项力量耐力等。

（二）选择和创编乒乓球专项素质训练的方法

1. 通过专项技、战术训练，有意识地发展专项素质。
2. 选择最重要、最常用的单项（如正手攻球、拉弧圈球、削球等）或结合技术（如左推右攻，推挡侧身攻，推挡、侧身、扑正手攻，正、反手削球等）作为专项身体训练手段。训练中应将有规律练习与无规律练习结合起来。

3. 根据单项技术或结合技术的特点，创造近似的练习手段。

4. 在专项身体训练中，通过加大或降低练习难度达到发展专项素质的目的。

（1）加大练习难度：如轻重量的负重、加快击球速率、加大移动范围、增加动作次数和延长练习时间等。

（2）降低练习难度：如徒手挥拍练习、只做步法移动而不做击球动作、连续扣杀定点定性来球等。

（三）发展专项身体素质常用的方法

1. 发展专项速度的方法

（1）提高步法移动速度

①按正常步法移动范围或扩大步法移动范围做定时（30秒~1分钟）计数或定量（50~100次）计时的练习。

②在做各种步法移动练习时，可采用只练步法不做击球动作，也可结合徒手挥拍进行练习。

③通过加快多球的供球速度，迫使练习者加快步法移动的速度。

（2）提高挥拍击球速度（包括摆速和击球速率）

①单一技术或结合技术徒手挥拍练习。在保证动作幅度及正确性的前提下，做定时（30秒~1分钟）计数或定量（50~100次）计时的练习。

②通过加快多球的供球速度，迫使练习者提高摆速和击球速率。

2. 发展专项力量的方法

（1）发展上肢击球力量的练习

①利用轻哑铃或铁制球拍（0.5~1千克）做定时或定量的各种挥臂练习。

②持拍手的前臂绑沙护臂进行负重多球练习。

③负重或不负重连续扣杀高球练习。

（2）发展下肢专项力量的练习

①肩负杠铃做半蹲、半蹲起、半蹲滑步、向前或向侧跨步、双脚跳、快速提踵等练习。

②穿沙背心或绑沙护腿做各种负重步法移动的练习。

③用敏捷梯进行各种步法的起动与移动训练（敏捷梯是一种由绳带缝制成的软梯子，将它平放在地面上，要求孩子们在敏捷梯的格子里做各种快速、连续的跳动、移动训练）。

3. 发展专项耐力的方法

（1）在技、战术训练结束后，接着安排专项耐力训练效果较好。

（2）进行定时或定量的多球训练是发展专项耐力的有效方法，并可根据需要有所侧重地发展上肢速度耐力和力量耐力或下肢步法移动速度耐力。

(3) 1500~3000 米变速跑。

以上介绍的训练方法都是传统易行的方法。随着环境、条件的改变，体能训练可以利用的器械越来越多，小到练习手臂爆发力的拉力橡皮筋，大到可供多种素质训练的联合器械，可以说应有尽有。也可以因地制宜，充分利用四周的自然条件进行体能训练。记得上世纪60年代，有一位最受中国人尊敬的日本女子世界冠军松崎君代，她具有女选手少有的良好身体素质，并掌握可以媲美男子的进攻技术，而更难能可贵的是她那对胜败荣辱不惊的风度。因此，她受到了包括周恩来总理在内的国家领导人、运动员和观众的喜爱和尊敬，并成为了当时中日友好的民间使者。据她介绍，为了随时锻炼腰腹力量，每次乘坐公共汽车时，她都选择在汽车行走摇晃的过程中，始终保持独立的站姿，不让自己手扶汽车的任何部位。这样既练就了她的平衡能力，也练出了超过常人的腰腹力量。还有当时的日本女子排球世界冠军"贝冢"队，为了掌握翻滚救球的防守技术，需要降低身体重心迅速移动的能力，她们在通往练习馆走廊的两侧栏杆间造了几个洞，每次去训练时不走门，却要多次钻洞，最终练出了超人的防守能力。还有一次我去上海体院培训中心参观，发现正在那里训练的中国乒乓球学院的孩子们正在做训练课前的准备活动，据统计孩子们在将近20分钟准备活动中始终是在跑跳中进行的，各个关节的活动都与跑跳结合进行，运动负荷真不小。上述种种案例说明，体能训练可以从实际出发，依据乒乓球项目的特点，因人、因时、因地制宜，采取不拘一格的方式方法进行。

第六篇 帮助孩子们开发心智
——培养孩子智慧的训练

　　心智能力是竞技状态这个"木桶"的第四块"桶帮"，智能简单地说就是对客观世界的认知和处理能力。教练员、运动员面对的客观世界不仅包括技、战术，身体素质等硬件的范围，而且还包括人际关系、精神交流等软件的范围。认知水平的提高首先需要具备的前提条件是注意力，因为注意力是一种主动意向的活动，它关系着认知的方向和效果，在各种认知活动中起着主导作用。所以教练员需要帮助运动员建立正确的注意力导向，只有聚焦正确的认知方向，才能做出得当的处理。经常有人问：聪明与智慧的区别在哪里？在我看来，能被轻易看得出的智慧多少有点是"小聪明"；而不易被人认可的聪明，才可能是"大智慧"。所以中国自古就有"大智若愚"之说。因此，在提高智能这块竞技状态的"桶帮"时，引导、启发和要求受训者将注意力集中到对"大智慧"的认知上来是十分重要的。

第一章　对信仰的认知是大智慧

什么是信仰？有人说："信"就是"感恩"；"仰"就是"敬畏"，这话有一定的道理。试想，一个不懂得感恩或缺少敬畏之心的人，会用一个平常之心去冷静认识客观事物吗？会有人愿意在他遭遇困境时帮助他吗？或许更多的人宁愿看着他滑向失败，成为教训，警示后人。反观失去了别人的帮助，即使自己整天把注意力集中在算计着吃亏或占便宜上，难道还真的能占到大便宜吗？这样的人还可能是个有智慧的聪明人吗？因此在提升智能的过程中，首先需要引导受训者将注意力集中到对"做人"这个大智慧的认识上，才能保证获得"求之以高，得之以中"的上好结果。

案例1：感恩之心开拓了他的发展空间

小贺是一个懂得感恩的人，他在六十六中学的学习阶段，曾多次代表学校参加国内外的中学生比赛，为学校争取了荣誉，他个人也因为多次夺得金牌，获得过北京市银帆奖，并被选送北京大学。令我感动的是，结束高考后的他，原本计划去学开车，并放松一下紧张了半年的身心，可是即将举行的第11届全国中学生运动会打乱了他的计划。那时我负责组建北京市代表团的乒乓球队，我希望能邀请到他参加。本来作为当年的应届毕业生，他有权利谢绝参加，何况因为准备高考，他已经半年多没有训练了，技术生疏不说，体重就增加了12斤。更不幸的是，高考结束那天他还把腿摔伤了。可是面对诸多困难和巨大压力，他没有丝毫犹豫就答应了下来。待他腿伤稍好后来报到时，距离比赛开始只剩下十几天了。我对他调侃说："你要是再不来，我这个教练员也不当了。"他笑着回应说："你要是不当教练员，我也就不来啦。"这两句话充分反映了我们之间的感情。十几天的训练，又要恢复技术状态，又要减体重，而且还要克服伤痛。这些对他来说真是不容易的事，但是他都挺过来了，并在中运会上与队友合作，为北京队夺得了男子团体和混合双打两项冠军，带领着队友超额完成了北京市代表团分配给我们的任务。现在小贺凭借他优异的比赛成绩和合格的高考分数，已经是北京大学的一名合格大学生了。回顾他准备高考的过程，在老师们的帮助下，经过半年的努力，他的文化学习成绩竟然增长了一百多分。可以说，在他成长和成功的过程中，学校、教练员和老师始终倾尽全力帮助了他。这也印证了"好人必有好报"这句老话。

案例2：敬畏之心使他抓住了获胜的机会

在长春举行的全国中学生锦标赛上，参加男子双打决赛的运动员已开始进场练球了，我是小贺与小王这对选手的临场指导。看看比赛就要开始了，坐在场外的我下意识地将座椅向左挪了挪，目的是可以清楚地看到裁判台上的比分。这时正在球台对面进行赛前练习的小贺突然跑了过来，他要求我把椅子向相反的右方挪。我诧异地问他："为什么？"他认真地回答说："这样我们才能清楚地看到您。"原来我现在坐的位置正好在他们对手的身后，比赛中他们可能看不清我的态度和暗示。这场比赛我们最终以 3:1 顺利地战胜了对手，获得了高中组男子双打全国冠军。下来之后，小贺要求我挪椅子的那一幕在我的头脑里久久挥之不去。说实话，我从来还没碰到过一个像他那样如此注意赛场内外配合的人。试想，有这样的谨慎、认真的态度，有这样的忧患意识，有这样的对制胜因素最大化的认知能力，总之，有这样的对比赛因果关系的敬畏之心，难道机会还会从他们手中溜掉吗？

第二章　悟性是认知的原始智慧

对实现目标因果关系的清晰感悟就是悟性，或者说悟性就是对事物的领悟能力，是智能的一个重要表现。看过《西游记》的人都知道，其中讲述了一段孙悟空学艺时的悟性。故事的情节是这样的：孙悟空在师父传道的课堂上听得手舞足蹈，影响了课堂秩序。师父生气地用拂尘杆敲了他脑门三下，背着手从后门走了。师兄弟都埋怨悟空，可是一心学艺的他却不这样想，他注意到的只是师父的这些动作，并领悟为这是给他的暗示——要他半夜三更、背着别人、从后门找师父单独学艺。后来他果然利用了这一机会，感动了师父，学到了非凡的本领。书上没有说明是否师父本意就是这样的暗示，或许这仅仅是悟空自己的猜想，但是站在师父的位置上思考，如果发现徒弟有这样的悟性，师父难道还会对他无动于衷吗！因此教练员在帮助运动员提升智能的过程中，要及时发现他们表现出来的悟性，并借助于注意的力量引导他们的悟性在"学艺"上得到长足的发展，使悟性与学艺形成互相促进的良性循环。

案例3：小闫的心机

当年先农坛体校与什刹海体校合并，成立了北京市体校。我被调到市体校负责女队的训练，两个体校的女生从此合并成一个班。不久举办了北京市的比赛，学生都回到属地代表自己的行政区参赛。小闫是我从先农坛体校带过来的学生，这场比赛她打得很不顺利，对手是两个队合并后的队友。作为女队教练员的我，现在的双方已经都是我的学生了，自然不能单独做小闫的场外指导，于是只能静静地坐在场边观看她们的交战。这时一个球打了过来，球落地后慢慢地向挡板滚来，小闫注意到我坐在挡板外边，于是她就放慢脚步，跟着球走，而且还不经意地用脚将球向我坐的方向轻轻地踢了一下，直到球滚到我的面前才将球拾起。她抬头看了我一眼，似乎在求助，我只能对她笑了笑，没说什么。比赛最终她输了，下来后，我看她坐在一边伤心地落泪。我走过去批评她说："真没出息，输了场球就哭！"可是她反驳说："不是为输球，是委屈！""有什么委屈？"我诧异地问道，她回答说："球都踢到您脚下了，为什么您不帮我，还笑我？"真没想到，小小年纪的她居然能玩出这样的心机，但是当时我真被她的小心机感动了，因为在这样的心机背后表现出来的不仅是她打赢球时的强烈欲望，而且还反映出她对运动员与教练员互动关系的深刻认知，这就是她的悟性，从此小闫成为我们重点培养的对象之一。

为了加深她对乒乓球的认知和感悟，我们制定了一系列计划：

一是安排、鼓励她独自主动去向高手求教技术，这样做的目的，除了要锻炼她的胆量，提高她的主动性，更重要的是帮助她从多个层次认知、领悟乒乓球。先后安排她向很多名人高手，包括前世界冠军邱钟惠、前国手吴宏等人请教过正手和反手的攻球技术。

二是特别聘请知名教练员对她的训练进行指导，提高她对高水平训练技术要求的认知和领悟。

三是利用队内、队外教学比赛的机会，有意安排她既做运动员，又担任场外指导，让她从多个角度认知和领悟乒乓球。

事实上这些活动不仅帮助她克服了胆怯心理，提高了勇气与自信，而且从不同层次加深了她对乒乓球的认知和领悟，对她后来成为优秀运动员有很大帮助。经过这样的磨炼，她逐渐成为当时队里对乒乓球最有悟性的学生。她训练投入，特点鲜明，理解技术深刻，是我们队里进步最快、水平最高的学生。后来她入选国家队，并代表国家参加世乒赛，取得了优异成绩，为国家争取了荣誉。

第三章　对整合的认知是借力的智慧

一个人的资源总是有限的，要想做成大事必须学会整合，也就是汲取别人的资源帮助自己做成要做的事，这也是智能中对人际关系深入认知的重要表现，但是整合必须遵循以下逻辑："你有什么？你想要什么？你缺什么？谁有你缺的？别人为什么要给你？"只有正确回答了上述问题才有可能实现自己的目标。因此，在提升智能的过程中，需要启发运动员学会整合，并且利用注意的力量，集中整合自己与教练员和对手的关系，建立良性互动和协调配合的共赢关系。

案例4：抓住整合的契机

小魏原先的教练员调走了，因此她和几个队员就合并到我的班里。在开始的阶段她们很不适应，特别是小魏总感到我这个新教练员过于偏爱原来自己的学生，不喜欢她们这些所谓的"外来户"。因为缺少信任，小魏经常和我因误会而产生冲突，为此我们都很烦恼。小魏也知道这样下去将无法实现她的梦想——成为一名优秀运动员，可是她又猜不准教练员的心思。机会终于来了，一次公开赛即将举行，我们需要选派两名队员参加。起先我安排队员自己去讨论，让她们推荐两个人，但条件是选出目前技术状态最好的人。事实上，大家都很想参加这场难得的公开赛，可是她们却推荐了两个技术状态不好的队员。看到这样的结果我很生气，决定放弃这种推荐办法，由我直接指定了两名队员参加，其中一个就是小魏。过了一会儿，小魏来到我的办公室，送来了两块糖。我诧异地问她为什么？她不好意思地告诉我说是因为打赌输了。原来她们在下面打赌，故意推荐两个所谓我"特别喜欢"的学生，想借机考验一下我的公正性，结果她赌输了。聪明的小魏愿赌服输，送糖给我，乘机从侧面表达了她对我的歉意。其实小魏非常希望得到我的帮助，以便实现她自己的理想，她也知道我是能帮助她的，但是她必须和我协调关系才能得到帮助。她抓住了这一整合契机，表现了她的智慧。同样作为教练员，我也一直注意在寻找这样的机会，于是我接住了她的"橄榄枝"，并给了她真心的回应。此后她不仅成为队里和教练员配合最默契的学生之一，而且也成为能与训练对手积极互动、良好配合的队友。通过一个冬训，她的技术有了长足的进步。在第二年春季的邀请赛中，她击败了许多专业队的运动员，当年就被选入北京乒乓球队；翌年她在全国少年乒乓球锦标赛中夺得了女子甲组的单打冠军，随后被选入国家队；三年后她不仅成为第3届全运会团体冠军的主力运动员之一，而且还获得了女子单打第2名。后来她又与辽宁选手朱香云合作，在世乒赛上夺得了女子双打第2名，为国争光的同时也实现了她个人的成功。

第四章　攻心的认知是制胜的智慧

"知彼知己，百战不殆。"将注意力集中在深刻认识对手心理变化的规律上，集中在观察、分析、判断对手的心思上，进而针对性地扰乱对手的注意力，这也是提高智能的一个重要方面。

一、观察、判断与变化

提高观察力，注意了解对手的心思和动态，在观察中练判断，利用变化回击对手空当。

案例5："整人"的小魏

还是前面说的那个小魏。她是一个手感与判断都非常好的削球运动员，说她手感好，是因为她可以准确无误地将球送到确定的落点；说她判断好，是说她在击球的过程中，经常能够准确地判断出对方的动向与意图。在体校训练期间，她经常利用自己这些特点"整人"。一边搓球控制对手的反手，一边用余光观察，不给对方进攻的机会。当对方想侧身进攻时，她能及时抓住对方侧身的瞬间，突然变线到对方正手，使对方猝不及防。虽然因此有些同学不愿意和她对练，但是我们教练员却觉得这样的对练可以提高战术意识。于是我们将这种练法编成"对抗训练法"，并用积分的方法调动双方对抗的积极性。事实上这种训练法有特定的效果，它使运动员在练技术的同时，提高了观察、判断和随机变化的能力，使他们在比赛中变得聪明起来。

二、利用对手注意力，破坏对手的注意力

判断对手的注意力，针对性地采用阻击战术，诱使对手改变注意力，再采取针对性的变化，变在对手之前，连续不断地阻击对手。

案例6："攻心"使我胜出

那时我离开运动队担任教练工作已经两年多了，一次回到队里，正赶上他们要举行队内大循环比赛，我也参入进去，结果却打出了一个全队第2名，这是我在运动员期间从未达到过的成绩。面对这样的成绩，教练员与队友评价说我是用心智与他们比赛。应该说这次比赛的成功，完全是得益于我能站在教练员的全新视角上去调整注意

力方向的结果。比赛中，我将自己的注意力方向瞄准对手的注意力——意图，及时做出预判和改变，因而能够主动根据对手注意力的变化设计针对性的战术。记得那次比赛我采用了攻守结合的战术：当对手意欲采用拉攻的战术，将注意力放在进攻我的防守时，我则采用主动抢攻的战术，以攻为守攻其不备；当对手已经注意应对我的进攻时，我则主动变化为防守战术，用旋转扰乱对手的战术决心。反复使用这些针对对手注意力变化而制定战术，使我获得了成功。

后来我训练队里的小齐时，也采用了这样的方法。她是一个削中反攻类型的运动员，我首先帮助她建立随时观察对手的习惯，判断对手的注意力；其次要她利用自己的行为，诱发对手的注意力转移，进而采用针对性的战术破坏对手的注意力。例如，发现对手进攻顺利时，设法用落点逼住对手，不使其轻易得手；当诱使对手将注意力转变为稳扎稳打时，则主动发起进攻，扰乱对手的注意力；当造成对手进攻不利、失误较多时，则耐心缠住对手，趁其心情烦乱，用旋转变化引诱其失误。经过这样的训练，小齐在比赛中的心智能力有了明显提高，多次在比赛中成功地运用了这些攻心的方法，特别是在第 11 届中运会上，她和队友合作获得女子团体第 5 名，在单打中她又打进了前 8 名。

三、假象诱惑，预测心思

制造假象吸引对手注意力，成功后预测对手的心思变化，然后主动转移自己的注意力，变在对手之前，提前阻击对手。

案例 7：悬殊的比分

那是我年轻时参加的一次比赛，对手是一个军队的运动员。比赛一开始我故意站在球台左侧大角度的位置发球，有意将右方的大空当暴露给对方，用这样的动作引诱对方。对方果然上当，下意识地将球回到我的右方，结果正中我的下怀，因为从左方扑向右方抢攻是我的强项。连得两分后，我想象对方一定不傻，预测他可能会变我左方。于是假做发球后仍要向右方移动的样子，其实是"等"在左方，果然他的变化又被我"狙击"到了。就是这样的反复变化，使对手先是无所适从，进而注意力混乱，出现许多不该有的失误，结果这局比赛我以 21∶6 获胜。其实这么悬殊的比分并不是我们之间实力的真实反映，只是因为我这种针对他注意力的战法造成他的注意力总是滞后，最终他自乱而已。

四、用计策分散对手的注意力

"兵者诡道也"，学会通过自己的姿态、行为，甚至表情来扰乱对手的注意力，从而引起对手的心理变化，实现"怒而扰之"心理斗智，乘机战胜对手。

案例8：陈新华的"念叨"

世界冠军陈新华是一位攻削结合的运动员，他使用一面反胶和另一面长胶的球拍，能攻善守，经常以变化取胜。都知道要想使自己的变化战术成功，首先要把对手的心智搞乱，深谙此道的陈新华经常会利用一些小伎俩扰乱对手的注意力。在一次世界比赛中陈新华遇上瑞典的新秀林德，这个左手握拍的瑞典人是与瓦尔德内尔、佩尔森等世界冠军同期的优秀选手。林德的打法非常凶狠，在世乒赛上一露面就打败了中国队的主力运动员李振恃。为此陈新华与他比赛时非常注意放慢比赛的节奏，经常利用一分球争夺的间隙，面带微笑，自言自语，念念叨叨提醒着自己。他的这种表情终于激怒了性格急躁的林德，他既搞不懂陈新华为什么笑，又听不懂陈新华在讲什么，更不能忍耐对手的絮絮叨叨和磨磨叽叽。于是他气愤地向裁判提出抗议，但是规则中并没有禁止自言自语的条款，裁判员只能是对陈新华提醒一番了事，当然心烦意乱的林德很快地就输掉了比赛。

案例9：小马的"笑"

那年我带队参加华北五省区少年比赛，在单打比赛中，小马的对手是内蒙古的一个女孩。我们的小马是个不错的削球手，然而对手也是一个很会应对削球打法的人，双方的比分十分接近。当比赛接近盘点时，轮到小马发球，她先是拿住球不发，只是用眼睛紧紧盯住对手的双眼。开始对方还没在意，可是等了一会儿，不见动静，于是抬眼与小马对视了一下，这时小马朝她咧嘴笑了一笑，接着立刻发球。对手见到小马这一笑十分困惑，一分神就输了比赛。其实这是我们赛前有准备的"诡计"，我要求她只有在关键时刻才能使用，而且一定要等到对手的目光和你对视的瞬间才能笑，用莫名其妙的"笑"扰乱对手的注意力，结果对手果然中"招"了。虽然用这样的"计策"有点"诡道"，也会引来非议，但是无论如何在比赛的关键时刻，能让自己的注意力从比赛的紧张状态里跳出来，笑一笑，玩一个心理战，给对手看了必然是一种压力，对自己来说也是一种机智。

上述的种种案例有些似乎属于战术的范围，但是在灵活机动的战术背后一定是一个灵活的头脑，而头脑的灵活主要表现在对客观事物内部发展变化的深刻认知上。因此，有意识地培养并锻炼运动员的深刻认知能力，特别利用注意的力量，将认知聚焦在正确的对象上，这是提高智能的重点工作。

第七篇　帮助孩子们铸就坚强的心理
——融入所有训练之中的训练

心理是竞技状态这个"木桶"里最重要的部分——"桶底",心理的定义是指人对客观物质世界的主观反映。既然是主观反映,就一定不是客观物质世界的全部。其实这些反映只不过是人们主观上的各取所需而已。在打造心理这块竞技状态的"桶底"时,教练员就是要帮助运动员有针对性地取其所需,让他们在训练、比赛的过程中反复经历正能量的相关心理体验,锻造他们自信、积极、乐观、睿智、豁达、安全等积极正面的心理素质。同时将这种良性心理体验始终与他们的训练、竞赛活动紧密结合,扎牢心理这个"桶底"与技术、战术、体能、智能这几块"桶帮"的连接部,确保"桶"内竞技状态在重大比赛中处于他们自己最高的水平,并在反复实践的成长中,逐步建立他们自己稳定的积极向上的人格个性。

第一章 补"短中长"提升安全感

中国乒乓球队成功的经验是特长突出、技术全面、没有明显漏洞。漏洞明显就会失去心理上的安全感，自信心也就失去了支撑，所以按照孙子兵法"欲求胜，先求不败"的观点来说，取长补短是提高心理安全的必由之路。在学习新技术和改进已有技术的过程中，运动员首先面临着取长补短问题，但是在实际训练的操作中，先不说拿别人的长处补短能否适合自己，就说花力气补短的正确目的，也不应该是变短为长。那么如何补短呢？老子说："天下之难事，必做于易。"既然是短处，必然是自己不容易做好的难事。所以补短必须从容易做起，想要一口吃成个胖子不仅不现实，而且是有害的。因为花大力气补短不仅耗时、费力，而且还会耽误自己特长的发展，最后落得个虽然短处补得"不短"了，可是长处却也"不见长"了的尴尬。毕竟补短是为了少输球，而要想多赢球，扬长才是硬道理。所以我们应该树立补短要从补"短中长"做起的观念。所谓补"短中长"，就是从需要弥补的技术短板中挑选出最简单易行的技术补起，迅速取得进展，尽快建立稳定的心理体验。进而可以在比赛对手面前轻易不漏破绽，对手一时找不到直接的得分点，就是自己实实在在的安全感。正如孙子兵法中所说"昔之善战者，先为不可胜，以待敌之可胜"的道理，率先使自己立于不败之地，就可以安全地等待并制造对手的变化，使之由盛转衰、由衰至竭，伺机战而胜之。

案例1：练挑还是练搓

前国手王燕生是左手横拍快攻结合弧圈的打法，他的反手近台快攻威力很大，但是由于握拍法偏于反手，致使正手挑打台内下旋短球成为他的短处。虽然用挑打的方法接发球对发挥他的快攻优势十分有利，可是如果失误太多，反而会将自己的短处暴露给对手，无形中给了对手信心，长了他人的志气。如果改变握拍法，虽然可以解决他正手的接发球问题，但是握拍法的改变，会影响他反手特长进攻技术的发挥，丢了自己的优势，必然伤及自信，更是得不偿失。面对这些纠结，他的教练员聪明地选择了补"短中长"的办法。他们首先将接发球分别定位——遇到不转球就果断地用"挑打"回接，遇到不好挑的下旋转球就用"搓短"回接。对王燕生来说，练好正手搓短球自然要容易得多。因此经过不长时间的训练，他已经熟练地掌握了正手搓短球的技术。此后的比赛中，除了正手挑打对手不转发球之外，他还能用搓短球控制对手的下旋短球，不给对手轻易进攻的机会。接球失误减少了，对手再也不容易抓到他的短处了，安全感大大提升，比赛成绩也越来越好。在后来的全国乒乓球锦标赛上，他与队友配合，夺得了对接发球要求很高的混合双打冠军。

案例2：盯住下旋发球动作

对许多运动员来说接发球都是自己的短板，因为主动权掌握在对方手中。特别是在对手千变万化的发球动作面前，要想精准判断对手的旋转变化谈何容易。可是清楚地判断又是接好发球的必要前提，再难也无法回避。不过前世界冠军江嘉良却能把这件难事办简单了，他的经验是：先盯住对手发下旋转球的动作，看清对手的下旋动作，可以将其他动作的发球一概视为"不转"。因为与下旋球不同，对手发来带有侧旋的球或不转的球都有可能使你回接偏高，如果将其视为一类，就可以简单地将其视为不转球来处理。他就是这样只须盯准对方的下旋球摩擦动作，用排除法就可以在花样繁多的发球动作中清楚地做出判断并做出正确处理。许多人学习了这种方法，接发球的判断水平有了明显的提高，比赛中也不会轻易被对方的发球变化所困扰。江嘉良的这种方法恰恰与补"短中长"的思路暗合，从容易的事情入手，逐渐解决复杂的问题。

第二章　扬"长中短"强化自信心

"扬长避短"是打造高水平竞技状态过程中最为重要的思路，因为特长技、战术是克敌制胜的利器，也是建立强大自信心的物质基础。特别是能在比赛中把自己的特长发挥得淋漓尽致，能使对手处于疲于应付的被动局面，自己的短处自然也被很好地避开了。因此教练员在训练中，尤其是赛前训练阶段，"扬长"训练是必须做的一项重要安排，其重要目的就是要让运动员在特长训练中，反复体验自己的"成功"，从而建立起实实在在的信心。

印度奥修寓言中的一个故事对我们很有启发，说的是纳斯鲁丁是一个聪明绝顶的人，当然一直也是一个十分自信的人。可是有一天他突然感到不自信了，究其原因是他发现周围的人都和他一样优秀。这个寓言从一个侧面告诉我们一个道理，就是所有的自信都是建立在感觉比别人更优秀的基础上。可见建立自信需要让运动员更多地体验成功。遵循相对论的原则，以建立自信心理为目的"扬长"训练，从一开始就需要对手配合，适当降低回球的难度。当然，回球难度可以随着训练的进度逐步提高，但是其前提必须保证训练者能获得更多的正面心理体验。

然而从哪里入手来进一步发扬自己已经很强大的特长技、战术呢？老子说："天下之大事，必做于细。"也就是说要使自己的特长精益求精，必须做"细"，不仅要反复熟练保持自己的特长水平，而且要从自己的特长中找出短板加以锤炼——从锻造"长中短"开始，将自己的特长打造得更加炉火纯青。

案例3：学打中路，发扬特长

小李是一个近台快攻型选手，他出手快，击球弧线低，无论反手还是侧身进攻都擅长打直线。因为直线距离短，他的进攻能使接球者感到突然和更加的快速。在准备第11届全国中学生运动会的集训中，为了进一步发扬他的快攻特长，经过分析，我决定让他加练一板进攻中路的技术。因为进攻直线固然速度快，但是如果作为一种习惯被对手抓住，对手的反击球也会十分突然和快速，这就是他特长中的短板。小李面对这样的新安排，一开始还不太习惯。因为对手一直在移动中，进攻其中路的线路也会随之变化。他必须学会随时判断，随时改变，这可不像他打直线那么简单。不过经过一段训练他逐渐掌握了这项技术，并能和他的直线进攻特长熟练结合。特长的进一步发扬，使他信心倍增，在中运会的团体比赛中一场未输，为北京中学生队夺得男子团体冠军立下了头功。接着在济南举行的全国中学生乒乓球锦标赛上，他又夺得男子初中组单打冠军。特别是在决赛中，他利用擅长的直线进攻，配合打中路的战术，以3：1的优势完胜对手，打出了一个漂亮的高潮。

第三章　专注的聚焦和转移

专注是人们心理活动过程中指向和聚焦于某种事物的能力，也是保证获取成功的必要心理素质。专注聚焦于当前的目标与适时转移专注的目标是问题的两个重要方面。从整个竞技状态形成的心理过程来看：在提高技术的阶段，需要将专注聚焦在对技术的理解和自己的用力体验上，此时训练专注的重点在于运动员自身；随后进入战术训练或比赛对抗阶段，运动员应该转移自己的专注方向，将专注的重点置于对手的状况和自己战术效果上，此时专注的重点是对手。因此，教练员不仅需要聚焦运动员的专注，而且还要适时地转移他们的专注，始终让专注指向正确的目标。记得金庸的著名小说《倚天屠龙记》中有这样一段精彩故事，说的是：张无忌在武当危难之际，临阵学习太师父张三丰新创的太极剑法用以对敌。在敌人众目睽睽之下，张三丰向张无忌演示了自己新创的太极剑法，然后问张无忌看清楚了吗？接着又问他忘掉了多少招数？直到他全部忘掉，才让他上阵对敌，果然大胜。这是一个无招胜有招的精彩故事，作者正是运用了专注的集中和转移这两种心理能力来杜撰这段故事的——学剑时写他专注在仔细观察太极剑招式中上；思考时，又写他及时将专注转移到对"剑意神髓"的理解和驾驭上；最后临敌时再写他迅速将专注转移至破解对手的搏击意图上，此时"剑招"早已不是他的专注了。教练员与运动员也应从中得到启发，在形成高水平竞技状态需要的心理素质过程中，运用好这种专注的聚焦能力和专注的适时转移能力。

案例4：转移专注，打好比赛

小李是我们女队的头号主力队员，平时训练十分专注，也很有实力。在长春那次全国中学生乒乓球锦标赛之前的训练中，她的主要技术有了很大改进，大家也都肯定了她的进步，她也觉得自己练得很好。比赛开始了，可是她却一直找不到感觉，发挥得很差。不仅由她领军的女队在团体赛小组中没能出线，而且她在单打中也很快就被淘汰了，这样的结果让人们非常失望。接着在第二年去黄石参加甲C比赛之前的训练中，她虽然练得很好，可是比赛一开始又出现了前一年的状况。用她的话来说是"训练好的东西打不出来，即使打出来也没有效果"，真是郁闷极了。两次大比赛都出现了类似的状况，人们开始怀疑她的赛前训练是否真好，甚至怀疑她是否就是一个不会比赛的神经类型，经过现场的仔细观察，我发现之所以造成她练赛脱节的现象，都是因为她心中的专注点没能及时地转移。也就是说，因为赛前练得好，使她始终将专注点放在自己训练中的技术动作和招式上，在进入比赛时她的专注点没有及时转移，以至于对来球的变化和对手的战术意图视而不见。由于专注滞后，比赛中总是慢半拍，跟不上千变万化的比赛形势，自然一步落后，步步落后。于是我们在接下来的中运会集训中做了调整，刻意安排了心理专注点转移的训练。特别是临近比赛前几周的训练阶段，我们安排了大量的针对对手运用战术的训练，引导选手们忘掉招式，专注对手。这样的训练使他们的信心大增，比赛欲望空前强烈。因为将自己的专注点转移到对手身上之后，对方的破绽一下子就暴露在自己眼前，自然是越打越有信心。在第11届全国中学生运动会上，小李不仅有了出色的发挥，而且还与同伴合作，为北京队夺得了混合双打冠军。接下来在济南举行的全国中学生锦标赛上，她又过关斩将，最终夺得了女子高中组单打冠军，创造了她中学阶段的最好成绩，聚焦专注和适时转移专注目标使她打好了比赛。

案例5：输了球不开会

全国中学生运动会乒乓球男子团体赛竞争得十分激烈，为争夺小组的两个出线权，北京、天津和广东三个队打得你死我活。前一天的比赛北京队刚刚以3∶0战胜了天津队，可是今天上午天津队却以3∶2战胜了广东队。此时北京队正在和海南队比赛，天津与广东的激战分散了我们的注意力，因为从以前的战绩看，北京队曾连续两次败给广东队，没有胜绩。现在广东队却输给了天津队，使小组出线的局面变得扑朔迷离。由于这一变故的影响，北京队也遇到了危机，作为第一主力的小贺在场上竟连丢两分，北京队1∶3败给了海南队。这样一来北京队保二争一的小组出线计划就落空了，下午即将对广东队的比赛一下子就变成了悬崖边上的决斗。上午比赛下来领队急着对我说："咱们还是赶紧召集队员开个会吧！"我想了想回答说："不开会！让我现在去找小贺谈谈。"因为我想，虽然输给海南队的原因值得总结，但这终归是一个意外。我们打广东队的准备已经很长时间了，不能因为这个意外转移了我们的专注。我在回宿舍的路上找到了小贺，直截了当地对他说："上午输球的责任不怪你，是我这个教练员没在意，轻敌了。你中午好好休息，下午打广东。"小贺不好意思地回应说："我也没在意这场球，轻敌了。"见状我接着忽悠他说："反正我们要想完成代表团的任务，就非得打到前三名不可。赢不了广东队，就算出线也没多大意义！"为了不想让他专注输球的事，说完我就与他分手了。下午的比赛开始了，因为是一场关系两队生死，且决定第三方名次的决战，场外集结了许多观众和关心比赛结果的教练员与运动员。我依然把小贺排在主力的位置上，果然"哀兵必胜"，他和上午的状态截然不同，打得既坚决又灵活，为北京队连夺两分，而且还战胜了我们从未赢过的广东第一主力小周。最后我们以3∶1战胜了广东队，夺得了小组第一的出线权，为最终夺得冠军抢到了一个绝好的出线位置。事后领队开玩笑地对我说："上午我们就像被扔在冰冷的水里，现在又像被放进了燃烧的火里。"我笑了笑回答说："这就是竞技体育的魅力，一念之差导致冰火两重天。"

第四章　坚定的意志力

　　意志力是推动人们为实现奋斗目标，并且持续努力行动的心理动力。培养运动员的意志力、锻炼意志品质是教练员的重要责任。在锻造心理这个"桶底"时，意志力是"桶底"的坚硬骨架。锤炼意志力，即使是在大讲人性化的今天，也是教练员绕不开的课题。有人问如何培养意志力？我认为：先树立一个有一定难度的目标，要求受训者必须坚持到底，非实现目标不可，特别是在他们越不想做的时候，越是要求他们坚持到底，这样就可以锻炼意志力。当然，教练员不能树立超出他们承受力的目标，更不能树立无理的目标。因为这样做不仅无助于增强他们为之努力的心理动力，而且还会最终因为没有结果的收场而损害教练员的威信。

　　案例6：坚持就是胜利

　　那年我带领新疆乒乓球队参加兰州分区赛，在女子少年单打的决赛中，我队的小潘再次面对东道主的小王。在前面的比赛中小王已经率领甘肃队夺得了团体冠军，并在决赛中以3∶2战胜了我队，在那场比赛中小王独拿了两分。单打决赛她俩再次相遇，谁能最后夺冠？我当然寄希望于小潘了，因为小潘是个一贯训练刻苦的孩子，在乌鲁木齐零下十几度的冬季早操运动场上，我总是能第一个看见她。在体能训练中，大家都不喜欢练习蛙跳，但是她总是能第一个完成，并且敢向男队员挑战。我们坚信在技术水平接近的情况下，小潘的体能和意志力一定能支持她在决赛中表现出良好的竞技状态，但是我们也担心，如此高强度的比赛可能诱发她的老腰伤。单打决赛即将开始，小潘的腰伤果然又犯了，但是她不愿意弃权，不想放弃人生难得的决赛机会。有伤痛还要决赛，此时唯有靠她的意志力了。在安排大夫给她做推拿处理和充分热身的同时，我们鼓励她坚强应对，并安排了相应的战术。经过艰苦训练锻炼出的意志力在这时真的起了作用，比赛中，她虽然减少了大幅度腰部用力的侧身和连续跑动的进攻动作，但是坚决和对手决战近台，决战前三板。在忍受腰伤病痛困扰的情况下，终于以3∶2战胜了对手，为我队夺得了第一个全国乒乓球分区赛的冠军。后来小潘被选入国家队，成为第一个新疆籍的国手。

案例7：就不让给你

唐山是我第一次带着六十六中学的学生军参加甲C俱乐部联赛的城市。这也是我们第一次参加这样的比赛，也是头一次直接面对这么多高水平的专业选手。我们是为了锻炼即将参加中学生运动会的队伍来参赛的，这是我们反复强调的目的。因此，我要求大家全力以赴，勇于挑战专业选手。小伙子们也很拼，前两天的小组比赛中竟然保持不败。特别是小贺发挥出色，一直保持着旺盛的斗志和良好的竞技状态。接下来第三天的比赛将要决定小组出线的名次，而就在比赛前一天的晚上，对方俱乐部的几名队员利用老乡的关系把小贺拉到他们的宿舍，利用乡情拉关系，劝他"放水"，而且还答应给他好处。当然小贺婉言拒绝了，并向他们说明我们参赛的目的，告诉他们，不能违背队里的要求。对方见利诱不成，就开始威胁、恫吓，说什么"走着瞧、场上见、真打也让你赢不了"等等，最后还把小贺赶出了他们的房间。小贺回来后将这一情况反映给教练员，得到了我们充分的肯定与支持。赛场上的对决终归是邪不胜正，在威胁、利诱面前，小贺全然没有退缩，面对年龄比他大好几岁的专业选手，毫不畏惧，全场比赛独得两分，表现了顽强的意志力，最终带领全队以3∶2战胜了对手。可以说这场比赛我们赢了球，也赢了人。在这一站比赛中，我们的学生军始终没有忘记自己的目标，经过持续不断的努力拼搏，打败了众多专业选手，表现出良好的竞技状态，最后竟然夺得了甲C俱乐部联赛唐山站的男子团体第1名，这样的成功从心理层面来说，不仅充分地反映出正确的行动目标对意志力的强大动力，而且也成为一次成功锻炼意志力的过程。

第五章 打造"四心"提高士气状态

　　个人良好的竞技状态离不开整体士气状态的支撑，整体的士气离不开个人顽强拼搏斗志的推动。因此，激励运动员的上进心，建立他们的自信心，爱护他们的自尊心，强化他们的责任心，这"四心"不仅有利于提高他们参加训练和比赛的自觉性，而且有益于提高整个团队的士气。乒乓球是一个相互对练的项目，虽然上场决胜的只是那一两个人，看似是一个人拼搏的孤胆英雄，但是背后的训练与准备却需要诸多人的配合，群胆英雄的士气状态同样是影响场上人竞技状态的重要因素。所谓士气就是团队的凝聚力，从心理学上讲，这是一种心理过程，是个性心理建立在共同责任与利益基础上的整体配合力。用一句话概括，凝聚力就是不同的个人为了共同责任与利益在集体中的相互配合程度。因此打造"四心"的过程，就是打造相互协调一致的个体志气与整体士气的过程。

一、激励上进心——让孩子们活在"希望"里！

　　一个人不满足现状，追求不断超越自己，获得更大成功的心理倾向就是上进心。其实人们都是活在"希望"里，失去了希望，就失去了人生前进的内在动力，因此，不断用希望激励受训者的上进心是非常重要的。上进心有不同的层面，从兴趣层面一直到理想层面。记得一所中学的知名办学理念是"把兴趣变成爱好，把爱好变成事业，在事业中实现理想"，这些话语恰恰从一个侧面描绘了人们追求可持续上进的正确道路。

　　然而不同的人群参加训练与比赛会有各自不同的追求和希望，虽然我们不必千篇一律地统一他们的希望，但是提出更高的希望会激发他们更多的正能量，从而提高他们参加训练和比赛的自觉性，所谓"求之以高，得之以中"正是这个道理。

　　激励上进心的方法：在力所能及的范围内与运动员共同制定一个更高的目标，通过努力实践，共同体验成功的喜悦，从而建立积极的人生心态。作为教练员不仅需要经常将比赛任务传达给所有运动员，而且特别需要在私下里与他们进行一对一的倾情交流，在交流中表达殷切的期望和真实的信任，这些都是激励上进心的有效的方法。

案例8：一天给我打三次电话的小郭

　　那是一个周日的上午，我去看训练，发现小郭没在训练场。学生告诉我说她去洗手间了，可是等了很久也没见她回来。于是我就派学生去找，回来的学生报告说小郭没在那里，不知道她跑到哪儿去了。我急忙打手机联系她，过了半个多小时小郭才回来。经过再三追问，才知道她原来躲到校园的另一个厕所里看手机小说去了。其实小郭是个有潜力的运动员，上小学时她曾获得过全国少年儿童乒乓球总决赛的单打前3名。可是自从她进入中学后总是不能专注训练，我们一直在关注她，希望能找到其中原因。这一极端事件的发生，为我提供了解决问题的契机，分析她因为看小说竟然忘记训练的经过，我想她一定是丢失了训练的上进心，因为一个人只有失去了追求的高目标，才会失去参加训练的动力。为此我没有简单地批评她，而是和她进行了倾情交流，我们谈起今年即将参加全国中学生乒乓球锦标赛的目标，谈起明年对她可能代表北京参加全国中学生运动会的憧憬，谈起我们学校的同学在历次全国比赛中的优异表现和取得的成绩。在交流中我不时对她发问，启发她把自己摆进去，充分表达了我们对她的殷切期望。这样的交流触动了她，最后她告诉我说很想参加即将在保定举行的"郗恩庭杯"乒乓球比赛，可是她妈妈没有给她报名，希望我能帮助做她妈妈的工作，争取能给她补充报名。我答应了她的请求，当即联系她母亲，并取得了支持，剩下的问题就是能否补充报名了。离比赛只有几天了，可是负责报名的教练员请假不在北京，我们又一时联系不上她。得不到确切答复的小郭心急如焚，在截止报名的最后一天，她竟给我连续打了三次电话，担心不能补充报名，无法参加比赛。面对她这样的态度，我不由得心中暗喜。树立了目标，就有了上进心，一个心中充满希望的小郭，居然变得如此大不一样。事情发展还算顺利，补充报名终于成功了。十几天之后，小郭从保定比赛回来了。带队的教练员告诉我，小郭与队友共同努力夺得了女子甲组团体的第3名，她个人也获得了单打第5名，她的表现与进步得到了大家的一致肯定。

二、建立自信心——让孩子们相信成功

　　自信就是自己相信自己，是一种成功之后的"良性情感"，能引导运动员继续做那些有利于他们不断超越自己的事情。因为这种相信是一种源于内心深处强大力量的心理过程。这种强大的力量一旦产生，就会帮助运动员建立一种无所畏惧的感觉、一种能战胜一切的冲动。产生自信心后，无论你面前的困难有多大、你面对的竞争有多强，你总会感到轻松并保持冷静。

　　当然，自信并不是促成训练成功或比赛获胜的具体因素，因为自信只是一种战略上的藐视，而成功和获胜还需要战术上的重视。因此，仔细观察、深入分析、科学计划、切实的步骤和灵活应对才是实现成功与获胜的直接因素。然而自信能够变成运动员的信念，能为下决心追求成功与获胜立即开始行动，并能为之坚持到底。这种实现成功的决心与恒心能为运动员的努力与拼搏输入巨大的正能量，因而自信对成功和获胜来说是不可缺少的重要前提。

　　建立自信的方法不仅需要帮助受训者获得技、战术实实在在的进步，并且还要帮助他们认识到自己已经拥有的实力能够做成什么。前者是为了帮助他们打造"艺高人

胆大"的物质基础，后者是为了帮助他们建立"胆大艺更高"的强大精神。因此，教练员在训练或比赛中要赏识受训者的点滴进步，要积极寻找即使是偶然的案例，也要放大声音对他们说："你做到了！""你能行！"用肯定的话语放大他们的进步与成功。换句话说，是用微小甚至偶然的成功做诱因，经过鼓励与赏识的方法去"浇灌"，最终结出坚定自信的硕果，这就是"自信"人生不断由因到果的良性心理循环过程。特别是要注意用他们自己的点滴成长，来克服他们自己的现实不足与精神惰性。不断积累微小成功的过程，最终将他们打造成为一个充满自信，且完全不同于他人的独立自我，这才是最有效的方法。

案例9：小南说："我们该拿冠军了！"

那年我从前任教练员手中接过了小南等几个学生，她们原先所在的班解散了，其中有几个比赛成绩好的学生已经被选拔到北京队去了，剩下了她们这些学生来到我的班里。虽然面对的是这些所谓"水平二流"的学生，但是经过观察，我认为她们还有潜力可挖，问题是她们对自己的迅速提高是否具有足够的信心。针对这种情况，我决定从两个方面入手：一方面帮助她们分析了各自的特点，根据不同的特点为她们建立了不同的打法，明确了各自不同的努力方向，努力打造一个个性化的自我；同时在与她们的互动过程中，刻意让她们感受到教练员的期望，使她们从中获得强烈信心的心理暗示。另一方面在提高技术的同时，用了大量鼓励的方法，让她们看到自己的进步，帮助她们实现自信的因果转换。经过一年的努力，她们都有了明显的进步。北京市的比赛开始了，团体比赛中她们顺利地进入了决赛。即将遇到的对手实力非常强大，其中的一个对手小崔是后来夺得了全运会少年组单打亚军的超级强手。从当时的实力来看，我这几个队员还不是她的对手，要拿团体冠军，必须保证全部战胜另外两名选手，不能有一丝失误。考验她们信心的时候到了，准备会上，经过详细分析了对手情况之后，我问大家还有什么问题？小南突然冒出了一句"我们该拿冠军了！"突如其来的这一句话，瞬间感动了我，这是句所答非所问的话，但是她让我感受到了她们发自内心深处的自信。果然她们在比赛中发挥得非常好，虽然让对手小崔拿了两分，但是完胜另外两个对手，竟然一局未丢。这一战，我队不仅以3：2夺得了团体冠军，而且队员们以自己的胜利成果建立了面对未来继续超越自我的信心。后来就是这个小南因为独特的两面弧圈球进攻打法被破格选入北京乒乓球队，成为了一名优秀的运动员。

三、爱护自尊心——让孩子们感受被爱与自爱

自尊心就是对个人价值的喜爱和肯定，从心理学上说自尊感是个体对自我形象的主观感觉。虽然自尊心与虚荣心只有一步之遥，而且因为虚荣的负面作用，必须坚决反对，但是认为自己是一个有价值的人，并感到自己是一个值得被人尊重的人，这是

一种积极的情感。因为这样的人会更加具有安全感、使命感、归属感和成功感。由于个人对自己持肯定评价的时候，会因为自爱而期望他人的爱护，进而能主动与他人友好相处；会因为自重而期望社会的尊重，进而能更加严格自律。因为自信而期望做事成功，进而能主动帮助别人或争取为集体担责。所以爱护人的自尊心，培养人正确的价值观，利用良性情感过程与良性心理活动过程形成良性互动是非常重要的。

当然，自尊心形成的诸多因素都与外在环境有关，教练员就是要创造这样的环境，让运动员知道你爱他们，你对他们充满了期望；教会他们爱自己，让他们能够主导自己，并感受被尊重；多向他们表达你的赞赏和感谢，让他们增加对集体的归属感和你对他们的凝聚力。鼓励他们多尝试，适度地评价和夸奖他们的成绩，并向他们提供为集体做贡献的机会，培养他们的自我价值感；更重要的是帮助他们树立远大的理想，并将眼前的行为与长远的目标联系起来，追求更高的人生价值。

因此，作为教练员切忌用尖刻的语言讽刺挖苦你的运动员，不要用别人的优势去比较他们的不足，不要把他们的感受不当回事或把他们的意见当耳旁风，更不能滥施权威；遇事教练员应率先承担教育的责任，尽量不要当众惩罚他们或让他们丢脸，避免伤害他们的自尊心，以致产生自卑感，进而丧失自信心，甚至进入破罐破摔的恶性心理循环。

案例10：找回自尊感

那年在北京举办了全国中学生乒乓球锦标赛，作为东道主的北京六十六中学女子高中组代表队，在争夺前8名的比赛中败下阵来，比赛输得很难看，一个重要原因是主力队员小李在赛场上因为闹情绪连丢两分。下来我立即召开了全队会，从担负起集体责任的角度对小李进行了严肃的批评。其实小李是因为在出场人选的问题上与主管教练员产生分歧而闹情绪的，但是不管怎么说，比赛时闹个人情绪，导致全队输球总是错误的。可是就在我批评的话刚刚说完，主管她的教练员或许是因为气愤不过，当众对她说了一句重话："你这个孩子，就是平时叫人给惯坏了！"听了这句话，我心里咯噔一下，因为我们采用了严肃的批评向她施加压力的做法，目的还是寄希望于她能打好后面的单项比赛，因此我一直依据对她自尊心承受力的判断，小心地把握着我施压的力度，尽量不要伤她的自尊心。然而就是这位教练员的这句重话，让我最担心的事终于发生了，因为这句重话是涉及对她人品的否定性评价，一下子就击穿了她自尊心的底线。果然，小李接受不了，哭着下去了，晚饭也没吃，甚至提出不想再打后面的比赛了。面对这种局面，我需要立即展开自尊心的挽救工作。第一个措施是请领队去做她的思想工作，从道理上说服她。第二个措施是联系她的家长晚上给她送饭，从情感上安抚她。第三个措施就是等待时机亲自出马给她的自尊心"下台阶"。经过几番工作，第二天我估计小李的认识应该有些转变，情绪也该平复了，于是利用单项比赛前的机会找她做了倾情的交流。谈话一开始，我率先承担了总教练的责任，同时肯定了她积极推荐团体赛上场人选的行为是对集体负责，希望她能正确理解我的那些批评。解释我之所以这样做的原因，主要是出于希望能够帮助她抓住这次难得的机会努力创造更好未来人生的殷切期望，同时我还刻意给她看了她的主管教练员后来发给我内容对她关切的短信，因此请她谅解我们的那些严厉。谈话中我刻意表达了大家对她的信任，希望她能为培养她的集体多做贡献，并鼓励她将战胜挫折视为锻炼坚强人生的过程。这番交流不仅让她明白了教练员的一番善意，而且也抚平了她的心绪，给了她自尊心下台的台阶，重新建立了她的自尊感以及与教练员之间的信任。在接下来的单项比赛中，她表现得非常出色，最后竟夺得了全国中学生乒乓球锦标赛女子高中组的单打第3名，实现了她个人的巨大突破。

四、强化责任心——让孩子们认识到自己在集体中的重要性

责任心是指个人对自己、他人、集体、国家和社会等相关方面所担负责任的认识程度，也是对自己遵守相应规范和履行相关义务的自觉态度，或者说责任心就是对自己行为后果负责的踏踏实实的敬业精神。

强化运动员的责任心，首先需要坚持正确的目标导向，必须让大家相信：坚持对集体负责和对个人负责这两者之间的一致性是制定正确目标导向的基本原则。

其次是制定共同遵守的行为规则，明确什么是原则及其底线，以及可能产生的后果。避免因无意越线产生的尴尬，让他们获得是非明确的安全感和行为自信。

接下来是依照规则加强管理，利用监督、检查狠抓落实。必须避免只有要求，没有检查的懈怠现象。须知人们不会对要求负责，只会对检查负责是一种普遍的心理现象。

然后是提升集体的凝聚力，培养共同利益责任意识，使之认识到他们个人的发展和努力在集体中的重要性，让他们把集体目标当成自己的目标，提倡"一荣皆荣，一损皆损"的集体主义精神。

最后是树立对他们自己前途发展负责的意识，渲染他们的美好希望和远大理想，并将眼前的行为与长远的目标联系起来，追求更高的人生价值。

尤其是教练员要率先树立对全队集体负责的责任心，记得一位法国运动员对中国派去援助的教练员说："你的责任是提高全队的水平，而我的责任是提高自己的个人水平。"对于一个崇尚个人主义的西方运动员讲出的话，仔细想想还真有点儿道理。全队整体水平的提高必然为个人的发展提供了坚实的平台，每个人的努力超越必将带动整个集体的提升。所以教练员应该理直气壮地宣示自己的态度，要求自己的运动员，必须在承担共同目标责任的前提下，实现超越自我的各自努力，除此而外别无他求。

案例11：责任感转化成战斗力

第11届中学生运动会的前夕，我是负责组建北京代表团乒乓球队的总教练。当

时我们接受了极具挑战的任务——至少要为北京代表团拿下 50 分才算及格，要知道一枚金牌只有 9 分，何况当时我们面对诸多困难，情况并不乐观。

其一，这是第一次全部由北京六十六中学在读学生组成的甲组代表队，而主要对手几乎都有专业背景，对他们信息的了解基本是一片空白，更何况"业余打专业"在很多人看来都是天方夜谭，舆论氛围也不看好我们。

其二，时间紧迫，我们只剩下一个多月的赛前集训时间了，虽然甲组人选已定，但是其中一名主力队员小贺因为高考的缘故，他已经连续半年没有系统训练了；另一主力队员小李因为在甲 C 俱乐部比赛中战绩不佳，信心受挫，技术状况沉入低谷。

其三，由于我队参加之前的甲 C 俱乐部战绩不佳，引发了对前期训练方法及效果的质疑与争论，教练员之间、教练员与队员之间产生了不小的矛盾，甚至无法相互配合。

其四，原先负责组建乙组代表队的另一所学校，因故突然将这一组队责任推给了我们。临阵组队，在这么短的时间里要寻找合适的运动员谈何容易，甚至有人建议我，应该拒绝承担乙组的组队与比赛的责任。

面对困难局面和任务挑战，我想只有高度强化"共同利益责任意识"才有可能应对这次代表北京市参加全国中学生运动会任务的挑战。于是我们采取了如下措施：

首先在团队中统一认识——必须坚定地担负起组建甲、乙两个组的组队与比赛任务，为整个代表团承担责任。同时利用"田忌赛马"的战术思路，扬长避短重新布局甲、乙两个组代表队的运动员人选。

其次重新分定教练员责任，提出"一荣皆荣、一损皆损"的口号，由总教练统一指挥，各位主管教练员分工合作，提高团队责任感和凝聚力。

最后是抓住重点运动员，逐一深入分析，为他们量身定制科学的个性化训练计划，并安排了阶段检查、及时反馈措施。在具体的实施步骤中，将责任落实到每一个人和每一个环节。

经过我们的努力，一个具有高度责任感的团队终于建立起来了。在运动会期间，对内我们表现出了教练员之间的团结协作，运动员与教练员之间的默契配合；对外我们展现了高昂的斗志，即使意外失利，亦能愈挫愈勇。团队的高度责任感转化成了强大的战斗力，最终实现了比赛成绩的重大突破。我们先后为北京夺得了甲组男子团体冠军和混合双打冠军，并在包括乙组在内的多项比赛中打进了前 8 名。比赛结束的那天，我们为北京中学生体育代表团贡献了 62 分，超过了优异成绩线，以高度的责任感，超额完成了任务。

第八篇 帮助孩子们成为尖子人才
——育才三章

有人说竞技体育是天才的活动，又有人说天才就是勤奋。竞技体育的本质到底是什么呢？我想奥林匹克运动那句"更快、更高、更强"的格言已经清楚地给出了答案。如果说群众体育是为了增强体质而"重在参与"，那么竞技体育就是要挖掘人类的潜能，从而实现不断地自我超越，并以这种持续的超越者为榜样，吸引、带动更多的人学习、参与体育训练和竞赛，进而构建自强不息的人生。既然是挖掘潜能、超越自我，那么竞技体育的训练目标就是要出尖子运动员。因此，"尖子"是怎样炼成的，对每一位负责竞技运动训练任务的教练员来说，都是绕不开的选材和育才课题。

第一章　追随"尖子"的轨迹

要想培养出"尖子"运动员，首先必须明了这类运动员都必须具备哪些特征，进而可以追随尖子的轨迹，依据这些特征选材、育才。如果用广义的观点来界定尖子的定义，那么就可以把那些总是能在激烈比赛的竞争中脱颖而出的运动员视为尖子。即使这些尖子分散在不同水平的比赛层次中，也可以从这些尖子的表现中，发现他们共同具备的特征。

一、强烈的训练提高愿望特征

具备强烈的提高愿望，能积极、主动地投入训练。在艰苦的训练中以苦为乐不是所有的人都能做到的，但是能够成为尖子的运动员几乎无一例外地都具备这样的特征。强烈的提高愿望和全身心地投入，不仅反映了尖子运动员对乒乓球运动的热爱和执着，而且还从另一个侧面反映了他们身体的内在物质条件对这项运动具备高度适应能力。如果能在这项运动中游刃有余，必然能成为他们执着坚持和不断追求的源源动力。

邓亚萍是众所周知的顶级尖子运动员，据统计，在她退役后很久，还没有人能打破她在国际乒联排名榜上的积分。与她接近的人都知道她是一个具有强烈训练提高愿望的人，即使在她成为顶尖国手之后，她几乎每天还是主动要求自己比其他运动员多训练40分钟，常年如此坚持，没有强烈的训练提高愿望是不可能的。

打法凶狠的邓亚萍

闫桂丽是我亲自训练过的尖子运动员，她曾一人独得第3届全运会女子团体、单打两枚金牌，还有一枚女子双打银牌。她曾三次代表国家出战世乒赛，并取得了优异的成绩。她也是一个具有强烈的训练提高愿望的运动员，在体校时就以训练专注著称，训练课上从不左顾右盼。进了运动队，几乎每逢周日休息，她总会主动约男队员或教练员为她加课。给人留下特别深刻印象的是她在训

闫桂丽在比赛中

练中从不打"舒服球",经常主动要求对手提高击球难度,以提高自己的应变能力。她的这些坚持,充分反映出她内心中强烈的训练提高愿望。

总之,可以说几乎所有能成为尖子的运动员,无论是什么水平层次,都离不开艰苦训练。因此,具有强烈的、发自内心的训练提高愿望,并能够全身心地投入训练是所有尖子运动员的首要特征。

二、良好的心理素质特征

都说心理素质对竞技体育来说至关重要,几乎所有我们见到的每一位尖子运动员都有一颗坚强的心。他们在参加训练、竞赛等活动时,必然是伴随着经历一系列心理现象的整个心理过程,包括通过感观对这些活动的感知过程,通过头脑对这些事物内在关系的认识与思考过程,并伴随着喜怒哀乐等情感体验过程,按其性质可分为认识过程、情感过程和意志过程。所谓心理活动,就是在这些客观存在的训练和竞赛活动中,他们内心中产生的一系列主观反映。既然是主观反映,反映的就不可能是客观事物的全部,但是尖子运动员在他们的训练和竞赛活动中,其"主观"的反映普遍都充满了自信、专注、乐观、顽强等正能量,这正是他们良好心理素质的表现特征。

张怡宁是优秀运动员中的佼佼者,有一次我们邀请她为学校的学生运动员来做技术指导。事先我希望她能为学生讲一讲如何克服她自己成长中的困难,但是她却告诉我说:"我感到自己成长挺顺利的,没觉得有什么特别困难的事呀!"听了这样的回答,多少让我们有点意外,但是细想起来也有她的道理。虽然众所周知尖子运动员在他们的成长中不可能一帆风顺,必定要逾越许多障碍才可能成为"尖子",可是张怡宁对这一客观过程的主观反映却是充满了乐观、自信、愉悦等积极的正面评价。由此可见张怡宁心理素质的强大,在她印象里,多少困难已经不在话下,留在她心里的只有那些逾越障碍过后的乐观和自信。

获得大满贯的张怡宁

赵晓云曾经获得过全运会混合双打冠军,并且多次获得过全国比赛单打及团体比赛的前3名成绩,可以说也是当时的尖子运动员了。有一次我和她聊起打球的经历,她非常坦然地对我说:"打好球其实并不难,在我感觉是一件容易的事。"听了她的这番体验我不禁在想:这么多人都梦想着冠军却得不到,而她却说打好球不难,这样的结论客观吗?可是"容易"的确是赵晓云的主观感觉,这也不能不说"尖子"的心理反映的确与众不同。

其实类似上述的感悟在尖子运动员中普遍存在,对训练、竞赛中客观存在的挫折、困难、艰苦与挑战,表现出顽强、乐观、积极、自信的主观态度是"尖子"普遍具备的良好心理素质特征。

三、优秀的思维品质特征

所谓思维品质实际上就是指运动员个性的思维特征和智力水平，反映了运动员个体之间智力和思维水平的差异。我们夸奖一个运动员时会说他"打球聪明、脑子好用、反应快"，其实就是在评价他们的思维品质。尖子运动员思维品质特征主要表现在深刻性、灵活性、创造性、独立性、校正性、敏捷性和系统性等几个方面。

（一）思维的深刻性

思维的深刻性主要表现在能够深入思考，透过现象看本质，抓住事物的规律性。徐寅生在他的运动员生涯中被人称作"智多星"，上世纪60年代他曾经写了一篇《关于如何打好乒乓球》，毛主席看后曾给予了高度评价："全文充满辩证唯物论。"号召全党、全国学习。徐寅生的文章中曾经提到，当年他和一个日本的世界冠军比赛时比分已经领先，然而对手依然表现出镇定自若的样子，但是他却看透了对手只是故作镇静的假象，判断出对手已经"无计可施"的实质。他自然不为这些表面现象所动，始终保持着充分的信心，很快地就赢下了比赛。这一案例充分表现出徐寅生作为一个尖子运动员具备深刻性思维品质的特征。

刘国梁是获得了"大满贯"的顶级尖子运动员，他也被队友称之为中国乒乓球队的"智多星"。他掌握了一手非常好的发球技术，当别人问他怎样才能练好发球时，他的回答出人意料，他说好发球主要不是靠练出来的，而是靠琢磨、想出来的。由此可见，刘国梁具备非常深入的思考能力，善于抓住发球技术的本质和规律，他思维品质的深刻性特征是十分突出的。

（二）思维的灵活性

思维的灵活性是指思维的灵活程度，通常我们会说某运动员"脑子好，打球善于变化"就是这个意思。有的人认为"动脑子"这个要求似乎太抽象，其实不然。运动员在比赛中遇到一时不易逾越的障碍时，有的人只会执拗地向一个方向去思考和努力，甚至明明行不通，思想却不会转弯，俗称"钻牛角尖"或"一根筋"。但是优秀的运动员会向不同的方向去思考和努力，例如当加转球无效时就变"不转"，当控制短球无效时就逼长球，当加力进攻无效时就变轻打，这些变化表现出他们思维灵活性的特征。

前世界冠军许绍发一次和我们谈起打球体会时说："当年我比起一般运动员比赛打得好些，主要原因是我会变化，如果我连续两板还攻不死对手，就会立即改变进攻线路。"

闫桂丽也有她思维灵活性的特征，有一次她的正手攻球技术出现了问题，训练进行得十分不顺利。这时她没有继续练下去，而是暂时放下正手改练反手。在她看来，既然暂时解决不了问题，不如及时地变换一下思路，先去解决其他一些相对容易的问题。事实上过后经过深入思考和教练员的指导，她的正手攻球技术问题也得到了解决。

（三）思维的创造性

思维的创造性就是要在训练、比赛中积极地发现问题，思考问题，进而创造性地解决问题。仔细观察"尖子"打球，就会发现他们都具有明显的与众不同的特点和表现。在这些特点和表现的背后，展现出来的正是创造性思维给予他们不断超越自我、超越对手的源源动力。

瓦尔德内尔被誉为乒坛的"游击队长""常青树"，是世界上第一个获得大满贯的欧洲运动员。他的创造性思维特征非常突出，与他多次交手的中国前世界冠军王涛对此评价说：你永远无法全部知道他会怎么打，因为他经常会在比赛中发明技术。事实上老瓦在打球时的创造的确很多，其中当年他创新的横拍正手顺、逆旋转与不转发球技术，一举打破了中国运动员长期在世界乒坛上占据的发球抢攻前三板优势，时至今日这项技术几乎成为了全世界横拍运动员的主流发球技术。

魏力婕是上世纪70年代的尖子运动员，她曾获得过世乒赛女子双打亚军，第3届全国运动会女子团体冠军、单打亚军，她的创造性思维特征也十分明显。记得她在全运会单打半决赛中遇到了广东选手的挑战，比赛进入了关键的第4局，虽然此时她大比分以2:1暂时领先，但是对手却在关键时刻连续得分，并将比分反超为19:18，显然对手已经找到了破解她的方法。如果魏力婕继续用反手搓球回接对方搓到球台底线长落点的球，必然被对手有准备地快速突击杀死。因为魏力婕反手使用的"防弧"胶皮弹性很差，不仅搓球不转，而且进攻对手搓回来落点较长的球时很难控制弧线。况且以削球见长的她，进攻技术本来就是弱项，更不要说之前几乎没怎么练过的"防弧"胶皮反手进攻技术。对方此时真正抓住了她的这一弱点，在场外观看的我们都把心提了起来。场上的魏力婕似乎也意识到这一点，唯有大胆改变才能摆脱这一被动局面。比赛继续进行，当对手再次使用这一战术搓长球到她的反手时，她果断地用反手的"防弧"胶皮发起从未见过的进攻，说是"从未见过"，是因为她的这种进攻几乎是用球拍将来球连推带卷地打了过去，这是从未见到的进攻方法。对手三次连续搓她的反手，居然都被她"推卷"攻球命中。由于对这种没有旋转且弧线下沉的怪异进攻很不适应，对手接连回球失误。魏力婕用她创造的"推卷"进攻在关键时刻实现了逆转，最终以21:19淘汰了对手，顺利地进入了全运会的女子单打决赛，这一战例充分表现出魏力婕创造性思维的品质特征。

（四）思维的独立性

有主见、不人云亦云、坚持自己的认识、轻易不会动摇和绝不随波逐流是思维独立性的特征。邓亚萍是一个独立性非常强的人，记得在新余全国比赛的决赛中，与她争夺女子单打冠军的是北京队的王晨。那天的形势对邓亚萍十分不利，一来观众更希望看到获得太多冠军的邓亚萍被王晨挑战成功，因此在大多数时间都在给邓亚萍的对手鼓掌加油；二来王晨那天的运气真是不错，每局球总有几次擦网得分。但是几度落后的邓亚萍不为所动，一直将比赛坚持拖到决胜局的赛点，这时邓亚萍终于得到一个运气球——擦网得分，最后以3:2险胜对手，再次成功卫冕。下来时有人祝贺邓亚萍，说她关键时刻运气真好。面对这种"运气"之说，邓亚萍不屑一顾地比喻说："她擦网都擦了一宿了，最后到了早晨也该轮到我擦一次了！"虽然这是她对这场比赛压抑情绪的宣泄，但是纵观她在赛中对多次意外球干扰表现出的克制、对赛场气氛巨大压力的不屈抗争，以及将比赛进行到底的顽强坚持，从这最终实现的逆转结果中，人们在理解她"宣泄"的同时，也深深被邓亚萍鲜明的思维独立性特征所感染。

（五）思维的校正性

思维的校正性品质来自对比赛和训练中思维活动进行调整、校正的自我意识。有了这种对思维本身的自我认识，运动员不仅能够认识对手，而且也能认识自我，在改造客观世界的过程中改造主观世界，这也是优秀的思维品质特征之一。

在重庆举行的全国中学生乒乓球锦标赛的男子单打决赛中，小李与对手已经打到第3局，由于能够紧紧抓住对手中路球的弱点，前面两局小李以2:0领先。第3局开始也是一路顺利直打一到了8:4领先，眼看冠军就要到手，这时小李的思想产生了变化——希望尽快结束比赛。心态影响了战术的坚持，几个落点不到位的球打过去，竟连输4分，比分被对手追成8:8。面对变化的局面，小李立即意识到了自己的问题，及时做了自我调整，立即集中注意力，转回既定的战术。回到正确思维轨道的小李重新夺回了比赛的主动权，最后连连得手，竟也连得3分，以直落三局的成绩夺得了冠军。这就是思维的校正能力，小李的这种能力帮助他及时纠正了战术偏向，克制了自己起伏变化的心态，实现了比赛的转危为安。

（六）思维的敏捷性

思维的敏捷性反映了运动员思维活动的速度和智力的敏锐程度。对训练、比赛中发生、发现的问题积极思考、正确判断、迅速应变是优秀思维品质的另一个特征。

在北京举行的一次全国中学生乒乓球锦标赛上，小李在女子单打四分之一决赛上遇到的对手是一位和她打法接近的近台快攻运动员。开始小李采用了以我为主的战术打法与对手展开了对攻，比分交替上升，竞争十分激烈，但是一直未能取得压倒对手的优势。比赛打到第4局，小李1:2暂时落后，显然继续这样打下去十分不利，必须做出改变。教练及时叫了暂停，要求她立即改变战术，将快攻战术变为搓攻战术。小李变得十分坚决，用搓球牢牢控制住对方的反手，耐心地等待机会突然起板进攻。面对这种突然的变化，对手极不适应，被小李连扳两局淘汰出局。从整场的比赛分析，小李充分展现了她思维的敏捷性，即说变就变！小李不仅变得正确，而且变得及时、迅速而坚决。反观对手思维的反应速度却显得缓慢，显得迟钝。小李利用了自己敏捷的变化能力不仅获得了这届全国中学生乒乓球锦标赛的女子单打第3名，而且获得了一级运动员的等级称号。

（七）思维的系统性

系统性是指思维活动在运动员处理训练、比赛中各类不同信息的能力和有序程度。经常可以看到尖子运动员在比赛期间展现出他们思维系统性的特点。

例如，前世界冠军孔令辉每当遇到重要的比赛之前，他都会将这次比赛要使用的海绵胶皮挑选一遍，依据其不同的微小差别，分别编号存放，以便安排在预赛和决赛不同阶段使用。这种缜密的思维系统性也是造就孔令辉成为中国第一个乒乓球大满贯尖子运动员的因素之一。

世界冠军孔令辉

例如，在广州举行的全国中学生运动会期间，小杨是北京中学生乒乓球男队的一名选手，他在整个参赛过程中对自己每场比赛的准备工作都能管理得井井有条，他把准备不同场次需要穿的运动服都整齐叠好，并按顺序摆放在柜子里，甚至包括什么时候该吃的方便面也都有序放好。比赛结束时小杨获得了男子单打亚军，是北京中学生乒乓球队成绩最好的运动员，应该说长期养成的有序思维习惯帮助他获得了成功。

优秀的思维品质是乒乓球尖子运动员共有的特征。对于乒乓球这项兼有体能、技能、智能等特点的运动来说，具备优秀的思维品质甚至是所有尖子运动员最重要的特征。

四、较强的认知能力特征

认知能力是运动员在其训练、竞赛活动过程中对未知问题的认识速度、接受能力和掌握水平的反映。通常尖子运动员都有一个共同的特征，那就是能够很快地掌握难度较大的技、战术。张怡宁 11 岁就被选进什刹海体校训练，当时我们正在探索攻防转换的训练方法，将过去一方主练一方陪练的训练模式，转变为双方对抗式的训练。这样一来训练的难度大大提高了，很多小运动员一时都掌握不了，训练中往往攻防尚未实现转换就已经失误了。但是此时张怡宁却表现出了出色的认知能力，她是队内第一个掌握这项对抗训练法的小运动员，不仅能按要求流畅地完成全部攻防转换计划的训练，而且还能顺利地掌握对抗变化衔接的技术难点。很多队友都愿意找她对练，觉得和她对练收获更大。张怡宁这一鲜明特征给我们留下了深刻印象，那时候就预感她可能就是我们未来的"尖子"。

闫桂丽也是上世纪 70 年代的尖子运动员，在她开始学打球时就比其他同学进步快。特别是一次我手把手地带她击球的经历给我留下了深刻印象。因为是教练员握住手带她击球，一般情况下小孩子都有点紧张，所以一旦对方供球不到位，就会出现手动脚不动的现象，正确的动作体验自然就没有了，但是闫桂丽却能在教练员握住她的持拍手时随着来球落点的变化而主动移步找球。对一般的孩子来说很难做到的事，她做起来却很轻松，因此那时我就有一种预感，她可能就是我们打造未来"尖子"的希望苗子。

五、突出的个人技、战术或专项身体素质特点特征

尖子运动员一定具有各自不同的突出技、战术或专项身体素质特点，这是他们之所以能够成为"尖子"的共同特征。其实这些特点从他们开始基础训练时就会初露端倪，及时发现他们的特点，因势利导，坚持个性化教学，使其特点成为特长，最终会成为"尖子"。

六、优异的比赛成绩特征

尖子运动员的另一个共同特征是具有优异的比赛成绩，当然，他们也会输球，但是优异的比赛表现即使在他们输球时也会让人充满希望。

虽然我们总结了尖子运动员普遍具备的特征，但是终归十个手指不一样长，现实中必定没有十全十美的现成人才。在打造尖子的过程中，我们既要做好准备，善于发现具备上述特征的人才，又不能求全责备，不能因为某些不足的存在而埋没人才。记得在上世纪90年代，北京体育学院的心理学教授对什刹海体校的小队员进行过一系列的心理学测试，并且动用了北京几个体育科研所的全部心理测试仪器、设备和工具。出乎我们教练员的意料，测试结果得出的结论是张怡宁不适合作为尖子来重点培养，因为她有一项被称作"操作思维"的心理测试成绩很差。虽然结论来自测试的结果，但是分析的方法却出了问题。所幸教练员们有自己的判断，没有因测试的结论而动摇，事实上后来的张怡宁甚至变成了在大赛中心理最稳定的运动员之一。记得在北京奥运会的女子团体决赛上，由于张怡宁使用的球拍没通过检测，她不得不拿一支自己不熟悉的球拍去迎战新加坡的强劲对手冯天薇。在顶尖的对决时没有合适的武器，对于她来说其艰难程度是可想而知的，何况这又是奥运会的巅峰对决，巨大的心理压力不是常人所能体验的，但是她却坚定地挺了过来，打得局面虽然并不好看，但最后的胜者依然是她。虽然张怡宁小时候没能通过心理测试，却没有妨碍她后来成为顶尖高手。一方面这说明了人无完人的道理，另一方面也说明了即使存在些许弱项也未必就是影响他们成才的关键因素，更何况当时的张怡宁只有11岁，少年儿童成长中的可塑性不可估量。因此教练员不仅需要重视选材，而且更要善于育才。

下面的选材、育才分析表可供参考。

选材、育才分析评定表（可以文字描述或打分评级）

姓名	性别	训练态度	心理素质	思维特点	认知能力	个性特点	比赛表现

第二章　筑建"尖子"孵化器

要出"尖子"，教练员必须清楚需要创造哪些训练条件才能促成尖子的成长，如果说尖子是只凤凰，那么建立什么样的孵化器才能孵化出他们来呢？总结起来至少应该具备如下条件。

一、营造良好的训练氛围

树立正确的训练动机是营造良好训练氛围的基础，正确训练动机首先来自一个正确的个人发展目标。为了每个人未来的良好发展，教练员应该帮助运动员树立其远大理想。这种发展不应该只是局限在技术目标、比赛成绩层面，而应该上升到精神境界层面。一旦将自强不息不断自我超越的精神变成多数人努力追求的目标，那么这种充满了正能量的训练氛围必将成为帮助尖子运动员迅速破土而出的土壤。

同时还要树立一个明确的阶段性集体目标，并将这一目标与个人的努力相结合，这对营造良好训练氛围至关重要。因为一个人的作为如果被集体所需要，那么对这个人的努力会产生极大的动力。这也是尖子成长的正能量，如果这种正能量在集体中被放大，无疑是在生成尖子的土壤中增加了肥料。

然而在个人层面的自我超越和集体层面的共同奋斗这两者之间，存在着既竞争又合作的关系。处理好竞争与合作的关系，是关乎营造良好训练氛围，孵化更多尖子的重大课题。

从个人提高层面来讲，虽然运动员个体之间存在着天然的竞争关系，但是要迅速提高自己必须更多地强调合作。因为乒乓球训练的形式多是相互对练，不懂得配合就无法提高。记得有位世界冠军向我们介绍他的训练配合经验时说，与队友训练要谦让。他经常会要求自己首先认真配合对方主练的计划内容，然后再请对方配合练自己的计划内容。他认为这样做的结果，对方也一定会积极配合自己；他在遇到水平低于自己的训练对手时，会适当降低自己的击球难度，使对方能从容地还击，这样才能形成对抗，才能练到东西；如果训练的对手水平较高，他会相应提高自己的击球质量，激发对手的对抗精神，在对抗中提高自己。最后他告诉我们，既然已经是世界冠军了，多数队友的水平一定与他有些差距，如果不会与他们合作训练，那将无法继续进步。

从实现集体共同目标的层面来说，虽然团队精神强调的是合作，但是团队总体水平的高低最终取决于队内"尖子"的水平，所以为了实现共同目标，应该有人站出来争挑重担。只有竞争才能不断提高整体水平，只有竞争才能出人才，才能在比赛到来时给集体留下灵活排兵布阵的空间。即使是为了适应某种技术，需要有人效仿"陪练"，大家也要真刀实枪地干！在集体中就是要提倡争入围、争报名、争上场、争打决赛、争取压倒对手夺取最后胜利的精神。记得那是在汉城奥运会上，乒乓球第一次成为奥运会的正式比赛项目，面对这一前所未有的重要比赛，中国乒乓队的派兵遣将工作当然是慎之又慎。此时年轻小将陈静主动请缨，向领导提出"不是我们年轻运动员敢不敢上的问题，而是领导敢不敢派我们上的问题！"最后她争取到了这次机会，并且抓住了这次机会，为中国代表团，也为她自己夺得了奥运会历史上第一枚女子单打金牌。

综上所述，可见营造良好训练氛围是出尖子的前提条件，中国乒乓球队之所以"尖子"辈出，就是始终能够在竞争与合作中营造出良好训练氛围，这是尖子生成的沃土。

二、拥有由高水平名师领衔的教练员团队

都说"名师出高徒"，尖子运动员的"孵化"过程也离不开高水平的教练员操盘、把关。什么样的教练员可以称得上是名师？直观地说：能够带领自己的运动员不断取得比赛胜利的教练员就可以被称为名师，或者说能够带领自己的运动员不断取得成功，进而帮助他们成为"尖子"的教练员就是名师。

分析名师的共同特征，首先会发现他们普遍具备较高的综合素质，包括良好的职业道德、高度的敬业精神和鲜活的人格魅力；其次他们普遍具备较深的专业底蕴，包括系统的专业理论、灵活的指挥艺术和对运动员的心理与思想的工作能力；同时他们还都具备较强的执行能力，包括计划能力、训练课教学能力和释疑能力，当然他们中间不少人还具备了敏锐的观察能力、创新思维和因材施教能力。

前世界冠军庄则栋谈到优秀教练员的标准时特别强调优秀的教练员应该知道赞成什么、反对什么，言下之意是教练员不能"以其昏昏使人昭昭"，必须深入掌握系统、全面的专业理论，并且具备较强的释疑能力。

已故国际乒联主席荻村伊智朗先生认为，只有能提高运动员心理素质的教练员才可以称得上是一位好教练员。因为没有强大的心理素质保证，无论掌握什么样的技、战术，无论具备如何强健的体能，比赛时都将无济于事。他说的是教练员必须具备深厚的专业底蕴，不仅要能教人"打好球"，而且还能教好"打球人"。

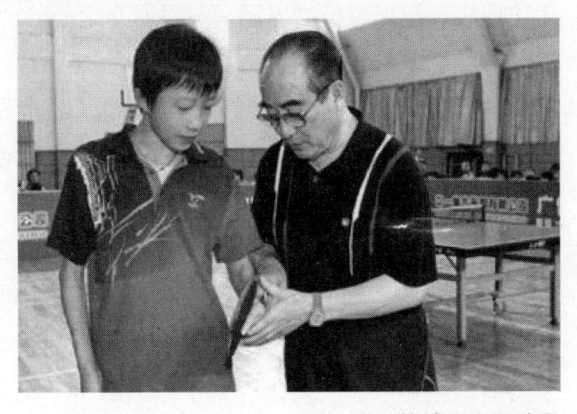

庄则栋辅导小运动员

著名教练员岑淮光和我探讨教练员层次时认为：仅能用自身运动体验指导教学的教练员是初级的；还能用自己对乒乓球运动的普遍认识指导教学，既能向运动员传授自己的体验，还能借鉴、传授别人的体验，这样的教练员是中级的；进而能用自己的创新意识培养出"尖子"，创造出超越现有模式的新体验，这样的教练员是高级的；如果还能深入总结，将体验升华为理论，并能以此指导来者，在实践中创造新的成功，培养出更多尖子，这样的教练员才是大师级的，才是真正的"名师"。

拥有名师领衔的优秀教练员团队对"孵化"尖子运动员至关重要，在尖子的培养过程中可以达到事半功倍的效果。分析名师的特征，目的是将更多教练员打造成名师，担负起培养尖子的训练任务。

三、实施再创造式的教学训练模式

尖子因其与众不同才能脱颖而出，因此尖子是创造出来的，所以"孵化"尖子的训练过程必须实施"再创造"式的教学模式。

（一）对已有认识的再创造

对已有认识的再创造，也就是对现存乒乓球竞技理论进行深入的、创造性的再认识。例如：上世纪50年代末至60年代初，那是日本长抽进攻打法的鼎盛时期，中国面对日本式进攻的已有认识实现了再创造，创造了快、准、狠、变的近台快攻风格指导原则，催生了容国团、徐寅生、庄则栋、李富荣等一大批中国式近台快攻打法的世界冠军，将中国乒乓球推上了世界乒坛的顶峰。

70年代初期，欧洲人对日本弧圈球和中国快攻技术已有的认识实现了再创造，催生了包括瑞典的本格森、约翰森；匈牙利的约尼尔、克兰帕尔，南斯拉夫的舒尔贝克、斯蒂潘契奇等一大批世界顶尖高手。

面对这种变化，当时中国队的主教练徐寅生提出在"快、准、狠、变"的中国风格后面加上一个"转"字，这种对中国乒乓球已有认识的再创造，也使郗恩庭、郭跃华等一批世界冠军脱颖而出，中国队在世界乒坛上逐渐夺回了自己的阵地。

90年代初瑞典人在对欧洲弧圈球和中国近台快攻打法的认识上实现了兼容并蓄的再创造，催生了瓦尔德内尔、佩尔森等世界冠军，使欧洲回到了世界乒坛的顶峰。

接着，中国队从失利中总结，对已有认识实现了再创造，催生了刘国梁、马琳、王皓等新一代直拍顶尖高手和王励勤等一批新世界冠军，再一次夺回了中国的优势地位。

综上所述，可以看到现代乒乓球运动的每一次进步都伴随着创造性的再认识，这种"认识"的创新是大批尖子运动员产生的催化剂。

时至今日，教练员应该如何继续实现创造性的再认识，如何催生新的一批"尖子"，让我们重新审视过去对制胜因素的经典认识：速度、力量、落点、旋转、弧线。根据这一认识，我们已经培养出不少的"尖子"了，可是在训练过程中，特别是在基层训练中，重视速度而轻视旋转的现象普遍存在，对弧线制胜更是知之不多。究其原因，还是在于认识问题。因此，在对经典的五项制胜因素进行更加深入的、创造性的再认识，应该是一个认识上再创造的突破口。同时中国式的直拍打法成功创造了直拍横打技术，但是这仅仅是开始，其进一步的创新似乎意犹未尽，如何体现中国灵活多变传统的创新发展也还有更大的空间。

(二) 对现行训练方法的再创造

对训练方法的再创造一直是推动训练水平不断提高的基本动力，在这方面中国队对推动世界乒乓球运动技术的发展贡献最大。

"多球训练法"是上世纪60年代中国乒乓球队受到日本女子排球队训练的启发而创造的，时至今日还是世界各国乒乓球运动员普遍采用的训练方法。多球训练法首先提高了训练效率，使单位时间的训练密度最大化，特别有利于改进技术、学习新技术的训练；其次多球训练法可以大幅度提高乒乓球训练的强度，对乒乓球专项身体素质的提高，特别是对步法移动能力的提高效果显著。现在多球训练法已经派生出很多细分的方法，如多球单练、多球对练、多球重复练、多球记分练等等。我们还可以继续这种再创造，特别应该注意的是须将训练目标和训练方法高度统一，避免多球训练的粗放化。

"对抗训练法"也是对传统互相配合的训练方法再创造，我最早接触的对抗训练法是我的教练员王锡添率先采用的，他将训练分为攻守双方互相对抗，用积分的方法计算胜负，在双方竞争中，一方率先达到规定的积分就可以实现攻防对抗位置的转换，即守方转为攻方，然后再重启积分。这类以对抗为特点的训练方法对技术转化为战术的训练效果极佳，同时有利于启发受训双方求胜的创造性思维。

"双向训练法"是变单方面主练为双方互为主练的再创造性训练方法，受训的双方各练自己的重点技术，既互相配合又互相对抗。这种方法能够在一个单位训练时间内同时调动受训练双方的积极性，提高训练效率。以攻防转换最为娴熟著称的世界冠军张怡宁，在她很小的时候就开始采用这种训练方法。

训练方法的创新不仅对运动员技、战术水平的提高具有极大的推动作用，而且对提高运动员的思维品质和心理素质有极大的帮助。湖南有一所中学的乒乓球队一直在全国中学生的比赛中表现抢眼，虽然她们的技术并不十分出色，但是她们总能在重大比赛的关键时刻战胜对手，表现出顽强的斗志和敢打必胜的信心。为此我专门到她们学校对其训练进行了现场考察，结果我发现她们每天的训练课虽然时间不长（只有两小时），但大多数时间都是采用对抗性的训练方法，训练强度非常大。看了以后我才明白，难怪她们的运动员在比赛中那么难缠，原来她们是以不同的训练方法和要求打造出来的具有不同特点的运动员。

(三) 对器材使用的再创造

人们看到的现象是世界乒乓球运动的发展始终伴随着乒乓球器材的发展与变化，而事实上是器材使用的变化推动了乒乓球技、战术的发展。上个世纪 60 年代日本人对反胶球拍的使用进行了再创造——发明了弧圈球，开创了乒乓球进攻技术的隐性速度与显性速度相结合的新时代，在今天看来似乎只有掌握了高水平弧圈球的运动员才有可能成为世界顶级运动员。

也就是在那个时期，中国人发明了长胶球拍，张燮林首先用长胶的反旋转击球来克制弧圈球，随后出现了林慧卿、郑敏芝、梁戈亮、童玲、陆元盛、陈新华等世界著名削球手；后来邓亚萍对长胶的使用进行了再创造，开创了长胶近台快拨结合凶狠正手进攻的新打法，也帮助她成为那个时代世界顶尖的运动员。可见，不仅器材的创新可以为运动员带来新的发展空间，而且对器材使用方法的再创造也可以帮助我们打造出尖子人才。

(四) 对现行技、战术的再创造

技、战术再创造打造尖子运动员的案例层出不穷，根据时代的发展和技术的进步，对主要技、战术进行再创造，使之成为独具特点的利器是是孵化"尖子"的必由之路。

例如，对弧圈球技术的再创造：虽然弧圈球是日本人发明的，但是全世界的优秀运动员根据各自的特点对弧圈球技术进行了再创造，形成了多个不同的流派，有凶狠力量型的，有稳健控制型的，还有快速变化型的等等，这些经过再创造出来的个性化的特点，能帮助他们变得与众不同，进而成为脱颖而出的"尖子"。

例如，对发球技术的再创造：对高抛发球的再创造帮助许绍发成为了世界军；郗恩庭对当年容国团转与不转发球的再创造，使他的发球成为夺取世界男子单打冠军的杀手锏；梁戈亮利用球拍两侧性能不同的反胶与长胶再创造出独特的倒拍发球，成为一度困扰了全世界的运动员；还有牛剑锋对下蹲发球的再创造，成就了她独特的砍式发球，并帮助她夺取了世界杯冠军。而瓦尔德内尔则借鉴了中国直拍侧身正手发球的握拍技术，对横拍正手发球的握拍技术进行了再创造，开创了横拍正手发球新变化的先河，现在又有直拍运动员借鉴了横拍的发球技术，再创造出正手顺逆旋的发球。凡此种种，不胜枚举，对发球的再创造是许多尖子运动员的重要选项。

例如，对打法、技术运用的再创造：上世纪 70 年代闫桂丽在中国直拍近台快攻的基础上进行了再创造，率先成功实践了横拍近台快攻打法。

例如，80 年代滕毅借鉴了直、横拍正胶颗粒和反胶球拍击球的不同特点，再创造出正手用生胶打快攻、反手用反胶拉球破解对手"劈长加转球"的独特"横拍直打"的打法，帮助他成为世界冠军。

例如，90 年代后期刘国梁、马琳、王皓借鉴了横拍反手进攻技术，对直拍反手攻球技术进行了大胆的再创造，开创了"背面攻"新技术，创造出"直拍横打"的中国直拍独特打法，并在获得很大成功的同时，为以后直拍运动员的发展树立了榜样。

瓦尔德内尔对横拍发球握拍法的再创造

例如近年来，张继科、马龙等顶尖运动员对接发球"挑、拨"技术进行了再创造，发展出"拧接"的新技术。

张继科"拧接"发球

例如，拿最简单的正手攻球技术来说，优秀运动员们也对它进行了与时俱进的再创造，从过去强调的"收前臂式的抽打"动作，创新成为"向前推打"的新型动作结构，适应了当前弧圈球是主流进攻技术的时代特点。

（五）结合个人特点对打法、风格的再创造

结合个人特点对打法、风格的再创造是对个人潜能的最深挖掘，是对个人优势条件的最大发扬。

例如，庄则栋以其手指手腕弹击的特长，对中远台两面进攻打法进行了再创造，创造出了独具个人特点的直拍近台两面攻打法。

例如，张怡宁以其驾驭球的独特能力，练就了攻防转换的特长，对横拍进攻型打法进行了再创造，创造出了横拍全攻全守的打法。

总之，实施再创造式的教学训练模式是培养尖子运动员的必由之路。再创造并非高不可攀，只要常备创新之心，不甘庸碌无为；只要深入了解你的运动员并紧跟现代乒乓球运动的发展趋势，再创造式的教学训练模式一定能孵化出更多的"尖子"。

四、筑建多层次超越自我的竞赛体验平台

曾经有位瑞典教练员问我对欧洲俱乐部的周末比赛如何评价，当时我并不了解欧洲的竞赛体制，误认为他们所谓的周末比赛和我们一样，只不过是每周为检验训练效果安排的比赛而已，似乎不应该有什么争议，但是他告诉我说，他并不支持这样的比赛体制，因为在他看来，这种为了周末赢球的短周期训练安排不利于青少年的基础训练和技术打法的系统建设。与他的谈话引起了我的思考：比赛作为竞技体育的杠杆，除了争取赢球这个众人追逐的目标外，教练员还应该树立些什么样的目标呢？众所周知，尖子运动员的成长必然需要通过比赛的不断赢球来证明，但是在"尖子"的孵化过程中，他们更需要通过比赛来体会他们已经实现的自我超越来验证自己的成长。因为"体会超越，验证成长"是运动员成为尖子的必然心理过程，这不仅是他们不断参加比赛追逐的目标，而且也是炼成尖子必要的条件。

首先运动员需要通过比赛体验到技、战术的自我超越，从而认识到自己竞技实力获得的增长。为此，应该根据训练任务有目的地安排具有针对性特点的比赛。比赛可以是全面的，也可以是有限制条件的，如发球抢攻的前三板比赛、左半台对抗赛、关键球的比赛等。

其次要让运动员通过比赛积累经验，体验思想方法和思维品质的自我超越，从而认识到自己的认识水平逐渐成熟。为此，应该重视比赛的总结，并将比赛中思维品质的提升作为总结与交流的重点。

最后还要让运动员通过比赛提高心理素质，体验坚韧、自信、乐观、成就等心理素质的自我超越，从而认识到自己综合素质的提升。为此，应该帮助他们在重大比赛中打出更好的成绩，并以此成为他们再次超越自我，挑战更快、更高、更强的新的心理支撑点。

总之，在"尖子"的孵化过程中，搭建不断自我超越的比赛平台是必不可少的，因为只有当他们经历过这些刻骨铭心的比赛考验之后，才能亲身体验到自己的成长，而只有他们自己体验到的成长，才能成为他们自己真正拥有的成长，否则这些成长仍然只是停留在总结纸上的文字或教练员口中的语言。

五、组建涵盖主要不同技术打法的对练群体

乒乓球运动是个人的对抗运动,记得中国第一个世界单打冠军容国团和第二个世界单打冠军庄则栋曾经有一次对"技术全面"的讨论。容国团认为"技术全面"就是要掌握相关的多项技术,以便在比赛需要的时候可以运用灵活多变的战术。他就是这样一个技术全面的运动员,在第25届世乒赛的男单决赛中,他针对匈牙利老将西多擅长削中反攻的特点,采用拉侧旋球的新战术,破坏了对方的进攻,为新中国夺得了第一个世界冠军。庄则栋则是一个功底深厚的运动员,他秉承了"进攻就是最好的防御"的理念,采用最简捷、最直接的近台两面左右开弓的打法,成为世界上连续三次蝉联世界男子单打冠军的第一人。他认为技术全面不必要求掌握太多技术,而是应该将自己的特长技术精炼到能全面应对、破解任何不同对手和不同技术的程度。其实他们的观点都是正确的,只不过两个人是从不同的侧面阐述了"技术全面"的含义。既要具备变化能力,又要具备应变能力,相继提高这两个能力是我们追逐技术全面的本质目标。

由此可见,孵化"尖子"的另一个基本条件是组建一个涵盖主要不同技术打法的对练群体,以便使运动员能够在与不同的对手相互对抗中掌握相关的全面应对技术与必要的变化和应变能力。这个群体的组建首先应该从不同球拍性能打法角度上考虑,包括有反胶、正胶、生胶、长胶等不同持拍的选手;其次要从不同特点打法上考虑,包括攻球、削球等;同时还应该从握拍差别上考虑,包括左手、右手、直拍、横拍等。

在这种涵盖主要不同技术打法的对练群体中,运动员可以在相对全面的对抗环境中成长,只有这样才能有助于更多的苗子成长为特长突出、技术全面、没有明显漏洞的尖子运动员。

第三章　系统的训练管理

要出尖子，最基础的工作还是训练。因为如果训练没有重点，或教学不得要领，功夫下不到点子上，轻则事倍功半，重则就成了"毁人"不倦、误人子弟了。所以必须明了在打造尖子的训练中应该紧抓不放的关键问题是什么。

一、设计自主性的个人发展规划

培养尖子运动员的训练首先必须根据训练对象的性格、技术、身体素质等特点，为他们设计自主性的个人发展规划。尖子运动员之所以是尖子，就是因为他们具备与众不同的技、战术特征和个性鲜明的打法风格。因此，只有根据训练对象的不同特点来设计他们自主发展的规划，才能最大限度地挖掘运动员的个人潜能，进而训练出独具个人特色的尖子运动员。

其实所谓个性发展规划，就是设计运动员个人未来的赢球模式。《孙子兵法》称："谋定而后动，知止而有得"，结合尖子的训练就是要求我们在展开具体的训练行动之前，先对运动员进行仔细观察、周密分析、深入研究，为他们谋划、设计出适合他们未来个性发展的赢球模式，然后再开展具体的技、战术训练。从这种意义上可以说正确的思路是"先有战术，后有技术"。这样的训练是在设计的赢球模式指导下进行的，因此，必然会对模式框架内外的训练内容与要求有所取舍，有所侧重，有所节省，有所扬弃。这种目标明确、重点突出的选择性训练，当然是高效率的，这就是"知止而有得"的道理。

例如，当初为闫桂丽设计了近台快攻打法，在这种以速度、落点、变化取胜的赢球模式指导下，将坚持近台、击球高点、小动作、快出手作为训练的重点技术要求，帮助她迅速掌握了相关技术，很快地形成了鲜明的技术风格。

例如，当年为张怡宁设计了弧圈球快攻打法，她在这种以速度旋转融合进攻的赢球模式指导下，八九岁就开始学习弧圈球，从儿童阶段就打下牢固的进攻中击球与摩擦相融合的技术基础，很快就使她在同龄的伙伴中脱颖而出。

二、建立进度超前、破格培养的训练机制

培养尖子运动员的训练必须建立进度超前、破格培养的训练机制。因为尖子的成长速度异于常人，不能用按部就班、论资排辈、一成不变的固化机制束缚他们的成

长。事实上许多尖子运动员在他们的成长过程中都得益于"超前、破格"的训练安排，使他们得以超越群体，脱颖而出。

例如，前世界冠军滕毅从小就跟着大队员组训练，在体校期间他的教练一直刻意安排他跟比他大三四岁的运动员在一起训练，结果他在 15 岁时就获得了全国冠军。"大带小"是重要的诱导训练法，将可能脱颖而出的小苗子破格放到大运动员中，实施以大带小的训练机制，可以诱导他们技术尽快提高，心理尽快成熟。

例如，闫桂丽被调入北京队后一直被安排与男队员一起训练，不久许多同龄的男生打不过她，队里有的男生甚至提出不想与她一起训练了。"男帮女"一直是中国乒乓球队训练尖子女运动员的重要破格手段之一。

三、采用启发创造力的互助、互动教学训练方式

培养尖子运动员的训练必须开启他们自己的创造性发展，因此，在训练中应该注意采用启发创造力的互助、互动教学训练方式。

例如，中国第一代著名教练员傅其芳为了启发庄则栋创造他自己与众不同的近台两面快攻打法时告诉他说，技术问题主要靠你自己解决，战术问题由我负责。此举为庄则栋发展自己独特的两面"弹打"技术开放了广阔的空间，最终成就了庄则栋成为当时的一代"球王"。

例如，当马琳还是一个稚嫩的少年运动员时，我们就经常看到总教练蔡振华在比赛现场将他拉在自己身边，边做场外指导，边与他互动、分析场上的变化。经过这种启发式的互动教学，马琳很快成为中国乒乓球队新一代的尖子运动员。

例如，小苗和小李同是六十六中学乒乓球队的队友，在他们的共同努力下夺得了 2013 年全国中学生乒乓球锦标赛的男子团体冠军。据他们的教练员反映，这两个孩子之间的日常比赛中，总是小苗胜得多些，可是对外比赛时两人的成绩却相差很多，小李已经两次夺得全国中学生乒乓球锦标赛的男子单打冠军，小苗的最好成绩却只是打入前 8 名。为了帮助小苗突破自己的瓶颈，在甲 C 俱乐部的比赛中我让他根据自己的一场比赛视频做个统计，计算自己在一局比赛中进攻的上手率和成功率。结果他发现自己进攻上手的几率远远高于对手（说明了对手给他的机会很多），但是他的得分率却远远低于对手，分析说明了小苗上手进攻的质量不高，无法将对手给自己的小机会扩大成为自己的优势战果。为了帮助他进一步认识这个问题，我拉着小苗在小李的赛场外做现场的观察与分析，使他直观地认识到自己在上手进攻的击球时间和击球落点上与小李存在明显的差距。经过这样的互动，小苗找到了自己上升的突破口，认识提高了，他在后面的比赛中有了明显的改进。

例如，小李的反手台上拉球技术很好，但是比他长几岁的小苗却不如他。教练员经过仔细观察并没有发现他们之间在动作结构上的明显不同，于是让他们互相握住对方的手，模拟自己击球瞬间的动作用力，让他们感受互相之间的区别。经过几次"相

互感觉",小李很快就说出了自己与小苗用力的不同点。他说:"我在击球时主要是使用前面的手指(拇指)用力,但是他(小苗)是后面几个手指一起用力。"这样他们自己就找到了相互之间的差别,也就是这点不同造成了小苗反手击球的调节控制不如小李好。经过这样的互动、互助教学过程,小苗根据小李的建议改进了自己的用力方法,反手进攻也找到了好的感觉。

四、制定实施以获得最佳竞技状态为目标的周期训练计划

培养尖子运动员的训练要贯彻周期性的原则,教练员要为他们制定并实施以获得最佳竞技状态为目标的周期训练计划,以便推动他们向尖端的方向波浪式地前进和螺旋式地上升。

所谓周期训练就是对运动员在一个阶段的训练期间,以在重大比赛期间获得最佳竞技状态为目标,对其技术、战术、体能、智能和心理的一系列此消彼长的安排。

五、坚持因材施教的个性化教学训练思路

培养尖子运动员的训练必须坚持因材施教的个性化教学训练思路。记得上世纪70年代末期,一位阿根廷的足球世界冠军的教练应邀到中国访问。他看过中国的足球训练基地和中国的少年足球运动学校后客气地评价说,中国足球运动员从小就接受规范的训练,非常令人羡慕,但是规范的训练没有个性化的特点,不出球星,无法组成一支像他们国家那样的有特点的球队!中国足球后来的发展结果不幸被他言中,时至今日仍然找不出自己的发展方向。

所谓因材施教是指根据运动员在身体、心理、技术、战术等方面表现出的才能与特点,施以适合他们个性发展的教学与训练,使他们的个性特征发展成为与众不同的个人特长,这是孵化尖子运动员的必由之路。俗话说"金无足赤,人无完人",个人的才能总是有限的,有些人的短板是无法改变的。我们也可以将人的各项能力比作水桶四周的桶帮,决定桶中"才能之水"的多少永远是最短的那块桶帮,如果在无法改变桶帮的现实状况下,希望实现桶中存放更多的水的目的,就需要将水桶向较长的桶帮板块方向倾斜,这样向"长处"倾斜的做法就是因材施教的原理。古人说"天生我才必有用",但是这些有用之才必定都是经过了因材施教的过程。在培养尖子运动员的训练中,记住"上帝为你关上一扇门的同时,必然为你打开了另一扇窗户"。教练员在因材施教时,需要具备以下多种思路。

思路一:依据身体状况发展适合的打法

依据运动员成长过程中在身体形态、机能和素质等方面表现出的特点,发展更加适合他们的技术打法。

乒乓球的打法大体上可以分为进攻型和防守型两种类型:

防守型中可以根据进攻技术运用得多少分为攻守结合型和削中反攻型，如曾经获得过世乒赛男子单打第2名的韩国运动员朱世赫，获得第43届世乒赛男子团体冠军的中国主力运动员丁松，他们都属于进攻技术运用较多的攻守结合类型；前世界冠军童玲和现在中国队的著名运动员的武扬、范瑛等都属于防守技术运用更多的削中反攻类型。

在进攻型打法中可以根据其主要进攻的范围分为近台快攻型和全台进攻型，近台快攻需要摆速快，离台进攻需要力量大；也可以根据他们主要的进攻技术运用分为两面进攻的均衡型和以正手进攻为主的强攻型，两面进攻型需要两侧动作力量相对均衡，而正手强攻型则因为需要大范围移动，所以必须有更强健的腿部力量；当然，还可以根据他们的主要击球方式分为快攻型或弧圈型等等。不同的打法类型对身体形态、肌肉类型等条件有不同的要求。前世界冠军庄则栋是近台快攻的佼佼者，他的手臂较常人略短，因此，在近台快攻中挥拍摆速较常人更快。王励勤夺得多次世界冠军，他身高臂长，击球力量大，被誉为"王大力"，是典型的全台弧圈球进攻型选手。

所以在培养尖子运动员的训练中，依据他们的身体形态、机能和素质特点因材施教地训练，发展适合他们自身特点的打法技术可以达到事半功倍的效果。

思路二：依据运动员精神气质特征强化技术风格

依据运动员的心理、性格和思维等精神气质特征，强化、鲜明他们的技术风格。所谓技术风格是指运动员在运用技术过程中经常采取的态度，是一种个人相对稳定的内在精神气质在技术运用时的外在表现。

邓亚萍、王楠和张怡宁是中国女队近年来连续三代的领军人物，她们都是近台快速进攻的打法，但是她们在运用进攻技术时的态度却大不相同。邓亚萍凶狠中透着刁钻，气势咄咄逼人，充斥着压倒对手的霸气；王楠快速中富有变化，驾驭比赛灵活、睿智，表现得游刃有余；张怡宁则快中有狠、稳中有凶，有一种任你千变万化我自岿然不动的气概。三个"一姐"，同样是进攻，却表现出三种不同的击球态度，表现出不同的技术风格，她们都达到了自己事业的顶峰。假设她们采取类似相同的"态度"打球，其中有两个人一定不会将她们的人生演绎得如此精彩。因为只有当她们将技术运用的"态度"与自己的精神气质特征高度吻合时，她们才能实现自身能量消耗的最大节省和最高的效率。记得一段时间里张怡宁为了实现自己的"再突破"，尝试改变自己的技术风格，追求凶狠在先、拼命强攻的结果并不理想，不仅比赛打得十分辛苦，而且效率不高，得不偿失。

在培养尖子运动员的训练中，深入观察、分析他们的精神特征，帮助他们明确自己打球的技术风格，并以此为核心不断强化、鲜明这种风格，使之成为自己技术运用的独有气质，这也是因材施教的重要课题。

思路三：依据运动员的技能、技巧组建他们的特色技、战术

运动员在训练成长过程中对各项技能、技巧的掌握程度会表现出各自不同的特点。在培养尖子运动员的训练中，应该随时关注这些特点，特别是有助于提高击球效

果的特点，努力将这些特点发展成为他们的特长，进而围绕着特长组建成他们的特色技、战术。这一因材施教的过程应该是一种积极主动引导训练打造特长的过程，而不是消极等待其特长出现的被动过程。

具体的思路应该是一切以击球效果为核心，以效果为核心来"滚雪球"。因为独特的击球效果一定是我们因材施教的"材"。从培养尖子运动员的训练过程的第一个层面上来说，训练的目的就是要主动寻找、发掘这些"材"，从中找到他们独具个性的击球效果，进而打造其特长技术。然后围绕特长效果的需要，逐步打造保障效果充分发挥的相关技术。

这是一种以效果为核心，是从追求效果延伸到保障效果的训练思路。这是一种逆向挖掘式的训练，因为通常直接表现击球效果的是击球手法，而为击球效果提供保障的是整体协调动作，包括步法，这种训练思路从某种意义上也可以理解为先练手法、后练"步法"、以手促脚的训练。

以效果为核心的另一个层面要求是组建与运动员个性击球效果相互配套的其他相关技术，以保证个性击球效果在复杂的比赛对手面前得以发挥。这是一种先追求"犀利"继而再打造"厚重"、先打造"特长"继而逐步"全面"的训练思路。

总之，因材施教的前提一定是要准确抓住运动员的"材"，围绕着其独特的才能打造和发展他们的未来。

六、深入细致的思想工作和心理素质训练

思想是指人的意识对客观存在的认识，是在实践的基础上对客观存在的反映。思想工作就是要帮助孩子们正确认识客观世界，指导孩子们按照客观规律行动。

心理是指人的头脑对客观物质世界的主观反映，心理训练就是要通过一定的心理体验过程，帮助孩子们建立积极的心理反映，从正面反映客观世界，积累、增加正能量，建立积极、乐观、自信的人格。

思想与心理两者之间既相关联，又有不同。一个是强调认识，通过认识改进孩子们的行为；一个是强调体验，通过体验改变孩子们的状态。前者主要通过多样化学习与交流的方法，通过实践与总结的方法使认识得到提高；后者虽然也需要交流，但是这种交流特别强调一对一的方式，在方法上更多的是通过调整注意力的方向，实现积极与正面的心理体验，从而实现心理状态的改变。在培养尖子运动员的训练中，可以利用思想工作做为手段，推动心理训练目的的实现。具体的方法是将思想工作做在训练、比赛之前，将心理训练融入日常的训练和比赛的体验之中。

记得徐寅生在《怎样打好乒乓球》一文中曾经讲到他的亲身经历：第25届世乒赛上，容国团为新中国夺得第一个世界冠军，而徐寅生自己因为意志不够坚强输给了美国运动员迈尔斯。看着队友的成功，徐寅生下决心改变自己，从树立"胸怀祖国，放眼世界"的志向开始做起，一直落实到"从大处着眼，从小事做起"的行动。例

如，在长跑训练时眼看要坚持不下去了，为了锻炼意志，他要求自己咬牙坚持了下去。经过多次这样的锻炼，他的意志品质有了很大提高。在第二年的全国比赛中，与之前的他判若两人，多次在零比二落后的情况下反败为胜。这一案例中的"意志品质"属于心理范畴的问题，"为国争光"属于思想领域的问题。两者的相互作用表现在——由于思想认识的提高，下决心在训练中提高自己的心理素质，因此将注意力方向聚集在"咬牙坚持"上，在经历了多次"意志过程"的成功体验后，终于改变了过去的状态，结果打起球来判若两人。

上述案例很好地证明了思想与心理互相促进的作用，因此，在培养尖子运动员的训练中，教练员必须注重开展深入细致的思想工作和严格的心理素质训练，这是"练才"不可或缺的一环。

总之，培养尖子运动员的训练过程要依据尖子的普遍特点选材、育才；为尖子打造一个利于成长的孵化基地；在训练中坚持先进理念的指导、区别对待的原则，总体平衡而又在不同阶段各有侧重地安排管理，深入的心理辅导和细致的思想工作，才能满足他们提高技、战术的需要，才能不断地练出"尖子"。

第九篇 帮助孩子们认识技术动作
——主要技术动作的用力行为

乒乓球技术动作的本质是肌肉的用力行为，认识技术动作首先要认识如何根据人体的生理结构来击球用力。杠杆原理是肌肉骨骼运动的基本原理，以支点为圆心、阻力臂为半径的运动是人体普遍的击球表现形式。因此，抓住用力的轴心支点，把握用力的运动方向是成为认识击球动作的关键。

第一章 抓住用力的重点

一、击球的基础用力

击球的基础用力是"蹬地移动身体，转腰带动击球"。乒乓球击球的基础用力首先来自用力的第一个"支点"——蹬地。步法的移动、及时抢到合理的击球位置和抓住最佳击球时机都要靠脚步的及时起动、身体重心的灵活交换以保证身体位置稳定地快速移动，而这一切都要从蹬地用力开始。因此，必须高度重视蹬地移动在击球用力中的基础作用。

然而纵观击球用力过程可以看出，仅仅依靠蹬地、移步还不能实现合理的击球用力，因此，就需要进一步利用基础用力的第二个支点——转腰。转腰带动移步调整身体姿态，转腰让位带动引拍储能、转腰迎前带动挥拍用力击球。因此，深刻认识躯干带动四肢的用力原理，重视转腰用力在击球中的协调作用对帮助孩子掌握合理的击球用力更加重要。

为了强调步法的重要性，经常听到教练员对孩子们提出"以脚带动手"的要求。从广义上理解这句话似乎没有什么问题，脚步的移动确实将身体带到击球的位置，作为身体一部分的手臂当然也被带了过来。然而从严格意义上来说，需要手臂完成的击球动作用力与脚步移动关系并不直接，因为手臂的击球用力动作完全是由转腰用力带动实现的，事实上脚步移动无法带动手臂挥拍。因此，准确地认识击球基础用力的两个重要部分，正确地诠释击球用力的支点原理，对帮助孩子们尽快掌握合理的击球用力至关重要。图九-1、图九-2为中国选手马龙、姜华军的转身引拍击球技术动作示意。

图示说明：

从图中1可以看到正手击球前充分转腰带动向后引拍；

从图中2可以看到击球瞬间迎着来球向前转腰带动挥拍正手击球。

图九-1 转腰带动引拍——转腰迎前正手击球

图九-2　反手击球转腰带动向后引拍

二、控球的精细用力

所谓精细用力是指击球瞬间用力差别调节的敏锐与精确能力。击球用力的感觉包括时间、空间和差别用力三类感觉，其中差别用力就是我们通常说的击球手感，是运动员对击球过程驾驭与控制能力高低的表现。

击球用力的调节既包括为了回击不同来球、保证击球准确的对应性用力调节，也包括为实现战术目标、提高击球效果的变化性用力调节。因此，教练员应该主动帮助孩子们学习和掌握这两类用力调节的技巧，努力提高击球精细用力水平。

差别用力主要是指在击球瞬间同时包括的两个不同的用力，即手指透过球拍对击球的顶出用力和旋转球拍对击球的旋擦用力。调节用力就是要根据不同的来球与不同的战术目的，主动在上述两个不同用力之间实施此消彼长的调节运用。顶出的用力变化决定击球弧线的走向与长短，旋擦的用力变化决定击球的弧线弧度与旋转强度。

可参阅本书第三篇第一章"一、全面认识力量的制胜原理"中的"（五）调节用力"。

第二章 技术动作用力要点介绍

一、主动的台内球技术

乒乓球比赛多数是从台内球的控制与反控制开始,因此,掌握多种回击台内球的击球技术十分重要。

(一)横拍正手"挑打"台内球技术

正手挑打台内球是一项台内球的第一板进攻技术,常被用来破解对手台内短发球和摆短球,特别是对带有侧旋的短球效果更好。挑打分快挑与暴挑两种,前者是一项转换技术,主要用于破坏对手抢攻,使回球转入有利于自己擅长的对攻局面;而后者则需要更好的机会,抓住机会力争一击得分。图九-3 为日本选手松平健太正手挑打的技术动作示意。

图九-3

图示说明:

1. 手腕充分外展:出手时不需要向后挥臂引拍,只需将手腕充分外展(图中1),并将拍形调整至几乎垂直。

2. 肘关节伸直:为了保证击球的稳定性,在触球前应该保持肘关节自然伸直(图中2)的状态,击球瞬间不收前臂。

3. 前臂快速内旋:触球后前臂迅速内旋(图中3),根据来球旋转用手腕加力摩擦调节弧线。

4. 利用身体前冲的力量击球:触球瞬间,身体前倾,将重心向前压向右膝头(图中4),为了充分利用身体重心的前冲动能给球前进力,应该尽量在右脚上前落地的瞬间击球。

5. 抢在高点击球：来球越短越要快步向前，插入台中。

总之，"挑打"虽然强调"打"，但是更强调保持出手快速、落点灵活、突然性强的特点，因此，使用身体重心向前的冲力与手腕调节用力相互配合可以增加击球的隐蔽性。"快挑"用于转换技术时，击球后须注意插入球台的右脚迅速"再起动"，以便衔接连续进攻。

（二）横拍正手"推挑"台内球技术

正手推挑台内球是一项更容易掌握的台内球第一板进攻技术，其作用有时介于进攻与转换之间，推挑的弧线短而低，突然性强，能将台内下旋球主动转换形成相持局面。图九-4 为中国选手李晓霞正手推挑的技术动作示意。

图九-4

图示说明：

1. 肘关节自然伸直：为了保证击球稳定性，击球前肘关节自然伸直（图中1），击球时不做收臂动作。

2. 拍形略后仰：拍形后仰，手腕外展（图中2），迅速上前将球拍插入来球的中下部。

3. 腰带动手臂"推挑"：触球瞬间将重心压向右膝头，同时略向左转腰（图中3）带动手臂将球向前上方"推"出。

4. 摩擦或不摩擦：如手腕转动加力摩擦击球可以使推过去的球带上旋，略向"前拱"；不摩擦的击球，手腕转动较少将球"抬"过去，会使击球略带下旋，弧线短而飘（图中4）。

应该认识到"推挑"与"挑打"用力最大的区别："推挑"是利用转腰的力量将球"推"出，而"挑打"则是利用身体重心向前的冲力给球以"打"的前进力。"推挑"的核心内容是"推"，一般情况横拍选手使用此项技术更方便，他们常利用"推"破解对方的摆短球或短发球，进而形成对攻、相持等自己擅长的打法局面。

(三) 横拍反手"翻挑"台内球技术

反手翻挑台内球是横拍选手在快攻时常用的第一板进攻技术,兼有稳定性和威胁性的特点。因为翻挑的准备动作与搓球相似,会给对手带来一定的迷惑性,常用于抢先上手,主动改变比赛的击球节奏,尽快让球进入自己擅长的上旋球节奏中。图九-5为马龙反手翻挑球的技术动作示意。

图九-5

图示说明:

1. 抢在高点击球:击球前,准确判断来球位置,及时上步(图中1),抢在来球高点击出,并保证在身前的位置击出。

2. 调整好拍形:击球前与搓球准备动作类似,准备击球时将拍形调整为基本略后仰或接近垂直于台面的状态(图中2)。

3. 前臂带动手腕发力击球:击球时触球中部偏下的位置,以肘关节为支点将球推出(图中3)。

4. 通过前臂以手腕转动击球(图中4),在撞击来球的同时,拇指用力摩擦球以控制弧线。

5. 右腿支撑稳定:为了保持击球稳定,须注意降低身体重心,将重心完全移至右腿膝关节处(图中5,并保持击球瞬间稳定。

总之,"翻挑"时不能过度前倾拍形,为保证对球的撞击力,动作要果断、连贯,一气呵成。学习、掌握"翻挑"技术时,应该认识到它的用力特点不同于其他台内进攻技术,"翻挑"主要是利用前臂对来球的"推"与"外旋"的合力给击球提供前进速度。

(四) 直拍"横拉"台内球技术

直拍反手背面横拉台内球是一项重要的第一板进攻技术,无论是接发球还是对方控制的台内短球,直拍都能够用台内横拉抢先上手进攻,争得先手的主动局面,而且横拉技术还可以通过改变拍形角度制造出侧旋球等旋转变化,增加对手回击的困难。王皓在横拉台内短球时会更多地拉出上旋球,增加击球的速度与力量。图九-6为中国选手王皓的反手横拉台内球技术动作示意。

图九-6

图示说明：

1. "横拉"时要稍微放慢击球节奏，在球的最高点或高点后期击球；
2. 必须保持较高身体重心，避免身体过于前倾（图中1），并使身体与来球保持稍远的距离。
3. "横拉"主要依靠前臂与手腕发力，因此必须为引拍动作让出足够空间，如图中2所示。击球前王皓将上臂抬起深入台中，右肩向前使腰部微转十分有助于击球发力。与此同时前臂稍向后引拍，并将手腕充分向内侧转动、"压平"拍形（图中3），积蓄充分的能量。
4. 击球瞬间，左脚蹬地，右腿向前跨一大步（图中4）使身体到达最佳位置，还可以利用身体由后向前的力量。
5. 触球时，拍形稍直立（图中5）对准来球摩擦球的中部偏上位置，随即手腕发力快速外转带动拍形转动"包住"来球，顶住摩擦，前臂完全打开（图中6）充分向前发力。
6. 击球后，右腿撑住身体，向后蹬地，迅速从台内撤出（图中7），准备连续进攻。

总之，"横拉"台内球的击球威力是摩擦制造旋转，而技术难点也在于此。因此，必须注意触球时的拍形控制与调节，如果拍形过于前倾，只能摩擦球的顶部，不仅容易下网，而且无法做到"顶住"拉球充分摩擦制造旋转；如果拍形过于直立，则对来球的撞击成分过多，更难以制造旋转和形成合理的弧线。正确的方法是触球摩擦时，充分利用手腕的转动，向前、向上顶住来球中部偏上的位置摩擦。

（五）横拍反手"拧拉"台内球技术

反手拧拉台内球是一项重要的第一板进攻技术，拧拉主要是利用前臂和手腕的用力摩擦拉球，而且可以因为拍形角度的改变拉出上旋或侧旋等不同变化的回球。图九-7为中国选手张继科的反手拧拉球技术动作示意。

图九-7

图示说明：

1. 击球前右腿向前跨一大步，直接插入台内合适的击球位置，并将身体微转使重心完全转移至右膝盖处（图中1、2）；

2. 上臂抬起向前伸入台内，为前臂向后引拍让出足够空间（图中3）。

3. 随即手腕充分向内转动，压平拍形充分储备手腕的力量（图中4）。

4. 击球瞬间拍形稍直立（图中5）对准来球摩擦球的中部偏上位置，随即手腕发力快速外转带动拍形转动"包住"来球，顶住摩擦，前臂完全打开充分向前发力。

5. 触球瞬间右腿迅速向后蹬地，并带动身体向右微转（图中6）迅速从台内撤出准备下一板击球。

"拧拉"技术的使用在优秀运动员中已经相当的普遍，甚至被用来回接正手位置的台内短球。"拧拉"较容易地帮助横拍解决了中间正手位置进攻台内短球的弱点，提高了第一板进攻的威力，是一项必备的技术。

（六）台内"摆短"球技术

"摆短"是考验运动员判断与手感的一项重要的台内球技术，在比赛中被普遍使用。对手发下旋强烈的短球，你很难用上手进攻，或者对手对你的台上进攻回球方法已有充分的准备时，可用摆短技术还击。这样不仅可以控制对手的抢攻，而且还可以为随后发起的主动进攻创造机会。

图九-8（A）（B）分别为中国选手丁宁正手摆不转短球和加转短球的技术动作示意。

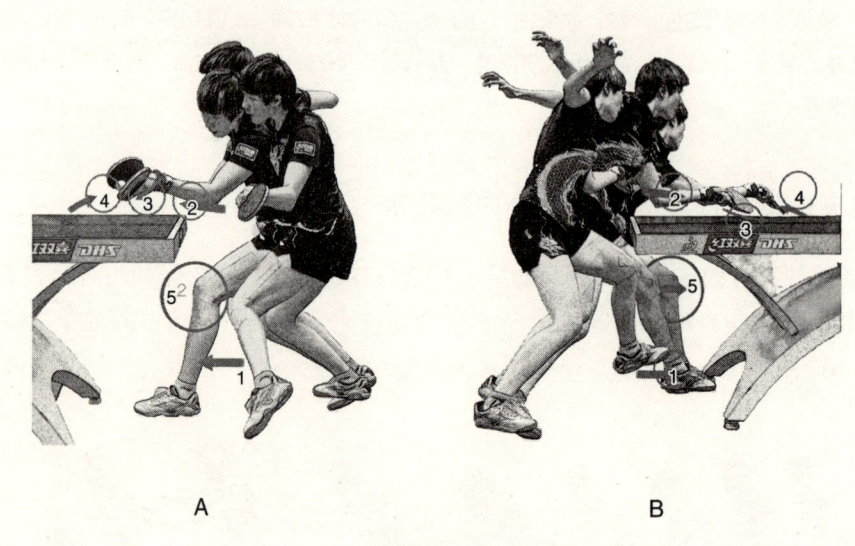

A　　　　　　　　　　　B

图九-8

图示说明：

1. 掌握"摆短"技术的关键点是时间，必须在来球的上升期摆短，需要借助来球的升力与球拍击球形成的合力摆短（图A中4、图B中4）。

2. 击球前持拍一侧脚上步深入台内（图A中1、图B中1），并降低身体重心，拍形稍后仰，根据来球的旋转调整好拍形角度，当来球落台后跳起时，迅速将球拍插入球的中下部（图 A 中 2、图 B 中 2）。

3. 摆不转短球的瞬间，尽量放松手腕，触球中下部（图 A 中 3），身体重心要稳（不要过分前倾，以免造成长弧线）；摆加转短球的触球瞬间手指用力使拍面摩擦球的中下部或底部（图 B 中 3）。

4. 摆不转短球的击球瞬间上身几乎不用力，身体重心略微上抬，将球"抬"过去（图 A 中 5）；摆加转短球的击球瞬间需要适当利用身体重心及上肢的前送动作将球"摆"过去（图 B 中 5）。

二、进攻的半出台球技术

进攻半出台球技术是非常实用有效的进攻技术，同样也是重要的第一板进攻技术，掌握好高质量的这种进攻技术可以取得比赛的主动权。

（一）正手进攻半出台球技术

正手"拉冲"半出台球不仅在单打中争取抢先上手进攻占有重要位置，而且在双打接发球时也经常使用。图九-9 为韩国选手柳承敏正手拉冲半出台球技术动作示意。

图九-9

图示说明：

1. "拉冲"半出台的来球时，柳承敏将身体重心移至右腿（图中 1），并以右腿为轴向后转腰带动球拍后引（图中 2）。

2. 当来球落台跳起，转腰迎前（图中 3）带动手臂向前挥拍。

3. 挥拍在来球的高点期"拉冲"球，摩擦击球动作一气呵成，并充分将转腰迎前的力量作用于击球瞬间（图中 4）。从图中可以明显地看到，在击球瞬间为了使右腿成为转腰用力的轴心，柳承敏不仅将身体重心完全移至右腿上，而且将左脚离地抬起（图中 5）。

4. 当球被击出的同时，身体继续向前转腰（图中 6），击球后身体重心随之移至左腿（图中 7）。

5. 柳承敏击球的转腰用力十分充分（图中 8），可见在正手"拉冲"半出台球的过程中，转腰用力是击球用力的基础力量。

（二）侧身进攻半出台球技术

侧身"拉冲"半出台球通常是在发球抢攻、接发球抢攻或对手摆短时使用。

图九-10为柳承敏侧身拉冲半出台球技术动作示意。

图九-10

图示说明：

1. 在侧身拉冲半出台来球的过程中，利用向后转腰带动球拍后引（图中1）。
2. 利用转腰带动侧身移步的位置非常充分，完全移到球台左侧的边线之外（图中2）。
3. 击球前，身体重心完全移到右腿上（图中3），同时利用转腰向前用力带动挥拍迎前击球，此时从图中可以看到，柳承敏的髋关节已经从球台左侧边线外向前转过来（图中4）。
4. 充分利用了侧身转腰的力量"拉冲"半出台球（图中5），为此柳承敏将身体重心完全移到右腿，并将左脚离地抬起，使右腿成为击球瞬间转腰用力的轴心（图中6）。
5. 球被击出后，柳承敏的身体重心随即移到左腿上。此时可以看到他的髋关节因为充分转腰用力已经完全从球台左侧的边线位置转过来了（图中7）。

由此可见，在侧身"拉冲"半出台球时，柳承敏同样充分利用了转腰的基础用力——转腰带动向后引拍，转腰迎前挥拍击球。

（三）横板反手拉半出台球技术

横拍反手拉半出台球是擅长对攻相持的运动员必须掌握的进攻转换技术。

图九-11为横拍反手拉半出台球技术动作示意。

图九-11

图示说明：

1. 根据来球移动选好位置，并适当降低身体重心（图中 1）。

2. 拉球前上体微转，身体重心移向持拍一侧的膝关节处（图中 2），同时肘部前移，尽量增加向后引拍的空间距离（图中 3）。

3. 引拍时利用前臂和手腕的转动将拍头引向后下方（图中 4）。

4. 在来球高点期或下降前期挥拍向前向上顶住来球的中上部，并迅速做前臂和手腕的外旋动作摩擦来球的中上部将球拉出（图中 5）。

（四）直拍反手横拉半出台球技术

直拍横打技术对于直拍选手最大的意义，并不在于远台相持，而在于可以用反手抢先对下旋球发起第一板进攻，因此，许多直拍选手宁愿放弃传统的推挡，也要学习、掌握反手横打技术。图九-12 为王皓反手横拉半出台球技术动作示意。

图九-12

图示说明：

1. 选好位置：左脚根据来球位置适度后撤（图中 1），同时将身体重心移至右腿上（图中 2），准备以右腿为轴心转体让出引拍的空间。

2. 控制好拍形：向后引拍时拇指稍用力下压球拍（图中 3），而迎前击球时须将拍形稍稍直立对准来球的中上部（图中 4）。

3. 引拍空间：引拍时应该利用转腰收腹动作为"横打"的挥拍击球预先留出充分的空间（图中 5）。

4. 用腰发力：击球时以右腿为轴心（图中 6），肘部为支点，利用转腰带动前臂外旋充分摩擦来球（图中 7）。

5. 在来球的高点期或下降前期击球，摩擦球的中上部，前臂的快速转动带动中指顶住球拍调节弧线是摩擦来球的关键（图中 8）。

三、几种基本进攻技术动作的介绍

基本进攻技术是乒乓球训练中必须掌握的主要进攻技术，这些技术关系到孩子们未来的发展空间。下面介绍几种主要的基本进攻技术。

（一）横拍正手进攻技术

现代乒乓球进攻技术已经很难分清楚哪个击球是攻，哪个击球是拉，因为撞击与摩擦的击球方式几乎在绝大部分进攻技术中都已经融为一体了。图九-13、图九-14、图九-15、图九-16分别是张继科、马龙、丁宁和奥恰洛夫的技术动作示意。

图九-13　张继科正手拉球

图示说明：

很多孩子在练习拉球时虽然十分卖力，可是只注重胳膊发力，甚至误认为快收前臂可以提高速度和旋转，结果总是事与愿违，质量始终未达到理想的程度。这是因为他们忽略了利用转腰的用力和重心交换的作用拉球，所以拉球的质量、稳定性和与后续击球的衔接都出了问题。其实拉球用力是以右腿为轴心支点，向右蹬地的同时，利用转腰迎前发力作用于击球的。从张继科的拉球过程中可以清楚地看到他的腰、腿用力非常充分。

1. 击球前，以左腿为轴心支点（图中1），向后转腰带动引拍，而不是上臂后拉（图中2），随即将身体重心移到右腿上，并压低身体重心。

2. 击球时，利用右腿为轴心支点（图中3），转腰迎前发力（图中4）——用腰控制上臂（击球前肩关节与躯干连接处保持稳定），随之将身体重心转移到左腿（图中6）。

3. 击球发力瞬间快速内旋前臂（不要内收前臂），手腕控制拍形角度和击球部位，食指顶住球拍辅助发力调节弧线（图中5）。

在张继科击球过程中身体重心的转移与转腰用力是全身肌肉浑然一体，并与手臂、手腕动作协调一致。

第九篇　帮助孩子们认识技术动作——主要技术动作的用力行为

图九-14　马龙侧身抢攻冲杀

图示说明：

马龙侧身抢攻时，先以左腿为轴心支点（图中1）迅速向后转腰引拍（图中2），随即将身体重心移至右腿上，并压低重心（图中3），此时右腿弯曲，膝关节下压，维持身体重心的稳定，左脚虚抬点地，保持身体平衡。随即左脚离地（图中5），完全以右腿为轴心支点，在向左前方蹬地的同时转腰迎前发力（图中5），腰部带动上臂、前臂完成击球动作。注意前臂内旋，食指顶住球拍调节弧线，击擦来球中上部（图中6）。

击球后身体重心随着强力的转腰发力动作完全转移至左腿（图中7）。

图九-15　丁宁正手拉下旋球

图示说明：

针对下旋来球，丁宁将身体重心移至右腿（图中1），并以右腿为轴心支点向后转腰引拍（图中2）。

随着转腰引拍动作的完成，身体重心已经完全移至持拍一侧的左腿，并压低身体重心（图中3）。

当来球跳起后，以左腿为轴心支点迅速转腰迎前带动挥拍，在来球的下降前期摩擦球的中部偏上的部位（图中4）。

击球瞬间注意前臂迅速内旋，握拍的食指顶住球拍在摩擦球的同时调节击球弧线(图中5)；随着击球动作的完成，身体重心已经完全转移至右腿（图中6），随即准备下一次击球。

图九-16　奥恰洛夫正手中远台对拉弧圈球

图示说明：

作为欧洲男子单打冠军的奥恰洛夫非常擅长利用转腰蹬地的力量离台对拉弧圈球，从图中可以看到，面对正手大角度来球，奥恰洛夫迅速将身体重心移至右腿，在压低右膝关节的同时，向来球的方向继续移动身体重心（图中1）。

与此同时，奥恰洛夫以右腿为轴心支点向后转腰引拍（图中2），随即抬起左脚在身前与右腿交叉向来球前方找位跨出（图中5）。

当来球跳起至大约胸部正前方时（图中6），以右腿为轴心支点强力蹬地转腰迎前击球（图中3和4）。

击球瞬间前臂迅速内旋，握拍的食指用力顶住球拍摩擦球的中上部（图中7）。

球出手后整个身体随着蹬地转腰动作的惯性腾空后落地，此时左脚先行落地，身体重心转至左腿，右脚随后落地辅助保持身体平衡，准备再次起动步法回击左方来球。

（二）直拍进攻技术

中国的传统特色是直拍近台进攻，具有世界上独一无二的技术先进性，特别是反手"横打"的发明，使直拍在不仅保持了直拍台内击球灵活、侧身进攻快捷、发球抢攻前三板变化多样的优势，而且还可以在近台、离台，正手、反手，弧圈、快攻等全领域与横拍抗衡。图九-17、图九-18是王皓、许昕的技术动作示意。

180

图九-17　王皓正手拉球

图示说明：

王皓虽以反手技术为特长，但是他的正手进攻能力也不容小觑，高质量的正手弧圈球是他得分的有力保障。从图中可以看到他的正手拉球动作非常轻松、协调。

对右方的来球，王皓先将身体重心放至左脚，使右脚能够提起灵活移动寻找合适的击球位置（图中 2），同时以左腿为轴心支点迅速向后转腰带动球拍后引（图中 1）。

随着转腰、引拍动作的完成将身体重心转移至右腿，并压低身体重心（图中 3）。

待来球跳起，以右腿为轴心支点迅速转腰发力，以转腰迎前带动挥拍在来球的下降前期击球（图中 4）。

王皓依靠手腕控制拍形角度，前臂内旋用力以球拍摩擦击球中上部，同时握拍的中指用力顶住球拍调节、控制拉球弧线（图中 5）。

击球过程随着转腰用力的完成，身体重心顺势转移至左腿，完成一次重心交换（图中 6），并准备下一次击球。

图九-18　许昕反手横拉弧圈球

图示说明：

许昕的反手横拉弧圈球发力十分顺畅，来球时，他的身体重心下压，上体前倾，腰腹内收，让出充分的发力空间，随即自然引拍至腰腹之下（图中 1）。

击球时，以左脚为轴心支点，向前转腰迎前，随即以肘关节为支点，快速挥动前臂击球（图中 2）。

击球瞬间握在球拍背面的中指需用力顶转球拍，并外旋前臂发力摩擦来球的中上部（图中 3）。

第十篇 帮助孩子们练好发球
——唯一完全掌握主动权的技术

  人们都知道熟练掌握包括发球、接发球和发球后的抢攻在内的"前三板"技术非常重要，甚至可以说这三项技术的水平几乎决定了孩子们比赛的大半结果。然而在前三板技术中，发球技术又是必须掌握的第一板。依据规则的规定，乒乓球比赛中的每一分球都要从发球开始。因此按照击球顺序来说，发球又是乒乓球技术训练过程中首先要遇到的技术课题。不仅如此，发球技术还是所有乒乓球技术中唯一自己掌握着主动权的技术，可以说发球是所有技术中的重中之重，必须练好。

第一章 遵守规则规定

练好发球，首先要熟习规则，并遵守规则规定。因为依据国际乒联的规则规定：如果裁判员对运动员发球合法性有怀疑，在一场比赛中第一次出现时，应判重新发球，并予以警告。此后，裁判员对该运动员或其双打同伴发球动作的合法性再次怀疑，将判接发球方得1分。而且无论是否第一次或任何时候，只要裁判员发现发球员明显没有按照合法发球的规定发球，无须警告，应判接发球方得1分。可见练好发球必须从遵守规则开始。

国际乒联的比赛规则关于发球的规定如下：

发球开始时，球自然地置于不持拍手的手掌上，手掌张开，保持静止。

发球员须用手将球几乎垂直地向上抛起，不得使球旋转，并使球在离开不执拍手的手掌之后上升不少于16厘米，球下降到被击出前不能碰到任何物体。

当球从抛起的最高点下降时，发球员方可击球，使球首先触及本方台区，然后越过或绕过球网装置，再触及接发球员的台区。在双打中，球应先后触及发球员和接发球员的右半区。

从发球开始，到球被击出，球要始终在比赛台面的水平面以上和发球员的端线以外；而且不能被发球员或其双打同伴的身体或他们所穿戴（带）的任何物品挡住。

球一旦被抛起，发球员的不执拍手臂应立即从球和球网之间的区域移开。

运动员发球时，应让裁判员或副裁判员看清他是否按照合法发球的规定发球。

第二章 发球训练的技术要求

一、发球的目的

在乒乓球比赛中，每一分的开始都是发球。发球只要符合规则就可以在不受对方任何影响的情况下进行，故容易取得比赛的主动权。

发球的目的：

1. 造成对方接发球失误而直接得分。
2. 诱使对方接发球较高，以利进行抢攻或抢拉。
3. 通过发球实现自己的战术意图（如发急长球迫使对方打对攻）。
4. 最低的要求，至少能压制对方接发球抢攻或抢拉。

可以说发球技术在前三板中是制胜的关键，所以练好发球对于孩子们来说是非常重要的。

二、各种主要发球的技术

发球技术有很多种，不同个人的发球技巧又千变万化，但是归纳起来大体可以分为发速度、落点变化的长球、短球和发旋转变化的转球、不转球两大类，不过在实际比赛中，这两类变化经常是结合运用的。

（一）发急长球

急长球的特点是球速快、弧线低而长，是打快攻或对削球经常使用的发球之一。发长球的动作要求全身协调用力，动作突然、隐蔽、爆发力强，使对方接球措手不及，失去接球动作的最佳位置和时间，造成球顶板（来不及出手用力）或被迫后退减慢回球速度。

发急长球的动作要领如下：

1. 发球时间

球抛起后下降到接近球网高度时将球急速发出。击球时间过早容易出高球，或出界失误；时间过晚容易造成下网。

2. 发球位置

发球的球拍击球位置应在球台端线以外并尽量靠近端线，与身体保持较近的距离。离端线较远会使发球速度减慢，失去击球时间的突然性；离身体较远会加大动作幅度，失去发球动作的隐蔽性。

3. 发球的第一落台点

发球脱板后的第一落台点（落在本方台面的落点）应尽量靠近球台端线处，以保证第二落台点接近对方的台面端线；同时应使球拍触球点与第一落台点保持较近的距离。如果第一落台点离端线较远，或球拍击球点离台较远，不仅会降低发球速度，而且还容易发球失误或球发不长。

4. 发球用力

要充分运用前臂、手腕与转腰移动重心的协调力量。发长球时应以向前为主、向下为辅地充分用力，但是应该注意协调向前与向下的用力方向。球拍击球前应有充分的引拍动作，以保证充分的爆发力，同时球拍的位置应比击球点稍高，以保证足够的向下用力，否则发球弧线太低容易下网。但是如果球拍位置过高，向下击球的压力过大，则不仅会减低球速，而且还容易发球过高。常见的急长发球有反手急上旋长球、反手或侧身急下旋长球、正手或侧身位奔球（侧上旋前冲急长球）等。图十-1为庄智渊的发急长奔球技术动作示意。

图十-1

图解说明：

发急长球常用于偷袭对手空当，或迫使对手后退击球，因此弧线长、速度快，并带有强烈旋转是这类发球的主要特点。带有上旋的"奔球"落台后向前冲，可以"顶"住对手的球拍，让他来不及发力；带有强下旋的急长球弧线飘，使对手不容易把握合适的击球点。发急长球的要点如下：

1. 待抛起的球落下至球网的高度时将球发出（图中1）。
2. 发球的击球点尽量靠近球台端线，并且发球后的第一落台点应该靠近端线（图中2）。
3. 发球动作必须敏捷、迅速，可以充分利用转体的力量提高球速。

（二）发短球

短球又称"轻球"，其特点是力量轻、落点近网。发短球可以迫使对方身体进入球台接球，难以发力进攻；动作隐蔽、出手突然的短球还会使接球人判断滞后，失去最佳高点期击球时间和最佳击球位置。

发短球的动作要领如下：

1. 发球时间

球抛起后下降到大约与网同高时突然将球发出。击球时间过早容易发球过高，过晚容易下网失误。

2. 发球位置

发球的位置应与发长球相同，以保证随时配合发急长球，牵制对方不能提前靠近球台接好短球。

3. 发球第一落台点

发球脱板后的第一落台点应尽量靠近球台的中段，以保证第二落台点在对方近网处。如果第一落台点离端线较近，不仅会降低发球的突然性，而且还容易发球出台，被对方抢先上手进攻。

4. 发球用力

发球时要充分运用前臂、手腕与转腰移动重心的协调力量。发短球时应首先向前、向下用力，球拍即将触球时，前臂突然旋转，不再向前发力，使球拍后仰，顺着前臂的余力，摩擦球的中下部将球发出。球拍位置不应过高，否则向下击球的压力过大，不仅会减低球速，而且还容易发球过高。

常见的短发球有反手或侧身正手侧上、下旋短球；反手或侧身正手转与不转短球等。图十-2 为庄智渊发下旋短球的技术动作示意。

图十-2

图示说明

下旋短球是防止对手接发球抢攻，迫使对手用搓球回接的主要发球种类，特别是用于双打时的发球尤其有效。发下旋短球要点如下：

1. 发球时球拍向下并向前摩擦球的中下部至底部（图中 1）。
2. 待抛起的球下落到比球网略高时将球发出（图中 2）。
3. 拍面尽量与发球的方向一致，用力摩擦球的底部（图中 3），这对提高下旋的旋转非常重要。
4. 为了保证发球不出台，发球的第一跳落点应该在球台台面的中部（图中 4）。

（三）发旋转球

发旋转球是发球技术的核心，无论发球的速度、落点变化多么准确，发球的动作多么隐蔽和巧妙，如果旋转不够强烈，还不能称为最具威胁的发球。旋转球主要是指带有强烈下旋或上旋的左、右侧旋球（包括顺、逆旋球）。特别应该指出的是：各类旋转发球必须首先结合强烈的下旋球，才能使对手深刻地感到"转"，才能更有效地结合其他旋转、落点变化。强旋转发球的特点是：由于球体强烈地不同旋转会使运动中的球产生很多变化，如左、右侧旋球会造成飞行弧线的向左或向右偏拐；顺旋、逆旋球会使落到对方台面的球跳起方向突然向右或左改变；上旋强的球落到对方台面时前进的速度会突然前拱（明显加速前进），而下旋强的球会突然下沉。因此，这些变化会迫使对手不仅要及时移动击球位置，而且还要随时改变击球技术及用力方法，无疑会给对手增加判断和回击的困难。

发旋转球的动作要领如下：

1. 发球基本站位

反手发球：以右手执拍为例无论是反手发右侧上、下旋球，还是转与不转球，站位一般都靠近球台左方，身体离球台端线约35厘米，左脚在后，右脚在前或两脚平行，重心放置右腿上。图十-3 为奥恰洛夫反手发球站位示意。

发侧身正手位球：侧身站位发左侧上、下旋球时或转与不转球时，站位应靠近球台左角。右脚稍后，左脚在前，重心放在左腿上，身体与球台端线约成75°角。图十-4 为马琳侧身发球站位示意。

图十-3　　　　　　　　　图十-4

2. 协调用力

发转球不仅要集中手臂的爆发力摩擦球，而且还要借助于腿、腰、重心的转动或前移的力量使球更加旋转，所以必须注意全身的协调用力。

反手发球：左手将球抛起后，身体向左收腹、转体，同时重心落点从右腿稍移向左脚，上臂带动前臂引拍至身体左侧、左肘下方；当球回落到接近台面时，整个身体带动手臂迅速向右前下方挥出，身体重心在击球时同步转向左脚，使重心转移力量也作用于发球；随即左脚前移准备抢攻。

侧身发球：左手将球向上垂直抛起到自己认为足够的高度时，重心略向上提并从左腿移向右腿，左脚略提起；在球下降的同时，右上臂外展带动前臂向右后上方引拍，并使手腕外展，拍柄稍向下方；在球回落接近台面时，右上臂微内收带动前臂迅即向左侧下方发力摩擦球，身体重心在击球时同步向前移到左脚，使重心转移力量同时作用于发球；随即转移重心准备抢攻。图十–5所示为发球时将转腰和重心移动的力量作用于发球的示意。

图十–5

3. 触球部位与用力

以发侧旋为主的侧上、下旋球时，触球瞬间拍形略竖，侧上旋球触球的中部，侧下旋球触球的中下部，前臂带动手腕发出最大爆发力。右侧上或下旋球应沿着球体的触球部位向右侧上或下部摩擦；左侧上或下旋球则相反。发侧上旋球摩擦球时，球拍应有向上"提"或"勾"的动作，食指用力多些，触球时多撞击球，少摩擦；发侧下旋球摩擦球时，球拍应有向前下方"砍"或"铲"的动作，拇指用力多些，多摩擦，少撞击。

以发下旋为主的转球时，触球瞬间拍形后仰，触球中下部，前臂带动手腕发出最大爆发力，沿着球体的中下部向前摩擦至球的底部（不是下部），应尽量减少向左或右的摩擦动作，使下旋的旋转更纯。

以发顺、逆旋为主的转球时，触球瞬间拍形后仰，触球的中下部接近底部，前臂带动手腕发出最大爆发力，沿着球体的中下部向左侧底部摩擦是顺旋，反之向右侧摩擦是逆旋。在摩擦球的用力中向前的方向多些，这种顺、逆旋转球中包含下旋的成分就会多些；如用力中向上的方向多些，这种顺、逆旋转球中包含上旋的成分就会多些（事实上纯的顺、逆旋转球由于没有前进力是发不过网的）。

4. 触拍部位与挥拍速度

发转球的触拍部位十分重要，因为前臂带动手腕挥动球拍摩擦时，球拍的不同部分在运动中的速度是不同的，发转球时应该尽量使用球拍的远端（拍头部分）触球，充分利用球拍运动速度更快的部分摩擦球，使球更加旋转。图十–6所示为发球时的不同触拍部位。

5. 用力时间与第一落台点

发转球的用力（触球）时间，第一落台点与发球的长、短落点有关，请参看发急长球和短球部分。

（四）发不转球

发不转球是与发转球相互配合的发球，用与发转球近似的动作，甚至用假动作显得更加用力发球（不转球），发不转球与发强烈旋转的下旋球配合使用，常会使对方判断失误、回击下网或出现机会球。发不转球的动作要领和发转球时基本相同，关键区别是：

1. 球拍击球时触拍部位不同。发不转的球时，应该用球拍近端中部或中上部触球。

2. 触球部位不同。发不转球时，应该触球的中部或中上部，不能触球的中下部，否则会产生旋转或造成失误。

3. 用力方法不同。发不转球时，应该以近似摩擦球的动作，在触球瞬间仅仅轻击撞球，使发球的用力尽量接近球心通过，减少摩擦不旋转。

图十-6

1. 最转区
2. 次转区
3. 次弱转区
4. 最弱转区

（五）低抛发球与高抛发球

抛球高度不超过头部的称为低抛发球，超过头部称为高抛发球。低抛发球主要自主用力，发球依靠不同的挥拍动作的作用力摩擦球来变化发球旋转，其特点是出手快，动作变化灵活、隐蔽。高抛发球则是在自主用力的基础上的合力发球，球从高处回落的重力与挥拍摩擦球的作用力产生一个合力，发球者利用这个合力可以将球发得更转。同时由于球可以抛得很高，会产生从球被抛起到球拍触球之间的一段发球间隙时间，抛起的高度不同，间隙时间也不同，运动员可以变化不同的发球间隙时间分散对方注意力，打乱对方接球节奏。高抛发球通常用于发顺、逆旋，下旋等转球，发不转球时需要明显改变拍形和动作。图十-7为张继科的侧身发高抛球动作示意。

图十-7

（六）半蹲式发球（砍式发球）

通常在发球前，总是将球拍置于球的下方，

所以人们称为下手发球，但是半蹲式发球在发球前总是将球拍置于球的上方，所以人们称其为上手发球。由于上手发球的手臂挥动用力不受躯干部位的限制，所以发力更加自如，同时也可以将球高抛利用合力发球，使球产生更加强烈的旋转。但是由于这种发球下蹲、站起的动作变化很大，因此有时会给发球后的抢攻和回击带来困难。

半蹲式发球动作要领：

1. 基本发球位置与时间

站位靠近球台中间偏右处，左脚在前，右脚在后，身体离球台端线约 50 厘米，略向右转体。将球抛起后随即屈膝向下半蹲，重心落在右脚前掌上，左脚前脚掌辅助支撑保持身体平衡。待球回落至比网稍高时，在头部的右前方或前方，触球摩擦将球发出。

2. 触球部位和用力

发右侧上、下旋球时，右臂向上提拍至右耳的高度，手腕外展，拍形竖直（直拍的食指应转至球拍背后）。发球时，前臂带动手腕发力，触球右侧上部，向上方摩擦发出右侧上旋；触球右侧稍下部，向下方摩擦发出右侧下旋。发力时，上体应同步用力转动，配合手腕将力量作用于摩擦球的瞬间。

横握拍的人发左侧上、下旋球时，握拍要松，食指往球拍中间移动，以利于前臂和手腕向左协调发力。发左侧上旋球时，前臂带动手腕，从球的右侧中部向左上方摩擦。发左侧下旋球时，抛球和球拍触球要快，当球刚到高点时，前臂带动手腕迅速从右上方向左下方发力；在球刚回落时，触球中部稍下，并向下摩擦球。发力时，腰应向左弯压，以增大手臂摆动的幅度。也有的人用横拍的反面发左侧上、下旋球，其触球部位和用力方向同上。图十-8 为丁宁的砍式发球技术动作示意。

图十-8

三、提高发球质量

发球的质量是指发球的旋转强度、飞行弧线与速度、落点位置和动作的隐蔽性。提高发球质量有以下几种方法。

（一）提高手腕、手指的爆发力（弹擦力）

发转球需要充分运用手和手指的爆发力摩擦球，因此，在发球时要以前臂带动手腕做充分外展、迅速内收等动作，尽量加大手腕的挥动幅度和速度带动手指"弹擦用力"，才能提高发球的旋转力。初学发球者由于手腕力量较弱，练习时应注意做好准备活动，防止手腕扭伤，并应该有计划地加强手腕力量练习。

（二）先练力道，后练准头

练习发转球首先要学习用力摩擦球的技术，先练用力的方法，后练准确性。在用力加转发球时，用心体会在触球瞬间加大摩擦力，不必太介意发球是否失误（这种方法也可以在没有球台时练习），当球发转后再逐步减少失误。

（三）先练长球，后练短球

长发球动作幅度大，发力充分，初学者先练发长球，容易把球发转，发出速度，掌握摩擦用力的方法也能比较快，待长球发转后再练发短球也就容易了。

（四）先练下旋转球，后练旋转变化

下旋球发转了，才能使转与不转之间的差距增大，以加转发球动作为中心，建立动作近似的侧旋、不转等发球技术，配合起来才会产生良好的发球效果，所以初学发球应该先练下旋加转发球技术，后练不同旋转变化结合技术。

（五）提高挥拍速度

发球时，应注意持拍手离身体不要太近，以使挥拍动作幅度大一些，因为动作幅度太小会直接影响挥拍速度，影响击球瞬间的摩擦球。

（六）注意调整自己的握拍和手指用力

发转球需要使手臂挥拍的用力通过手腕、手指传递到球拍触球部位，不应忽视手指的用力，因此在发球时，完全可以根据自己的情况，随时调整握拍方法，使挥拍的用力能够通过手腕、手指集中地作用于摩擦球。

（七）注意整体的协调用力

发转球特别应该掌握使用身体重心的转动、前移产生的作用力。身体移动的力量与手臂挥动的力量同步作用于摩擦球会使发球更转。

（八）注意使用球拍远端摩擦球

球拍远端的挥拍加速度大，用来触球摩擦容易加转，同样改变球拍触球部位可以变化发球旋转。

（九）采用多球训练法

练习旋转发球最好使用多球练习，这样可以增加练习次数，节省捡球时间。

四、横、直拍发球的不同特点

长久以来，横拍选手用反手发球的较多，反手发球动作比较舒展，好发力，摩擦面比较大，比较适合横板正、反手两面都能抢攻的选手。因为发完球后，可以直接两面上手抢攻，不用大范围移动，且横拍选手反手攻球威力大。孔令辉、佩尔森、普里莫拉兹、奥恰洛夫、李佳薇等世界高手都有一手高质量的反手发球。但是反手发球在旋转和速度上要比正手发球弱，动作的变化和隐蔽性也不如正手发球，特别是对于那些擅长正手抢攻的人来说，反手发球后衔接侧身正手进攻的移动动作较大，转换速度较慢。横拍的反手发球习惯与人的生理结构有一定的关系，因传统握拍法的限制，横拍正手发球的手腕动作不够灵活所致。不过自从上世纪90年代起，欧洲人在发球时学习了直拍的握拍法，他们一改用手掌握住拍柄的传统做法，效仿直拍用手指夹住拍肩发球，这一改变为横拍的发球开拓了新的天地，所以现在大多横拍选手也可以同时掌握一套有效的正手发球，与反手发球配合使用。

一般来说直拍要比横拍发球变化多、旋转强、落点刁，这和直拍的握法有很大关系。用直拍的人手指比较灵活，在触球时用力比较集中，旋转变化较多。传统的横拍发球用手指的劲较少，没有直拍灵活，旋转变化也较弱，所以许多横拍选手在发球时改变握拍法，用手指抓住拍面，学习直拍的手指用力增加旋转强度和灵活变化。图十-9为德国选手波尔发球的握拍方法。

图十-9

第三章 发球配套

发球大致可分为以旋转为主和以速度为主两种类型，两种类型的各种发球均可与落点相结合。旋转、速度、落点三者结合得好，发出的球质量就高，利于取得比赛的主动权。如果发球单调，即便发出的球具有强烈的旋转，或有较快的速度，或有较好的落点，也很快会被对方所适应。为此，发球应该注意以下几点。

一、旋转要配套

在掌握发多种旋转球的基础上，要达到正手既能发下旋球，又能发不转球；既能发"奔"球，又能发急下旋球；既能发半蹲式左、右侧上旋球，又能发半蹲式左、右侧下旋球。反手既能发右侧上旋球，又能发右侧下旋球。侧身正手（包括高抛发球）既能发左侧上旋球，又能发左侧下旋球；既能发抖动式右侧上旋球，又能发抖动式右侧下旋球，等等。

二、速度要配套

要学会正、反手既会发急球，又会发轻球。急球要前冲力大，轻球落台反弹后要不出球台。

上述两种配套发球要特别注意的是动作必须力求相似，也就是说，发两种不同性能的旋转球或不同速度的球时，要做到准备姿势相似和出手动作相似。发出的球之所以产生不同旋转或不同速度，在于球拍触球瞬间手腕的快速动作，使球拍变换角度，触球的不同部位。只有这样，再结合运用一些触球前后的假动作，才易造成对方判断错误，使回球失误或出机会球。

三、落点要配套

各种发球都要力求做到能发斜、直、中三条线路的长、短落点球。在这个基础上，可采用同线长短和异线长短（包括左长右短、右长左短、左右长中路短或中路长左右短等）球的结合配套。

四、旋转与速度要配套

为了使发出的球具有多变性，旋转发球与速度发球也要配合运用。如以反手发右侧上、下旋球为主，配合突然发急球；以正手发"奔"球和急下旋球为主，配合发近网左侧上、下旋短球等。

五、发球配套要与本身特长打法相结合

打乒乓球除了必须练好发球抢攻或抢拉技术外，还要练好与自己特长技术相一致的发球。

如：左推右攻打法的，要精练发急球、急下旋球和轻球，以利发球后立即形成快攻。

两面攻打法的，要精练发右侧上、下旋短球，以利在台内先发动进攻。

弧圈打法的，要精练转与不转球、侧上与侧下旋球，以利抢拉。

削、攻结合打法的，要精练发转与不转短球，以利控制对方的进攻。

当然，一个人不可能对各种发球都精通，但必须能根据自己的特点掌握和运用两三套发球技术，其中有一套应当达到较高水平。只有这样，才能在比赛中，当一主要发球被对方适应后以另一两套发球相配合。

第四章　名将发球技术介绍

一、马龙的发球技术（图十-10、11）

图十-10　发侧旋球

图十-11 发下旋球

图示说明：

1. 发球前，马龙用转腰动作将引拍动作隐藏在身侧，不让对手清楚看到他发球前的拍形角度（如图十-10 中 1 和十-11 中 1 所示）；

2. 发侧旋球时，马龙挥拍到身侧的动作位置较低（图十-10 中 1 的位置）；发下旋球时挥拍到身侧的动作位置较高（如图十-11 中 2 的位置）；

3. 发侧旋球时，马龙向斜下方用力摩擦球体的中部（图十-10 中 2 所示）；发下旋球时，马龙向下、向前用力摩擦球体的中下部至底部（图十-11 中 2 所示）；

4. 发球时利用转体的动作不仅可以对发球前和发球后的拍形角度进行合理的遮挡，以假动作迷惑对方，而且也可以利用转体的力量提高挥拍速度，增加发球旋转和出手速度（图十-10 中 3 和十-11 中 3 所示）。

二、王皓的发球技术（图十-12、13）

图十-12 发侧旋短球

图十-13　发下旋短球

图解说明：

1. 发球前，将身体重心移至右腿，在抛球的同时，以右腿为轴心支点向后转腰引拍（图十-12和十-13中1）；

2. 发侧旋球时，将拍形直立，摩擦球体右侧中部偏下的部位，向前下方摩擦用力（图十-12中2所示）；发下旋球时，王皓变拍形后仰，摩擦球的底部，向下、向前摩擦用力（图十-13中2所示）；

3. 无论是侧旋球还是下旋球，球发出后的瞬间，王皓都将拍形迅速变成完全后仰状态，以迷惑对手（图十-12和图十-13中3所示）；

4. 发球瞬间，将身体重心以右腿为轴心支点迅速向前转腰，带动挥拍用力的同时还起到掩护发球的动作的作用（图十-12和十-13中4所示）；

5. 球发出后，身体重心随着转腰动作的完成迅速移至左腿（图十-12和图十-13中5所示），并以左腿为轴心支点迅速转体面向球台，随即准备移步抢攻（图十-12和图十-13中6所示）。

三、李佳薇的发球技术（图十-14、15）

图十-14　反手发侧上旋球

图十-15　反手发侧下旋球

图解说明：

李佳薇反手发侧旋球和下旋球的动作具有很大的迷惑性；

1. 发球前，她将身体重心移至右腿，在球被抛起的同时，抬起左腿，以右腿为中心支点向左后方转腰引拍至腋下；

2. 当球落下时，她迅速向右前方转腰，上臂随之向右方横拉在身前摩擦发球，此时随着转腰动作的完成，身体重心转移至左脚，准备移步抢攻；

3. 李佳薇发侧旋球和下旋球的区别主要表现在触球的不同摩擦部位和不同的用力方向上：

发侧旋球时，她的拍形直立，摩擦球的中部，向侧下方用力摩擦（图十-14中1所示）；

发下旋球时，她的拍形后仰，摩擦球的底部，向下向前用力摩擦（图十-15中1所示）。

4. 为了迷惑对手，无论是发侧上旋球还是侧下旋球时，需注意向后引拍时始终保持一样的后仰拍形，只在击球前的瞬间改变拍形角度。

四、奥恰洛夫的发球技术（图十-16、17）

图十-16　发半蹲侧下旋球

图十-17　发半蹲侧上旋球

图解说明：

奥恰洛夫的半蹲砍式发球可以发出侧下旋和侧上旋的变化，其主要区别也在于触球部位的不同和发力方向的变化：

发侧上旋时，拍形直立，待抛出的球下降到肩部附近时，出手摩擦球的右侧中部位置，并向前下方发力摩擦（图十-16 中 1、2 所示）；

他发侧下旋球时，拍形后仰，待抛出的球下降到肩部附近时，出手摩擦球的中下部至底部位置，并向下方向前发力摩擦（图十-17 中 1、2 所示）。

五、张继科的发球技术（图十-18）

图十-18　发逆旋球

图示说明：

张继科侧身发的逆旋球有很高质量。练习逆旋发球的方法需要循序渐进：

第一步，先模仿张继科的握拍法，正面对着球台，参照反手发侧旋球的动作，用球拍的正面摩擦发球；

第二步，当逐渐找到上述摩擦球的用力感觉时，将身体逐渐侧过来面对球台，继续练习发球；

第三步，当已经掌握了侧身面对球台发球的用力后，再将挥拍用力中的真假动作加入到你的发球动作中去，这样你就可以说是学会了侧身发逆旋球的技术了。

六、马琳的发球技术（图十-19）

图十-19　发高抛球

图解说明：

马琳高抛球的动作十分轻松，但是旋转很强，这不仅因为他具有出色的手指手腕爆发力，而且还掌握有高超的用力技巧。发高抛球的最重要的技巧，是利用被高高抛起的球在下降中产生的匀加速度，让带有重力加速度的球与挥拍摩擦击球形成合力，从而发出强烈旋转的球来。

从图中我们可以感觉到马琳几乎是等待从高处下降的球落到他自己的球拍瞬间才发力摩擦球的，这种恰到好处的瞬间发力避免了因为用力过猛致使撞击力多而不够旋转的问题，学习这样的精准发力技巧也要遵循循序渐进的方法：

第一步，学习抛球。首先学会向正上方垂直抛起的用力技巧，做到既抛得高，又抛得直。

第二步，学习接球。能用球拍将从高处落下的球接住并不难，难在不仅能接住落下的球，而且还能利用自己球拍随着下降球势，变化拍形让球在球拍上"软着陆"——接住球而不让它在球拍上跳起。

第三步，初步掌握了上述手感后，就可以学习各种不同旋转变化发球的动作了。

第十一篇　帮助孩子们练好双打
——配合与默契的训练

　　双打在乒乓球比赛中占有很重要的地位，它在乒乓球7个正式比赛项目中占3项，而且有的女子团体赛中还会设一场双打，而这场双打，在双方技术水平相当的情况下，往往对胜利起着决定性的作用。

　　乒乓球的双打是以单打为基础的。但是，一个优秀的单打运动员，并不一定就是优秀的双打运动员；两个最好的单打运动员，也不一定能够结合成为最理想的双打配对。因为，双打是两人协同作战，在技、战术的运用上，有它本身的特点。所以，要想有效地提高双打的技术水平，就必须根据双打的特点进行合理的配对，并安排以提高配合与默契度的系统训练。

第一章　双打的特点和配对

一、双打的特点

乒乓球台中央有一条 3 毫米宽的中线，把球台分成左右均等的两个半台。右半台即为双打的发球区。双打发球时必须将球从本方发球区发入对方发球区。发球后，每一方均须轮流还击，否则判失分。

由于双打是两人协同作战，因此有如下要求：

（一）两人在思想上必须取得一致，互相信任、互相鼓励、互相支持、互相谅解。

（二）具有灵活的步法和走动中回击各种不同旋转球的能力。

（三）在技、战术上能够默契配合，协调一致，相互创造战机，充分发挥两人的技术水平。

（四）具备台内球创造机会和控制对手等能力。

（五）需要主辅定位和主辅转换。

二、双打的配对

根据双打的特点，配对时应着重考虑：

（一）两人具有较好的协同作战的思想基础。

（二）在站位和走位的方式上，两人最好具有不同的特点，以利于灵活地交换击球位置。

（三）技术上各种比较有利的配对是：

1. 左右搭档，即一个左手握拍，另一个右手握拍；
2. 远近搭档，即一个擅长近台快攻，另一个擅长中台攻击；
3. 攻守搭档，即两个削、攻结合型打法的选手搭档。

第二章　双打的技术

一、双打的位置移动

（一）对双打位置移动的要求

1. 不影响同伴的视线和判断来球。
2. 不妨碍同伴抢占击球位置还击来球。
3. 有利于本身还击下次来球。

（二）各种配对常用的位置移动方法

1. 左手握拍和右手握拍配对时，常用横斜向或横向的移动方法。一般在打完球后，向自己的反手一侧移动。

2. 两个右手握拍配对时，常用三角形的移动方法。即甲在正手位攻击斜线球时，乙站在甲的反手一侧；甲击球后斜退至原来乙站位后面的同时，乙横向移动到原来甲的击球位置；当乙在正手位击球时，甲由后向前移动到反手一侧，准备下次击球。

3. 左推右攻和两面攻配对时，左推右攻者多做左右移动，两面攻者多做前后移动。

4. 近台攻击和中台攻击配对时，近台攻击者多做横向移动，中台攻击者多做横斜向的移动。

5. 两个削、攻结合配对时，一般用横斜向的移动方法，或做环形移动。如果是近削和远削配对，则近削者以横斜向移动为主，远削者以前后移动为主。

二、发球与发球抢攻

由于双打的接发球范围比单打缩小了一半，因而给接发球抢攻（或抢拉）提供了比较有利的条件。为了压制对方的接发球抢攻（或抢拉）和有利于本方的发球抢攻，常用的发球有：

（一）当对方接发球抢攻（或抢拉）比较厉害时，发转与不转的近网短球至中线附近，能比较有效地压制对方的攻势；如配合发急球和左侧上、下旋球至中线附近，还能获得进攻的机会。

（二）对方站位较近时，可发正手大角度的"奔球"或追身球；对方准备用正手接发球时，可发急下旋或侧上、下旋球至中线附近；对方准备用反手接发球时，则可发正手大角度球。这些发球均能加大对方接发球的难度，有利于同伴的回击。

（三）发右侧上、下旋球至中线附近，配合发急球，创造进攻机会。

（四）根据对方接发球的弱点和本方同伴抢攻的需要来确定发球的方式和落点。

三、接发球与接发球抢攻（或抢拉）

由于双打接发球的范围较小，来球落点较易判断，稍做移动即可抢占合理的击球位置，而且接发球的落点又不受发球区的限制，因此，应当充分利用这些有利条件，千方百计地在接发球时抢攻或抢拉，以争取主动。

如果发球一方控制严密，确实难做到接发球抢攻或抢拉时，应当注意：

（一）以短摆短，不让对方发球抢攻或抢拉。

（二）回击对方的右大角，造成对方交换击球位置的困难。

（三）根据对方下次击球者的弱点，确定接发球的方式和落点，为同伴进攻创造机会。

第三章 双打的战术

一、双打的常用战术

双打战术与单打战术相比，对比赛的胜负往往起着更重要的作用。双打战术的运用，应当根据双打配对的特点来确定。这里介绍几种常用的战术。

1. 控制较强者，主攻较弱者

这是进行双打比赛的一种战略性的安排。双打配对的两人，无论技术水平多么接近，其攻击力总是会有区别的。因而大都选择对方技术水平相对来说较低、攻击力较弱者，作为本方的主要攻击对象。例如，设本方两人为甲A、甲B，对方两人为乙A、乙B。第一局比赛，本方甲A发球，对方是乙A接发球，那么在第二局比赛当乙A发球时，就要由甲A接发球，这是比赛规则规定的。为了选准主要的攻击对象，事先必须对对方的技术情况、打法特点了解清楚。如对方乙A的技术较好，攻击力较强，本方就应根据各局比赛发球和接发球的顺序，对乙A进行严密控制并对其先行攻击，尽可能不给或少给乙A主动进攻的机会。为了实现这一战略意图，在控制和主动攻击乙A的过程中，即便造成一些失误也不要动摇。而对乙B则作为本方主要的攻击对象，力求在其身上多得分或创造出进行扣杀的机会球。

2. 发球抢攻

本方发球时，根据同伴抢攻的需要和对方接发球的能力，用手势暗示发球意图，争取发球抢攻战术的有效运用。

3. 紧盯一角，突袭另一角

紧盯对方一角，迫使对方两人在一角匆忙交换击球位置，在此过程中突袭对方的另一角。

4. 交叉攻两角或长、短结合

例如，把右手握拍向左移动的人调到右边去，把左手握拍向右移动的人调到左边来；把近台进攻的人挤到后面去，把中台进攻的人诱到近台来。这样就打乱了对方的基本站位和基本走位方法，破坏了对方的协调配合，为我方的扣杀创造了机会。

5. 各施所长

如果配对的两个选手，一人防守较好，一人进攻较强，一般由防守好的人来抵挡对方的强者，由进攻强的人担负攻击对方弱者，以突破对方的防线。

二、双打的默契与配合

双打的技、战术要求能够在同伴之间取得默契配合，这一点十分重要。例如，快攻和弧圈球配对时，当快攻者一板下旋推过去时，同伴紧接着就能抢拉弧圈球，快攻者随即又能进入拉后扣杀。又如，一对攻击型与一对削、攻结合型对垒时，在拉攻迫使对方退台的情况下，如一人放短球奏效，另一人随即就能伺机扣杀。反之，削、攻结合型的两人在用加转球控制对方的情况下，当一人削出不转球时，另一人立即就能心领神会进行反攻。要使两人的配合如同一个人，就必须在单打训练的基础上，进行严格、系统的双打训练。

第四章　双打的训练

1. 以双打发球区为限，做正手攻球基本走位的练习。
2. 全台对半台的练习。
3. 以一方发球和发球抢攻为主的练习。
4. 以一方接发球抢攻为主的练习。
5. 及时调整基本站位的练习（事先颠倒基本站位，要求在练习开始后 1~2 个回合中，迅速将位置调整过来）。
6. 一人单打帮助两人双打的练习（上述 1~5 的练习采用这种形式效果较好）。
7. 全台双打练习。
8. 多球步法练习。
9. 适应各种类型打法的针对性练习。
10. 各种计分练习及比赛。

第十二篇　帮助孩子们选择制胜武器
——"专业"就是个性化

帮助孩子们选择制胜武器——球拍，特别是指导那些正在成长中的孩子们，教会他们根据自己训练和比赛的需要，正确选择适合他们个人特点的球拍，这也是教练员应尽的责任。所谓"适合"至少应该包括两个方面，一个是适合个人的技、战术发展阶段，另一个是适合个人身体和技、战术的特点。记得多年前，一家日本体育用品公司到中国做市场调研，他们看到市场上销售的乒乓球底板大多数都标明"专业底板"的字样，于是他们四处打问，因为他们不能理解"专业"在乒乓球底板这一商品上的含义。其实答案很简单，"专业"就是"个性化"。乒乓球底板的"专业"性主要表现在其性能、形状的针对性上。也就是说，针对近台快攻的，不适用于中远台弧圈球；适用于成熟的青年运动员，就不适合用于初学的少年儿童；上升期的年轻新手和成熟的老运动员他们各自的选择也会有所不同。所以必须注意他们各自不同特点，帮助他们选择适合他们自己的"武器"，正如一句广告语所言：选择适合自己的球拍，挥洒属于自己的风采。

第一章　器材助力成功

乒乓球技术的不断发展变化始终与器材的不断改革、更新有着直接的关系，这种变化一直以主动的推进和被动的倒逼两种方式成为乒乓球技术发展变化的内部动力。主动"推动"，是因为新材料的采用和科技工艺的进步所致；被动的"倒逼"，是因为新规则规定使用新器材所致。

一、器材创新是技术进步的主动"助力"

从乒乓球技术的发展史来看，因为新材料的采用和科技、工艺的进步多次成为"主动"推动乒乓球技术发展的助力。

例如，1902年喜欢打球的英国人库特在一间药房的桌子上发现了一种带有颗粒状凸点的胶垫，他突发奇想将这种胶垫贴在乒乓球拍上，替代当时流行的软木垫。他发现这种贴有带颗粒的胶皮球拍，增加了球拍击球时的弹力与摩擦力，可以制造较强的旋转，并帮助他赢得了比赛。胶皮颗粒球拍的产生，推动产生了削球打法，并造就了欧洲削球打法的一统天下。应该说颗粒胶皮球拍的发明带来了乒乓球技术的下旋球快速发展时代。

例如，1953年，日本选手左藤博治第一次带着一支厚度8毫米的海绵球拍出现在第19届世乒赛上，并采用以攻为主的打法夺得了男子单打世界冠军。海绵拍的出现让人们见识了速度击球的威力，推动了乒乓球技术向速度、力量与旋转方向快速发展。从此乒乓球技术由防守向进攻跃进了一步，出现了日本长抽单面进攻的鼎盛时期，可以说海绵拍的发明使乒乓球运动进入了快速进攻时代。

例如，上世纪60年代初期，日本运动员利用反胶海绵拍创造了弧圈球进攻技术，彻底结束了削球时代；与此同时，中国运动员使用正胶海绵拍形成的快攻打法登上了世界乒坛的顶峰；中国的削球运动员还发明了长胶球拍，并发展成旋转多变的攻守结合打法。球拍覆盖物的进一步改进，推动了乒乓球技术迅速进入了一个比旋转、比速度的新阶段。

例如，上世纪70年代欧洲人彻底弃守为攻，利用横拍两面反胶海绵拍，结合了中国快攻的速度与日本弧圈的旋转，发展成速度与旋转结合的现代进攻打法，从此反胶海绵拍成为众多运动员的首选工具，它的普及使乒乓球运动进入了快速进攻与强烈上旋球对抗的又一新时期。

例如，上世纪80年代，欧洲人发明了快速胶水，运动员每次上场之前都要将海绵涂上快速胶水重新黏合，由于胶水溶剂挥发使海绵的微孔在一段时间里被充满气体，形成气室，球拍的弹性明显增强，从此速度与旋转融为一体。由此带有强烈旋转的弧圈球速度也变得越来越快，回球难度也越来越大。

二、规则改变器材"倒逼"技术创新

《规则》中对器材使用的修改，"倒逼"技术的创新。

例如，厚海绵球拍击球快速且无声音的特点引发了争议，50年代末，国际乒联制定规则，禁止厚海绵球拍的使用，运动员比赛时只能使用球拍覆盖物不超过4毫米厚的正胶海绵拍、反胶海绵拍或不超过2毫米厚的颗粒胶皮球拍。这种正胶和反胶海绵球拍的诞生，推动乒乓球技术进入速度与旋转快速发展时代，催生了近台快攻技术和弧圈球技术的创新与发展。

例如，由于击球回合的减少使得乒乓球竞赛的观赏性下降，观众减少，国际乒联开始讨论如何通过改变规则的限制来降低球速、增加回合等问题。因此90年代不仅通过了对有毒的快速胶水的限制，并且通过了对长胶粒高度的限制决定。规定胶粒的直径与高度比例从1∶1.3降为1∶1.1，使得球速与旋转变化受到了遏制，催生了以攻为主的近台长胶打法。

例如，解决观赏性、降低球速、增加回合等等，这些始终是国际乒联纠结的主要问题。经过反复酝酿，新的规则改革终于出台了：2000年10月开始改打大球（直径40毫米）。经测试，使用大球后速度降低13%、旋转降低24%，弹力降低4.7毫米。国际乒联期望降低击球难度，增加击球回合及观赏性，以便吸引更多的人参与乒乓球运动。运动员再次被迫适应新规则，技术的改进和身体素质的提高成了训练的主题。2009年国际乒联终于彻底禁止有机胶水的使用，击球的速度与旋转进一步降低，但是竞技运动的本质要求运动员继续追求"更快、更强"。于是无机胶水时代加膨胀工艺的海绵、高张力的反胶应运而生，而且更多的人开始选用弹力大的复合纤维底板，进而催生了对更加凶狠的技术创新，如反手近台"撕"弧圈球、台内"拧"接发球等。

例如，为了淘汰易燃的赛璐珞乒乓球，从2014年起，国际乒联批准在比赛中开始试用非赛璐珞乒乓球，新材料乒乓球给人的感觉又是速度与旋转的下降，那么这种新球又会给技术带来什么样的新变化？结果尚未可知，但是有一点可以肯定，追求更快、更高、更强的运动员们决不会被动地接受新球的局限，新一轮的创新让人们拭目以待。

由此可见，乒乓球技术的每一步发展变化都与器材、工具的改革、更新密切相关。开发、生产高性能、高质量的乒乓球器材，已经成为乒乓球运动发达国家的一项重要的体育产业。因此，及时研究规则的变化，随时了解乒乓球器材发展的趋势，让孩子们从小就及时尝试、利用新工具、新器材，为创造新技术寻找更好的平台，这些对帮助孩子们在激烈的竞争中脱颖而出也是至关重要的。

第二章　底板是支撑技术进步的球拍之"骨"

说乒乓球底板是支撑技术进步的球拍之"骨",这是因为中国乒乓球技术发展曾经有过一段从巅峰失落的年代,而且这种状况与当时能够给国手提供的乒乓球底板"缺钙"有关。记得1988年我在北京体育馆观摩朝鲜乒乓球队与中国运动员的内部比赛,以击球爆发力著称的国手陈志斌对战朝鲜直拍新秀金成熙,每当陈志斌在近台取得优势时,金成熙就退到远台用弧圈球与陈周旋,这时陈志斌的大力弧圈球竟不足以"冲"死对方,面对对手在中台反手"兜"回来的带有一定"前拱"的底线半高长球,我们的运动员经常是力不从心,无功而返。这真是一场让看的和打的人都感觉十分"痛苦"的比赛。

那个年代,我们的许多国手一直在使用为近台快攻设计的传统的底板拉弧圈球,但是底板作为支撑技术运用的球拍之"骨",在弧圈球时代需要有足够的"韧性"。可是传统的近台快攻类型底板击球时韧性不够,拉下旋来球时弧线尚好,但是连续拉弧圈球时,特别是对拉对冲时就表现得力不从心了。因为近台快攻打法经常是抢在来球高于球网的击球点击球,不用太顾及弧线。而连续拉弧圈球的击球时间却是多样化的,制造强烈上旋是连续拉弧圈球击球弧线——命中率的保证,特别是运动员击球的摩擦力首先需要用于克服对方来球的上旋,与此同时再制造自己击球的上旋,底板持球的时间若短,摩擦球不充分,制造上旋的功能不强,击球弧线就容易下"掉"。在此种球感的影响下,运动员就不敢向前放开发力击球,致使进攻威力锐减。再者说,这种为近台快攻设计的纯木底板都是比较厚、比较重、比较硬,不仅起动迟缓,挥动费力,而且底板在击球瞬间的"变形"能力较低,由此造成反弹过快储能不足——不能将来球冲击力有效"储存"并与自己击球作用力融为一体。虽然底板的"能量"在近台进攻时尚可保证,但是离台需要打长弧线的大力抽杀时,运动员会感到"底劲"不足,杀伤力不够。

乒乓球底板是运动员手中球拍之"骨",因为只要有了底板,即使没有海绵胶皮也照样可以打球,乒乓乓乓的运动本来就是从这里开始,反之只有胶皮海绵却不能打球。记得上世纪90年代初期,中国队没能及时加入旋转与速度融合的技术创新潮流,传统只强调速度的中国式近台快攻无法实现自我超越,致使中国男队在蒙特利尔世乒赛上出现了"滑铁卢"。究其原因,除了因为训练思想保守、缺少突破性的创新外,器材的改进,特别是作为支撑乒乓球技术进步的球拍之"骨"——乒乓球底板,其性能多年来没有提升也严重地拖了技术进步的后腿。直到后来一些有专业知识的教练员开始创办企业，参与研发、生产新型乒乓球底板，同时欧洲、日本等外国产品也开始进入中国市场，这情况才得以缓解。因此，为了帮助孩子们选择适合他们发展的球拍，首先需要我们对乒乓球底板的发展，以及底板与技术之间的关系有所了解。

一、复合材料的纤维底板的大趋势

根据世界乒乓球板发展的最新趋势，为了超越纯木制球板性能的局限，各国制造商都在努力开发加入高新技术的复合材料球板，日本"蝴蝶"公司在这方面一直走在前面，早在上世纪90年代初期，他们就推出了芳基、芳/碳混织、碳素纤维等系列复合材料球板，并成为了品牌的核心产品。近几年，他们又推出了新型超级纤维ZLc乒乓球底板，创造了新的超越的性能。

（一）高粘弹性的芳基纤维

用于底板夹层的芳基纤维是一种高柔韧性材质，用锋利的剪刀也很难剪断，是航天、国防方面的高弹减震材料。在世界四大"超级纤维"中，它的特点是受到冲击时变形最大，但是恢复原状最快，且比重轻。因此，将芳基纤维与碳素纤维混搭加载在相应的木材木层中制成复合材料球板手感很好，既好控制又有弹性，特别适合弧圈进攻，90年代末期开始被许多优秀运动员选用，继世界杯冠军德国的名将波尔、欧洲冠军梅兹使用之后，新科大满贯得主、中国的张继科也选用了搭载了芳基碳素混合纤维的新型复合材料底板。可以肯定地说，借助于新型武器的新功能，帮助他们找到了技术突破的新空间。

（二）堪比钢铁的碳素纤维

碳素纤维是一种高强度的轻比重材料，将它与相应的木材搭配制成的复合材料球板，重量轻、击球弧线低、脱板速度快、攻击力强，特别适合快速进攻技术的需要。然而碳素纤维虽然爆发力超群，但是不容易驾驭，终归是它的软肋，于是一种称之为"软碳"的新材料被开发用于底板制造。如瓦碳、马琳碳板都是这类加碳提速却不失纯木质基本手感的过渡型底板，这类新性能器材的开发，必将帮助那些继续追求"纯木手感"，但又寻求改变的人，助推他们在"新球"时代的技术发展。

（三）超级纤维ZL和JL

ZL纤维是一种在轻重量、高强度方面更优于芳基、碳素纤维的新型超级纤维。因为它是用于航天及军事领域的高科技材料，国外一直对中国封锁出口。近年来日本人率先将它用于乒乓球底板制造，推出了ZLc系列产品，并形成了对原材料的独家垄断。与此同时，中国的乒乓球底板也在追赶世界潮流。应该欣喜地说，中国航天科技的高速发展，已经从不同角度冲破了国际上的封锁。"世奥得"有幸依托中国航天科技的成果成功开发出 JL 纤维底板。作为世界上四大超级纤维之一的 JL 纤维，其力学物理性能指标完全可以与 ZL 媲美，而且还有重量更轻的优势，目前我们的"JLc"系列底板，不仅在国内市场上独树一帜，而且还出口到欧洲及韩国等地。

二、纯木底板的进化

纯木底板一直还有大量的簇拥者，这是因为纯木底板有无可比拟的清晰手感。就像骑行自行车的人不习惯机动车一样，因为自行车可以给人以比较安全的驾驭感，至少让他觉得骑行是在自己的掌控之中。因此，在他们看来，使用纯木底板击球能使人清晰地感觉来球的微小差别和自己做出的精细调节。而使用复合纤维底板击球就像戴上手套一样，虽然可以发展手的功能，但是总感觉有点儿失真。然而随着进攻提速的潮流，纯木底板也必须与时俱进，才能抵抗逐渐被纤维底板蚕食的阵地。

（一）"七层"板大行其道

"加层"是纯木底板强化的趋势，过去一度十分流行的五层薄板大多数已被较厚的七层板替代，至少"薄七层"在无机胶水时代开始阶段就已经成为了纯木底板的流行语了。在第一次开始实行无机胶水的横滨世乒赛前夕，传统的五层薄板已经无法满足快速进攻的需要了，即使是国际大品牌一时也拿不出更好的办法为与他们签约的中国运动员提供相适应的利器。这时中国的"世奥得"公司针对无机胶水造成的问题展开了研发，几经试验终于成功地开发出 5+2 和 7+2 的"内加强"技术，并将之用于制造新型的纯木底板，帮助了国手在横滨世乒赛上再创辉煌。

（二）硬木底板的兴起

名贵的硬木因为本身比重大、硬度高，在过去很少被用于底板制作，但是面对复合纤维底板的推广潮流，纯木底板的开发者联想到应该将更硬的木材做底板的加层。欧洲的纯木底板制作的领军品牌"STIGA"率先推出一款名为"黑檀"的纯木底板，虽然这款全新结构的底板上市结果不算成功，但是也引来一批仿效者。一时间以硬木命名的底板，如黑檀、红檀、酸枝等等充斥了市场。直到后来"STIGA"推出了另一款在其经典七层纯木底板基础上的改进型版——"玫瑰7"，这才开始逐渐被运动员等使用者接受。其实它的改进，主要表现在选用硬木"玫瑰木"代替过去较软的"林巴木"做面层。从本质上说，纯木底板的发展思路还是依靠加强底板木层的硬度和韧性，以硬木选材命名只不过是其中的一种最直白的宣示。

第三章 胶皮海绵是支撑技术进步的球拍之"肌"

将乒乓球底板比作支撑技术进步的球拍之"骨",那么底板上的覆盖物——胶皮海绵就是球拍之"肌",有"骨"有"肉"的球拍一直是支撑乒乓球技术不断超越的利器。虽然早在上世纪50年代末60年代初中国开始研发、生产运动员使用的专业胶皮海绵,但是由于计划经济缺乏市场竞争,海绵胶皮的研发和生产一直进展不快。

例如,中国最好打的海绵一直是红双喜海绵,但是自上世纪60年代初被研发出来后一直鲜有竞争对手,也没有进一步开发新产品的动力。直到90年代迫于市场竞争的压力,厂家推出"G888"套胶时才开始有所改变。

例如,为了应对反胶进攻型打法的世界潮流,天津橡胶研究所早在1972年9月就研发出一款进攻型反胶"友谊729"。此举虽然改变了过去主要为削球打法生产反胶的状况,但是这款反胶的工艺技术和设计结构一直被沿用了二十多年未变。

还是那句话,"专业"即为"个性化",专业产品就是针对不同运动个性的细分产品。可是多年来国内企业能够给运动员提供的一直只有这些品种单一的胶皮、海绵。因此,可以想象这种状况实在无法助力运动员专业技术的个性发展,更不用说创新、突破了。

一、球拍覆盖物不断助推乒乓球技术发展

在速度与旋转融合的现代乒乓球主流技术时代,弧圈球几乎是各类打法必须掌握的主要技术了。回顾球拍的反胶海绵的发展变化过程,我们可以看出技术进步与球拍覆盖物变迁的内在联系。

上世纪60年代初,中国运动员开始普遍使用正贴颗粒胶(颗粒向外)与海绵结合在一起的球拍,开始了以"节奏速度"的击球优势折服乒坛的近台快攻时代。与此同时,日本运动员使用反贴颗粒胶(颗粒向内)与海绵结合在一起的球拍反胶海绵拍,创造出带有强烈上旋弧圈球进攻技术。于是他们开始利用击球向前的"自转速度"与中国的"节奏速度"抗衡。从此乒乓球技术的发展进入了一个比旋转、比速度的新阶段。

到了70年代,正胶海绵拍的使用者已经将击球的"节奏速度"发展得登峰造极了,于是也开始注重提升自己击球的"自转速度"。从70年代的国手李振恃到80年代的谢赛克、江嘉良、陈龙灿直到90年代的刘国梁,这些使用正胶海绵球拍的近台

快攻选手，个个都有一板漂亮的"正胶小弧圈"。

同时，追求旋转速度的反胶海绵拍使用者也开始注重提高击球的"节奏速度"。自从1971年瑞典人本格森在第31届世乒赛上勇夺金牌，向世人第一次展示了反胶海绵球拍将击球速度与击球旋转近乎完美地结合开始，直到后来常青树——瓦尔德内尔更是将近台、台内快节奏击球技术反复修炼，把反胶球拍的击球速度与击球旋转融合得天衣无缝，这些都已经充分表明"节奏速度"不再仅仅是正胶海绵球拍的独具特色了。

与此同期，以韩国人为首的凶狠打法充分利用了日式反胶直板的特点，在学习、掌握了弧圈球与近台快攻打法特点的基础上，充分发展了远台的大力抽杀技术，极大地提高了击球的"飞进速度"，成就了其乒坛杀手的地位。

可以说从70年代开始，正胶海绵拍与反胶海绵拍之间的抗争一直持续到了80年代末期，最终还是因为反胶海绵拍比正胶海绵拍能够更好地满足运动员对速度与旋转多层次的需要，进而成为多数运动员的首选工具。反胶海绵拍的普及使乒乓球运动的快速进攻与强烈旋转进入了一个崭新的发展阶段，使乒乓球运动双方的对抗从近台小范围、单层面向全台大范围、多方位迅速发展。

弧圈球进攻技术的快速发展，使得以下旋球技术为主的削球打法愈加困难，据测定，削球运动员用反胶球拍削接弧圈球时，他们加转削球的平均转速约为100转/秒，最高转速约为120转/秒。而反胶弧圈球的平均转速则约为137转/秒，最高转速约为155转/秒。由此可见，弧圈球的旋转明显比削球强烈，这主要是因为弧圈球的旋转方向和球的前进方向（用力击球方向）一致，而削球的旋转方向与球的前进方向相反，因而削球用力要分出一部分用于将球向前平推，不能全部集中用于摩擦球；再加上削球多退后在远台，球的旋转在途中损耗较大；更何况削球打法需要掌握的结合技术比攻球更加复杂，因为进攻与防守技术是截然相反的动作结构，在结合运用中始终是"两张皮"，无法结合得天衣无缝，因此，进一步提升削球的制胜因素是十分困难的。

事实虽然如此，但是坚持削球打法的人们一直不甘寂寞，在寻找削球打法出路的过程中，他们也利用覆盖物做起了文章。上世纪60年代前后，一次偶然的机遇，从传统的球拍覆盖物——正贴颗粒胶中间分离出了"长胶"，把握这一机遇的是后来获得"魔术师"美誉的前世界冠军张燮林。那时候国家还处在物资匮乏的时期，他从仓库保管员那里领到了一片在现在来说应该是丢掉的破胶皮，但是他发现这是一块自己既不好控制，对方亦不好回接的长齿胶皮，作为使用"长胶"球拍打削球的第一人，他抓住机遇率先掌握了"长胶"的特殊攻、削技能，为削球打法开创了一大片以"变化"为核心的新天地，并且借助于长胶的"反旋转"变化的特点，整整"变"晕了一代最擅长对付削球的日本弧圈球进攻选手，成了当时弧圈球进攻选手的克星。

上世纪70年代欧洲的削球手也从偶然中发现了削球的"新大陆"——"防弧"球拍，其实这的确也是一次偶然，法国人韦贝尔偶然将自己的球拍遗忘在窗台上，结果球拍上的反胶被烈日晒老化了，由于发现胶皮变质已经为时太晚，只好勉强拿去比赛，没想到用这块变质的球拍挥拍上阵，击球效果奇佳。后来几经开发，诞生了当时的秘密武器"防弧反胶"。这是一种表面光滑且没有什么弹力的反胶，并配以极软海绵的球拍。许多削球手也开始用这种"防弧反胶海绵"作为神秘的球拍覆盖物，玩起了"反旋转"的变化。

然而时代终归属于进攻打法，长胶球拍传到了80年代，许多运动员开始弃守为攻，改变"长胶"过去总是以削球防守为主的打法，最初是80年代香港的年轻选手卢传崧，他开始了弃守为攻的先例，他用反手"长胶"在近台拨、挡、磕——迫使对手减速、迟疑，然后结合正手"反胶"的大力抽杀，初步实现了试用"长胶"的近台进攻型打法，并在世乒赛上连闯数关，夺得了男子单打的铜牌，取得了香港选手在世乒赛男子单打项目中有史以来最好的成绩。到了90年代张燮林的得意弟子邓亚萍成了使用"长胶"开创近台快攻打法的佼佼者，她的反手长胶快拨与正手反胶连珠炮般的快攻使所有对手都感到头痛。

与此同时"防弧"球拍到了中国人手里也不仅是削球的工具，80年代江苏的蔡振华开创了"防弧"球拍打攻球的先河，他充分利用"反胶"海绵与"防弧"海绵这两种不同覆盖物外观近似，但是击球性能差异巨大的特点，将"反胶"威力巨大的弧圈球抽杀和变化莫测的倒换板面击球技术（使用"防弧"发球、拉"假弧圈"以及突然减速下沉的击球）结合起来，也打出了那个时代的世界冠军。

乒乓球运动发展到今天的高水平，乒乓球技术变得如此丰富多彩，可以说球拍覆盖物的不断更新功不可没。但是成也"覆盖物"，败也"覆盖物"，当80年代欧洲人发明了专门涂在球拍覆盖物上的快速胶水时，历史终于将球拍的击球速度推到了物极必反的境地。由于将海绵涂上快速胶水重新黏合后使球拍的弹性明显增强，球速变得越来越快而击球回合减少，使得乒乓球竞赛的观赏性下降。国际乒联不得不开始讨论降低球速，增加回合的问题。

到了90年代，国际乒联不仅通过对有毒的快速胶水停止使用的决定，而且还通过了对长胶粒高度的限制决定。这一系列的措施使得球速与旋转变化受到了一定的遏制。

到了2000年10月开始推出新规则，将比赛用球从直径38毫米的小球改为40毫米的大球。在当时的技术运用条件下，大球击球产生的飞进速度比小球降低了13%，旋转速度降低24%，垂直弹力比小球降低4.7毫米。国际乒联期望的降低击球难度、增加击球回合、提高观赏性，以便吸引更多的人参与乒乓球运动的目标开始实施了。面对国际乒联的一系列"减速"举措，运动员"提速"的需求再次凸显了出来，于是增强海绵能量的"内能"技术、提高橡胶张力的"High tension"技术应运而生。乒乓球拍上的海绵、胶皮的技术附加值越来越高。

出于环保与健康的压力，2008年奥运会后国际乒联宣布彻底禁止使用有机胶水黏合底板和海绵胶皮。改用无机胶水带来的最直接影响是海绵失去了"有机挥发物"提供的外加能量，致使击球速度和旋转大减。然而此举引发运动员迫切的"提速"需求，再一次刺激了新产品的开发动力。国内外很多企业都加大了研发投入，相比较许多公司急忙推出的所谓针对无机胶水的海绵新产品来说，日本蝴蝶公司却是有备而来。在"无机时代"到来的开始阶段，他们就及时拿出多年积累的"High tension"研发成果，推出了"T"系列反胶，在第一时间里满足了运动员们的这种需求。"T"之所以能够这么快就得到众多运动员的认可，不仅是因为它在使用比较中表现得更好，而且还因为这种新产品开发的针对性非常到位。"T"利用海绵微孔的孔壁加强新技术获得了成功，而且新品具有与传统海绵截然不同的全新外观，一看就不是仅仅做了稍微"改良"的传统产品。当然，国内也有真正创意的新产品推出，其中世奥得公司推出的"威尔"新海绵也是对海绵的孔壁加强技术进行了再创造，事实上"威尔"新海绵的良好表现不仅在中国市场上获得好评，而且出口日本、欧洲等国，并受到了日本、欧洲优秀运动员的赞誉，被称为"成功的无极海绵"。

综上所述，乒乓球技术的每一步发展变化都与器材、工具，特别是与球拍覆盖物的改革和更新密切相关，也与规则对覆盖物的限制和规范密切相关。研究球拍的不同性质的覆盖物，帮助孩子们选择适合他们个人发展的球拍覆盖物也是非常值得关注的事情。

二、滚动摩擦的"兜"与海绵胶皮

人们都知道中国的反胶黏，外国的反胶涩，一直认为黏性反胶更容易拉出旋转强烈的弧圈球，但是德国名将波尔使用的是日本反胶，他拉出的加转弧圈球旋转也非常强烈。可见只有掌握了弧圈球摩擦的真谛才是其中的关键。高超的摩擦技巧是什么，这要从弧圈球的摩擦性质与特点说起，了解这一点对于教练员帮助孩子们迅速掌握摩擦技术是很有帮助的。有专家研究，使用反胶海绵球拍通过摩擦击球拉出强烈旋转的弧圈球，这种摩擦的性质是不间断地滚动摩擦。颗粒胶（正胶）球拍拉球之所以旋转弱，那是因为颗粒间的空隙在击球摩擦时形成了"间断"，从而损失了能量。

然而必须注意弧圈球摩擦的另一个特点，即在击球摩擦瞬间，球在作用力下与胶皮海绵之间形成了一个凹陷的"兜"，正是有了胶皮海绵被这个瞬间摩擦用力拉伸形成的"兜"，才使其储备了充分的弹射能量。就像弹弓一样，凭借这个"兜"的弹射摩擦能量使得弧圈球又转又快，这就是弧圈球拉球的摩擦原理。通常我们说拉球时"撞击"太多不利于摩擦制造旋转，需要摩擦得薄些才能更转，但是摩擦的太"薄"，等于"挂"过去的球也不转。这就是因为击球瞬间没有形成那个必需的"兜"，是没有利用"兜弹"原理所致。教练员帮助孩子们弄清楚这一点对他们尽快掌握弧圈球的摩擦技术十分有益。

使用正胶海绵球拍的击球摩擦是"间断性滚动摩擦"，由于颗粒胶之间的能量供应"间断"，所以拉球旋转强度不如反胶。使用正胶摩擦拉球形成的"兜"不能完整地"兜"住来球，这种"露空"的兜储备的弹射摩擦能量自然无法与反胶相比，所以使用正胶海绵球拍只能拉弧线较短的近台"小弧圈",离台使用拉、冲击球技术自然就办不到了。

还可以发现,中国传统的正胶颗粒是横向排列的(颗粒排列方向与拍柄垂直),用摩擦原理解释不难发现中国运动员喜欢使用颗粒横向排列的正胶的理由,因与拍柄方向垂直的颗粒排列方向与运动员在球拍上击球摩擦的方向一致,由于这样排列方向的胶皮颗粒之间间隙小,根据正胶击球是"间断性滚动摩擦"的特点,颗粒之间间隙小有利于将颗粒间隙产生的能量损耗降低到最小。然而 70 年代推出的进攻型经典反胶"729"也延续了正胶的"横排列"方式,虽然这种颗粒间隙小的排列可以提高击球的弹出速度,但是却不利于在击球摩擦时形成较深的"兜",无法将反胶在弧圈球摩擦时必需的"兜弹"储能最大化。正是这一原因,现在流行的反胶为了适应弧圈球进攻的特点多数都采用颗粒纵向排列的设计(颗粒排列方向与拍柄平行)。

那么为什么许多中国运动员的球拍正手喜欢使用黏性反胶,而反手则愿意用涩性反胶或者是带颗粒的生胶呢?我想除了习惯外,与他们个人的主要击球方式有关。正手运用的主要进攻技术多为"拉""抽"等摩擦较多的技术,而黏性反胶在来球被击打摩擦时脱板较慢——形成一个稍稍出球滞后的时间差,这种抓住球的持球感使击球人的心理安全感和对旋转的期望得到了保证;同时这种带有滞后感的拉球所产生的击球时间节奏与多数使用涩性反胶拉球的外国运动员不同,这就强化了我们自己的特点。而反手击球运用较多的是近台的"弹、打、拨带"等摩擦较少的快速进攻技术,使用涩性反胶或颗粒生胶在击球摩擦时脱板较快,这种爽的感觉恰恰是近台快攻的需要。这种正手使用黏性反胶、反手使用涩性反胶或颗粒胶的配置,使选手在击球时产生了"时间节奏差",这种差别感不仅满足了自己运用主要技术的需要,而且给对手增加了一定的回击难度。

三、颗粒胶皮海绵的发展机会

目前还有许多人在使用正胶海绵球拍,所谓正胶只是颗粒向外的胶皮中的一种。颗粒向外的胶皮,除了长胶外,又分为颗粒较硬的正胶与颗粒较软的生胶。从击球时产生的弹力速度来看,生胶的速度更快;从击球时摩擦产生的旋转来看,正胶更优。中国直拍近台快攻的运动员喜欢正手使用正胶,由于摩擦击球是击球弧线——确保命中率的保证,使用正胶海绵球拍可以兼顾近台进攻中的速度与旋转,也能为发球的旋转强度提供一定的保证。

然而反手使用颗粒胶皮海绵的横拍运动员多数都选择了生胶,因为正手反胶无论是否离台都可以打出足够的旋转,同时反手生胶在近台可以打出足够的速度,还可以倒换拍面使用反胶发出强旋转的发球,这种反差大的击球恰恰是他们追求的效果。人们感觉到使用生胶海绵球拍击出的球速度快、弧线下沉,这是因为生胶海绵球拍击球摩擦不强,致使球的飞行弧线低平,同样飞行速度的来球,弧线低平自然比弧线弯曲飞行距离短，自然显得来球更快。同时由于弧线低平造成来球落台后弧线的最高点也较低，击球上旋弱也造成来球落台后的前进加速力不足——弧线回落快，所以使人觉得来球下沉。教练员应该教会使用生胶海绵球拍击球的孩子们注意随时调整拍形角度——变换击球部位，合理调节底板弹击力量的大小与方向，以确保击球的准确性。

  颗粒海绵胶皮球拍由于击球旋转得不足，自然在速度与旋转融为一体的现代乒乓球主流技术面前被边缘化。虽然使用正胶海绵球拍的大满贯曾经得主刘国梁提早退役也证明了这一点，但是仍有许多横拍高手如木子、姜华君等依然在反手选用颗粒胶，而且她们的战绩还不错，甚至常有打败超一流高手的战绩，这说明了颗粒胶的击球特点还无法被替代。事实上颗粒海绵胶皮的击球特点必须和反胶配合使用才能展现出来，因此，不妨从这个思路去设想直拍颗粒海绵胶皮的发展路线图。一次偶然的机会，我在网上看到了一段"许昕正手拉球"的视频，发现他正手拉球时而使用球拍正面的反胶，时而使用球拍背面的反胶。他拉的非常娴熟，不仔细观察几乎看不出来。既然直拍正手可以练出这么好的背面拉球，那么不妨设想：如果球拍正面使用颗粒海绵胶皮，背面使用反胶海绵，是否可以创造出一种变化更加丰富的近台快攻新打法来？还是那句话，相信"一切皆有可能"，让偶然的机会变成创新的点子，让创新的点子变成创新的实践，在实践中实现"一切皆有可能"吧！

第四章　帮助不同的孩子选择个性化球拍

  怎样为不同的孩子选择得心应手的乒乓球拍？毫无疑问首先要与他们的技术发展阶段相适应，同时还要与他们的技术发展方向相匹配。

一、帮助孩子们选择"阶段适应性"的球拍

  （一）帮助初学儿童选择球拍应注意如下几点：

  1. 由于处在学技术阶段，打法类型尚未确定，因此，应选重量较轻、手感较好、弹性略低的球拍，以便于尽快掌握控球技术。

  2. 应选择适合儿童力量素质发展水平与手型的专用球拍，除了重量需要较轻以外，更重要的是板柄较薄、较细，以利于帮助他们养成正确握拍习惯。

  3. 初学者可选用厚度1.8毫米左右、硬度40左右的反胶海绵或硬度35以下的正胶海绵。应尽量选用反胶或正胶等常规球拍，这样有利于全面学习技术。

  （二）帮助提高阶段的孩子选择球拍应该注意如下几点：

  1. 根据他们的技术打法特点选择性能与之相适应的球拍，以便帮助他们迅速提

高技术质量，并掌握相应的驾驭能力。

2. 根据他们的年龄阶段和身体素质的发展水平，选择重量适中、柄型适宜的球拍，目的是保证他们在学习提高技术的过程中既有利于掌握技术，又能打出较高质量的球。

3. 根据他们技术发展的需要选择适宜的海绵胶皮，对水平较高的孩子们可以建议他们使用专业级别较高的套胶。

对技术水平更高的孩子们可以根据比赛的需要，向他们介绍优秀运动员选拍的经验，让他们在尝试中确定自己的选择。

二、帮助孩子们选择有发展潜力的球拍

现代乒乓球运动包含着多种不同类型的打法与技、战术，这些都会对球拍性能提出不同的需求，因此，弄清不同技术类型，以及不同的战术要求与球拍之间的关系，才能为选择出与个人未来技术发展相匹配的球拍。

（一）近台快攻型打法的选拍

近台快攻打法是我国乒乓球队在世界乒坛几十年保持长盛不衰的传统打法，采用这种打法的运动员通常使用正胶海绵拍或反胶海绵拍，刘国梁、邓亚萍就是这类打法中的佼佼者。

近台快攻首先要求击球节奏速度快，力争在台面上抢攻来球的上升点和最高点。击球动作幅度较小，多采用爆发力、借力加力等用力方式。为了提高小动作击球的爆发力与突然性，运动员通常选择较重的球拍，单面覆盖海绵胶皮的直拍底板重量应该在95克左右，双面覆盖海绵胶皮的球拍底板重量应该轻一些，一般在90克以下。

近台快攻为了提高球速，要求击球弧线尽量低平，因此，多采用摩擦较小、撞击较多、使球脱板较快的技术，如：快点、快拉、快攻、弹击和扣杀等进攻技术。这就要求海绵较软、较薄，底板的击球感觉比较坚挺，因此，对准备以近台快攻为发展特点的孩子们，应该建议他们选择较厚的七层板或硬度稍高的纤维复合材料底板。

为了保证近台攻球的速度，虽然建议多数的孩子们选择表面的黏性中等、颗粒较短、速度较快的反胶海绵拍，但是对那些近台进攻特点突出的孩子们也可以建议他们选择颗粒向外的正胶。正胶是一种胶质较硬、颗粒向外且较大的胶皮，用正胶海绵拍击球速度较快，也能制造一定的旋转，需要注意配合颗粒正胶的海绵应该比较柔软，以提高控球能力。

（二）弧圈快攻型打法的选拍

弧圈快攻型打法是综合了旋转与速度的弧圈球进攻型打法，是当前的主流打法。采用此种打法的运动员使用反胶海绵拍，王皓、张继科、马龙、李晓霞、丁宁等都属

于这种打法。

弧圈快攻打法要求旋转与速度的统一，因此，多采用摩擦与抽杀结合的"鞭抽式"进攻技术，如拉、冲、撕、带、拧、抹、撇等技术。为了保证击球时能得到充分的摩擦和弹击速度，选用的球拍不仅应该有足够的吃球深度，而且要有足够的底劲。因此，建议朝这个方向发展的孩子们选用薄型的加纤维层的复合材料底板，也可以选用木质较软、弹性好的独木厚板（9毫米以上）或较薄（6.0毫米）的五层或七层底板。弧圈快攻技术在比赛中更多运用变化速度与节奏，时而近台，时而离台，时而击来球的上升期、高点期，时而击来球的下降期，因此不仅移动范围大，而且击球动作幅度较大，自主发力更多，这就要求球拍的重量较轻，以保证在快速击球时挥摆自如，手感更好。所以选择直拍的底板一般是85克左右，特别是双面覆盖海绵胶的直板应该更轻；横拍的底板也应该在90克左右。

为了保证弧圈进攻的旋转，应该选择表面黏性较好、颗粒略长的反胶。为了保证抽杀进攻的旋转与速度，应该挑选较硬、较厚的海绵。

（三）快攻结合弧圈进攻型打法的选拍

快攻结合弧圈进攻型打法将快攻技术与弧圈球技术结合在一起，具备两种打法的特点，通常使用一面反胶、一面生胶海绵拍，如前世界冠军王涛、王晨以及现在的国手木子和香港的名将姜华君等。

这种打法需要选择既适合快攻又能拉弧圈球的球板，用于快攻与弧圈球结合。对弧圈球运用较多的孩子们，应该建议他们选择手感软一些，且厚度较薄的五层纤维复合材料底板或纯木薄七层底板；反之，快攻技术运用较多的孩子需要选择偏硬的薄型纤维复合底板或较厚的七层纯木底板。直拍单面贴海绵胶的底板重量在90克左右，双面贴海绵胶的底板应在85克以下；选择横板的重量通常在90~95克。

与反胶搭配的海绵可选择厚度为2.0~2.1毫米、硬度中软的海绵，由于多数横拍的反手进攻都在近台，所以用于反手击球的海绵应该比正手的更软一些，更利于快攻技术的运用。

也可以建议少数有特点的孩子选择使用生胶海绵拍打快攻。生胶是一种胶质软、弹性较大且颗粒较大的正胶，用它攻球速度快，但是旋转较差，因此攻球弧线较平（下沉），选择相应的海绵稍薄为1.8~2.0毫米，硬度也偏软为35左右；也有人使用长胶或半长胶进攻。

极少数孩子可能会使用长胶球拍学习近台的进攻与防守，长胶颗粒在击球瞬间会被来球压倒，并立即从不同的方向反弹，因此不容易摩擦来球制造自主旋转，且击球多带有来球的反旋转。同时又由于倒向不同方向的颗粒不等，反弹力的方向也不尽相同，因此回球弧线飘乎不定。长胶进攻通常选择的海绵厚度为1.0~1.5毫米，这是为了既能保持一定的击球控制与速度，又能使回球弧线飘忽下沉。

（四）攻、削结合型打法的选拍

攻、削结合型打法虽称之为攻、削结合，但是绝非攻、削各占50%，有的人将发球抢攻、削中反攻作为主要得分手段，削球变化只是为了扰乱对手，制造机会，如前世界冠军丁松、前世界亚军韩国的朱世赫就是这样，最初许多人认为他们是防守运动员，把其当纯守球打结果吃了大亏。也有的人以削球变化作为主要得分手段，进攻只是一种扰乱对方的战术手段，如现役国手武阳等。

选择攻、削结合打法的孩子们，由于需要全面掌握攻、削等技术，为了保证削球与弧圈进攻的旋转，通常选择表面的黏性较好、颗粒略长的反胶。为了保证其削球、防守的良好控制和进攻的一定速度，应该建议他们选择厚度适中（1.8~2.0毫米）并且软、硬度适中（40左右）的海绵。

攻、削结合的核心是变化——旋转变化、攻削变化、落点变化、节奏变化等，因此选用的球拍也要充分体现并适应这种变化，许多人选用两面性能各异的球拍，如一面反胶海绵用于主动变化旋转和进攻，另一面选用厚度在0.8毫米以下的极薄的海绵配长胶或正胶、生胶，也有人使用防弧胶皮，这是一种弹性低、表面不黏的反胶配合厚度在1.5毫米左右极软的低弹性海绵——用于削球控制与变化。

攻、削结合打法选用的底板通常板面较大，这样的球拍手感更柔和，控球时间较长。板面较大使击球重心前移也有利于离台击球用力。

三、帮助孩子们实现球拍的"统一"与"平衡"

其实追求"统一"与"平衡"不仅是帮助孩子们选择器材的准则，也是海绵、胶皮和底板之间搭配的准则。"统一"讲的是器材与使用者击球风格的统一，击球风格指的是人们在运用相同的击球技术时表现出不同的心理趋向——或快、或变、或凶、或稳。就运动员的打法风格来说，追求凶狠打法的人喜欢快速的球拍，而追求多变打法的人喜欢"持球"时间长的球拍，这就是球拍与打法的统一。因此，在专业使用的底板上多标明有"进攻""全面""防守"等类型的分类表示，可以根据自己追求的风格来选择球拍。

然而就孩子们的个体情况来说，力量大者一般来说手感不够细腻，击球力量对他们来说是"供大于求"，而确保控球手感，对他们来说准确性是"当务之急"，因此他们应选择控球更好的球拍以追求力量与控制之间的平衡。人们可以看到这种情况：世界冠军使用的球拍给孩子们用却打不出"速度"，其实这反映了世界冠军和孩子们之间显而易见的个体差异，因此，在追求"平衡"的过程中应选择不同性能的球拍来实现与自身特点的"平衡"。然而击球手感好的孩子们，多是喜欢运用击球技巧的人，但是击球的杀伤力往往不足，因此，应该建议这类孩子选择速度更快的球拍以追求击球与杀伤力之间的平衡。对许多击球力量不大的孩子，可以建议他们选择弹性更大的球拍，因为他们需要提高杀伤力来维持其个体情况与球拍特点之间的平衡，以保证他们技术水平的充分发挥。

就球拍的底板、海绵、胶皮搭配来说，也须追求"统一"与"平衡"。"统一"是指技术打法特征与球拍性能特征的统一，弧圈球打法的孩子们须使用容易制造旋转并离台击球有高弹射力能量，且手感较软的底板搭配硬海绵的反胶球拍；近台快攻的孩子们应选择反弹速度更快的硬球感底板搭配加软海绵的正胶球拍；削球打法的孩子可选择易于控球、变化和接弧圈球的大拍面底板搭配薄海绵的长胶球拍，这都是在追求技术打法特点与球拍的板、海绵、胶皮特点的统一。

就"平衡"的概念而言，软底板须与硬海绵搭配、硬海绵须与软胶皮搭配才能获得此类球拍的内在"平衡"；而硬底板则须与软海绵搭配、软海绵须与硬胶皮搭配才能获得另一类球拍的内在"平衡"。

反胶弧圈球攻击型的孩子既追求离台不同距离击球的高速度，又追求击球的高转速。选择较软的底板在击球瞬间会产生较大的变形，这种通过深度变形与恢复的过程会提供充分的能量将击球弧线打得更长、飞得更快，同时较软的底板还能保证摩擦控制球的必要时间。然而弧圈球更需要快速的旋转，因此，只有较硬的高弹力海绵才能在摩擦击球过程中为提高击球的自转速度及时地提供充足能量，否则虽然能拉出较好的弧线，但是不容易打出强烈的旋转与速度。所以"软底板+硬海绵+软胶皮（反胶）"是弧圈球攻击型选手选择球拍的"平衡"原则。

近台快攻的孩子主要追求近距离的击球节奏速度，同时还要保证击球瞬间的爆发力与突然性。因此，选择"硬底板+软海绵+硬胶皮（正胶）"搭配方案才能获得球拍的内在"平衡"。选择较硬的底板在击球瞬间变形较小，这种浅度变形与恢复的过程能充分发挥来球反弹力的能量，同时较硬的底板还能保持较短的"持球"时间，使击球表现出充分的瞬间脱板突然性。然而近台快攻也需要一定的对球摩擦来保证在快速击球时的基本弧线，以确保命中率。所以选择软海绵尽可能地延长摩擦控球时间，控制硬底板和硬胶皮产生的过快速度，以保证快速与突然的击球都在"可控制"的范围内。因此，"硬底板+软海绵+硬胶皮（正胶）"是快攻型选手选择球拍的"平衡"原则。当然，现在打正胶的人越来越少了，许多人虽然坚持近台快攻，选择硬底板，可是他们也用反胶。根据"平衡"搭配的原则，适合近台快攻的反胶球拍其海绵硬度应该比弧圈球打法选择的海绵硬度软一些，但是其反胶胶皮则应该选择胶质更硬一些的"快攻型反胶"才好打。

总之，球拍是物质，物质是基础。按照"统一"与"平衡"的原则配置得当的球拍，可以让人们在打球时得心应手，尽情挥洒自己的风采。当然也有例外，超越一般性的配置原则，会打出十分个性的"怪球"来，只是需要十分"个性"的技术与特殊个人条件与之匹配。总之，学习先进技术，研究掌握击球用力的多种技能、技巧和战术变化，适时地调整自己球拍的配置，才能使手中的球拍成为你真正的利器，这也是辩证法说的精神对物质的反作用。

第十三篇 为孩子们搭建比赛平台
——充分发挥竞赛的杠杆作用

竞赛是竞技体育的杠杆，也是帮助孩子们快速成长的杠杆。从某种意义上来说有比赛才有训练。因此，在帮助孩子们成长的过程中，应该为他们搭建一个不断提升竞争力的平台，让竞赛的杠杆撬动他们不断登上一个个人生成功的台阶。

一、提高技术质量的"技术比赛"

为了提高技术质量，或者为了提高训练效率，教练员可以组织以此为目的的比赛。因为比赛的本质就是在公平条件下的竞争，我们可以利用竞争来提高孩子们的训练积极性。

例如，安排在单位时间里记录孩子们对攻次数的比赛，失误少、速度快的孩子获胜。

例如，在限定数量的击球次数中，记录拉加转弧圈球造成对手出界的得分比例的比赛，得分比例高的孩子获胜。

需要注意的是，这类比赛是以提高技术质量为目的，主要应该让孩子们通过对击球的速度、力量、旋转、落点、弧线等方面的质量比较展开竞争，而不是通过战术对抗进行比赛。

二、提高竞技能力的专项比赛

为了提高竞技能力，通常教练员会组织专项比赛。所谓专项就是限定在一个较小的领域内进行比赛，通过这类比赛提高孩子们的变化能力与应变能力。

例如，关键球比赛。让孩子们从 8∶8 开始比赛，在最后的几分里竞争，看谁获得最后的胜利。这种比赛可以是单打对抗，也可以分组对抗，记录对抗的两个小组各自的团队积分，设定一个目标分数（如 11 分），哪一个组先达到即为胜利者。

例如，轮换发球法比赛。让削球打法类型的的孩子们熟悉轮换发球法的规则，提高他们在 12 板内果断组织、运用战术的能力。

例如，半台比赛。限定在球台半个区域内的全面对抗比赛（出区即判出界），因为可运用的战术落点范围缩小了，可迫使孩子们在旋转、力量、调动上做文章，提高细腻的变化与应变能力。

例如，限定技术比赛。限定使用一种或两种规定的技术，如运用一项技术的可以是离台对拉比赛，运用两项技术的可以是发球抢攻比赛（不能抢攻即不能得分），或者台内摆短球抢攻比赛等等。

总之，为了提高孩子们的战术意识，让他们尽快地从学习、掌握技术阶段过渡到技术运用能力提高阶段，组织这类比赛是行之有效的。

三、检查训练成果的队内比赛

为了检验训练成果，教练员需要定期组织队内比赛。这种比赛多采用"单打大循环"的方式，通过竞争得出队内的排名顺序。

循环表的制作顺序：
1. 通过抽签让孩子得到自己在比赛中的编号。
2. 按照编号顺序编排出"循环轮次顺序表"。
3. 按照"循环轮次顺序表"的先后次序，安排孩子们的比赛。

循环轮次顺序表

第一轮	第二轮	第三轮	第四轮	第五轮	第六轮	第七轮
1——8	1——7	1——6	1——5	1——4	1——3	1——2
2——7	8——6	7——5	6——4	5——3	4——2	3——8
3——6	2——5	8——4	7——3	6——2	5——8	4——7
4——5	3——4	2——3	8——2	7——8	6——7	5——6

四、进入比赛状态的"诱导比赛"

临近重大比赛的最后训练阶段，为了使孩子们提前适应比赛环境，进而在比赛到来时表现出个人的良好的竞技状态，这就需要通过"诱导比赛"的安排来实现。

例如，模拟比赛的氛围，组织观众、啦啦队，安排裁判员入场、计分等场景开始比赛。

例如，模拟即将参加比赛规定的比赛项目，如团体赛、单打比赛、双打比赛等；模拟比赛的方法，如单淘汰、五局三胜制等；模拟比赛使用的器材，如球、球台等组织赛前"诱导比赛"。

例如，大赛前组织交流、访问比赛或公开赛，与生疏对手过招，以适应新对手、新环境等。

五、组织公平竞争的大型比赛

公开的大型比赛一直是孩子们向往的表演平台，是他们争取"人生出彩"机会的舞台。如何组织公平竞争的大型比赛也是教练员应该了解的事情。

（一）拟定竞赛规程

为了保证比赛的公平性，必须在赛前拟定竞赛规程，并严格按照规程的规定进行比赛。通常规程应该包括如下内容：
1. 比赛的组织者、举办单位和承办单位。
2. 比赛的举办时间、报道时间和相关地点。
3. 参加比赛的运动员资格限制。
4. 比赛设定的竞赛项目，如团体赛、单打比赛等。
5. 比赛采用的方法，如分组循环、单淘汰、11分五局三胜等。

6. 比赛奖励的名次，如奖励前三名等。
7. 比赛的报名办法，如填写统一的报名表、网上报名、报名截止日期等。
8. 比赛依据的规则，如采用国际乒联的比赛规则。
9. 比赛使用的器材，包括球台、球等。
10. 比赛的裁判长及裁判员组成人选。
11. 比赛的仲裁委员会的组成人选。
12. 比赛收费，如报名费，食宿费等。
13. 比赛的其他规定，如检查球拍、往返交通等要求。

（二）接受报名、组织抽签编排

1. 按照规程规定接受参赛者报名。
2. 由裁判长组织裁判员按照规程的要求对参赛队和个人进行抽签编排（有的规程规定需要到比赛现场做赛前抽签）。
3. 根据编排印制比赛秩序册，包括：
（1）比赛的组织管理机构。
（2）竞赛规程。
（3）参赛人名单。
（4）比赛日期及时间安排表。
（5）比赛编排。
（6）各队赛前适应场地的时间及球台安排表。

（三）召开组委会、领队、裁判长、教练员会议

1. 为了保证比赛顺利举行，参赛运动队报到后应该由组委会召开领队会，会议的主要内容包括：
（1）介绍比赛组织管理、后勤服务等部门的负责人。
（2）介绍比赛筹备情况。
（3）介绍当地相关情况如住宿、饮食、交通等。
（4）宣布比赛管理纪律要求，如时间、安全管理等。
2. 为了安排赛前相关事宜、统一比赛要求，在领队会后应该召开裁判长与教练员的联席会，会议内容包括：
（1）介绍正、副裁判长，介绍裁判员执法要求。
（2）重申规则要求，如迟到弃权规定、上场服装规定、球拍检测办法等。
（3）赛前运动员名单核实、更正。
（4）根据规程规定，宣布种子队或种子选手设定的原则规定，安排现场抽签等。
（5）比赛开始进行（由裁判员组织）。
（6）及时在公告栏内公布比赛成绩。
（7）比赛结束后，裁判长公布成绩，颁奖，印出成绩册。

后记——帮助我成长的教练员

说起教练员的价值，使我联想起少年时代的一位教练员——郭毅萍指导，他对我的要求不仅严格在训练中，而且延伸到生活和娱乐。有一段时间我有点迷恋打扑克牌，训练之余，一有空就玩儿几把。发现这种情况，他善意地来劝阻我，希望我珍惜时间，多干点更有意义的事。出于对教练员的尊重，当队友再次找我玩牌时，我用"怕教练员批评"来推托。没想到当他听到我这样的托词时，竟然非常认真地再次找到我说"如果你认为我劝阻得不对，你大可不必怕我批评"。这次谈话使我非常震动，看见他是这么认真地对待我的一切，我真的心悦诚服了，从此他成为了一个我内心中尊敬与信赖的人。这位教练员后来到香港求发展，三十年后我再次见到他，他的事业已经非常成功了。问及他的创业史，他告诉我还是因为他做人的态度，使他得到了别人的指点和帮助，进入了另一番天地。其实开始他只是一位初到香港的穷教练员，他的一个学生是富家子弟，在一次外出比赛时，作为教练员的他要求学生坐公交车，可这位少爷不听劝阻，宁愿自己出钱也非打出租车不可。我的这位教练员虽然没能劝阻得住，但也没有搭他的出租车，自己一个人坐公交车去了。事后这个学生的家长知道了这件事，专门请他到家中并向他道谢说："我儿子的朋友都是在帮助他花钱，只有您教育他节俭，将孩子交给您，我们很放心"。从此他和这位家长成了最要好的朋友，这位家长不但指引了他在事业上的日后发展，而且在发展的过程中起到了关键的作用。这个故事虽然是题外话，但确实是一个令人信服的做人成功的例证。这位教练员全身心地带领他的学生抓住人生发展的机会，认真地对待每一个人生细节的小事情，不被周围的环境诱惑，不为眼前的功利动摇；同时他也以自己做人的实践，抓住了人生难得的发展机会。他的人生印证了"种瓜得瓜、种豆得豆"的因果之说，亦是我学习的楷模。

还有一位教练员刘金波让我终生难忘，那时我还是一个在业余体校训练的懵懂少年。由于当时体校要精简学生人数，刘教练率先将他挑选留下来的学生调到乒乓室内去训练，而我们这些没被选中的孩子则被安排在体育馆侧门厅走廊的几张球台上做最后一次练习。当然，我们对这样的"选拔"很不服气，但是由于喜欢乒乓球运动，即使这是最后一次训练，我也打得十分投入和尽兴。我的这些表现被从办公室里走出来的刘教练看在眼里，接近下课的时候，他将我单独叫到办公室，问我愿意不愿意继续留下来参加训练，如果真心愿意，他同意我留下来，但是希望我刻苦训练，尽快提高，否则最终也只有离开体校了。记得当时我产生了一种由于被信任而必须努力的内心冲动，后来的一段时间真的也成为了我比赛成绩突飞猛进的阶段。当时的情景即使是现在回想起来依然历历在目,这是刘教练对我的知遇之恩,如果当时他没有从办公室里走出来再看我们一眼,如果他没有把那次选拔当成关系学生前途的事情慎重处理,那么我的人生恐怕要彻底改写了。这番少年时的经历和体验一直深深地埋藏在我的心底,对日后成为一名教练员的我产生了很大影响,让我总是告诫自己,千万不要轻易断言否定孩子们的前途。同时也一再鞭策自己,一定要努力成为一个能够给孩子们带来信心和希望的人,成为一个能够帮助孩子获得人生成功的教练员。

其实在我人生和事业的成长过程中,还有许多教练员都给了我巨大的帮助,如王锡添、岑淮光、叶佩琼、马金豹、刘开祥等等,他们都是我事业上的引导者,能有机会得到他们的帮助与指导真正是我人生的幸运。

此外,本书所有技术图片原图均由《乒乓世界》和《乒乓》杂志提供,这么多真实、精美、清晰的照片不仅为本书添色,而且在处理这些照片的过程中也使我进一步了解、认识优秀运动员是如何掌握乒乓球击球技术规律和运用他们高超技巧的,为此特别表示衷心的感谢。

王吉生

2014年6月

与我少年时代的郭指导(右)在一起

图书在版编目(CIP)数据

帮助孩子们成功：如何教好、练好乒乓球/王吉生著.
-北京：人民体育出版社，2015（2017.1.重印）
ISBN 978-7-5009-4749-3

Ⅰ.①帮… Ⅱ.①王… Ⅲ.①乒乓球运动 Ⅳ.①G846

中国版本图书馆 CIP 数据核字（2015）第 069615 号

*

人民体育出版社出版发行
三河兴达印务有限公司印刷
新 华 书 店 经 销

*

787×1092 16 开本 15 印张 260 千字
2015 年 6 月第 1 版 2017 年 1 月第 2 次印刷
印数：4,001—7,000 册

*

ISBN 978-7-5009-4749-3
定价：45.00 元

社址：北京市东城区体育馆路 8 号 （天坛公园东门）
电话：67151482（发行部） 邮编：100061
传真：67151483 邮购：67118491
网址：www.sportspublish.com
（购买本社图书，如遇有缺损页可与邮购部联系）